Le Colpron

Le dictionnaire des anglicismes

4e édition

Constance Forest
Denise Boudreau

Le Colpron

Le dictionnaire des anglicismes

Beauchemin

CHENELIÈRE ÉDUCATION

Le Colpron
Le dictionnaire des anglicismes, 4e édition

Constance Forest et Denise Boudreau

© 2007 Les Éditions de la Chenelière inc.
© 1998 **Groupe Beauchemin, Éditeur Ltée**

Édition : René Bonenfant
Correction d'épreuves : Diane Trudeau
Production : Carole Ouimet
Infographie : Claude Bergeron
Conception de la couverture : diabolo-menthe

**Catalogage avant publication
de Bibliothèque et Archives Canada**

Forest, Constance, 1954-

    Le Colpron : Le dictionnaire des anglicismes

    4e éd.

    Comprend des réf. bibliogr.

    ISBN 2-7616-0775-9

    1. Français (Langue) – Emprunts anglais – Dictionnaires.
2. Anglais (Langue) – Influence sur le français – Dictionnaires français.
3. Français (Langue) – Québec (Province) – Emprunts anglais –
Dictionnaires. ı. Boudreau, Denise, 1950- . ıı. Titre.

PC3608.C583 1998   442'.42103   C98-018670-6

CHENELIÈRE ÉDUCATION

7001, boul. Saint-Laurent
Montréal (Québec)
Canada H2S 3E3
Téléphone : 514 273-1066
Télécopieur : 514 276-0324
info@cheneliere.ca

ISBN 978-2-7616-0775-9

Dépôt légal : 4e trimestre 1998
Bibliothèque et Archives nationales du Québec
Bibliothèque et Archives Canada

Imprimé au Canada

6 7 8 9 ITG 12 11 10 09

Nous reconnaissons l'aide financière du gouvernement du
Canada par l'entremise du Programme d'aide au développement
de l'industrie de l'édition (PADIÉ) pour nos activités d'édition.

Gouvernement du Québec – Programme de crédit d'impôt pour
l'édition de livres – Gestion SODEC.

DANGER

LE
PHOTOCOPILLAGE
TUE LE LIVRE

À André,
personne de toutes les ressources,
mais surtout présence indéfectible
et discrète

Constance et Denise

À Solange,
mon inspiration

Constance

Notices biographiques

Gilles Colpron est l'auteur du livre *Les anglicismes au Québec — répertoire classifié* paru en 1970 chez Beauchemin, puis réédité en 1982 sous le titre de *Dictionnaire des anglicismes*. Linguiste, tour à tour traducteur, réviseur, rédacteur et professeur, Gilles Colpron a fait une maîtrise et la scolarité de doctorat en linguistique à l'Université de Montréal.

Constance Forest est diplômée de l'Université de Montréal en traduction. Elle travaille à titre de communicatrice dans le domaine universitaire. Elle a également une formation en documentation et une pratique prolongée, spécifiquement en recherche documentaire, dans le milieu des bibliothèques universitaires.

Denise Boudreau, diplômée de l'Université de Montréal en traduction, a remporté le prix du Doyen décerné à l'étudiant s'étant le plus distingué par la qualité de son travail et par ses résultats scolaires. Traductrice, réviseure, correctrice d'épreuves à ses heures, elle travaille en communications dans la fonction publique.

Avant-propos

Une langue vivante se modifie constamment et les anglicismes n'échappent pas à cette évolution. Des domaines qui, il n'y a pas si longtemps, dominaient le monde industriel sont maintenant tombés en désuétude, ce qui a entraîné la sous-utilisation et l'oubli de langues de spécialité et donc, dans la plupart des cas, de nombreux anglicismes. Aujourd'hui, la vitesse fulgurante à laquelle se développent les technologies, liée à l'abolition des frontières dans le monde des communications, fait que nous sommes sans cesse inondés de nouveaux produits, de nouveaux concepts et, bien sûr, de nouvelles terminologies. Ces connaissances étant diffusées, la plupart du temps, en anglais, bien malin qui pourrait à tout coup échapper aux anglicismes.

Un anglicisme est un mot, une expression ou une acception que l'on emprunte, légitimement ou non, à la langue anglaise. Le présent dictionnaire, de nature corrective, ne recense que les emprunts injustifiés. Est un emprunt injustifié toute expression, construction ou acception, bref tout mot pour lequel la langue française possède déjà un équivalent. Ainsi, *éditorial, football* et *point de vue* («opinion») sont des emprunts justifiés, mais *assurance-santé, sauver de l'argent* et *walkman* n'en sont pas.

Gilles Colpron a d'abord publié, en 1970, *Les anglicismes au Québec — répertoire classifié*. L'ouvrage a été réédité en 1982 sous le titre de *Dictionnaire des anglicismes*. En 1994, Constance et Louis Forest l'ont repris et l'ont complètement remanié et mis à jour. Dans cette quatrième édition, nous avons poursuivi le travail entrepris dans les ouvrages précédents, soit de répertorier les anglicismes les plus courants au Québec. Nous avons d'abord éliminé les termes de l'édition de 1994 qui sont maintenant passés dans l'usage et d'autres qui ne sont à peu près plus utilisés. Nous l'avons ensuite enrichie de termes puisés dans la langue courante et dans des domaines qui avaient plus ou moins été touchés antérieurement, notamment Internet, les assurances, l'éducation et la finance. L'ouvrage compte maintenant près de 5 000 entrées et il s'adresse aussi bien au grand public qu'aux langagiers et aux étudiants.

Les formes fautives y sont classées par ordre alphabétique et le type de chaque anglicisme est indiqué par un pictogramme. Vient ensuite, en caractères gras, un exemple d'emploi de la forme fautive que complète, dans la plupart des cas, un contexte d'utilisation. Lorsqu'on dénombre plusieurs emplois fautifs du même terme, on le remplace par un tiret dans les exemples subséquents. Le mot anglais n'est pas répété s'il est similaire à celui de l'entrée ou d'un exemple précédent. Les formes correctes, bien qu'elles soient souvent synonymes, ne sont pas nécessairement interchangeables et doivent être employées selon le contexte.

L'ouvrage se veut simple, aéré et de consultation agréable. Nous espérons que le lecteur y trouvera réponse à ses questions, mais surtout nous aimerions piquer sa curiosité pour qu'il y fasse de nombreuses découvertes et qu'il prenne plaisir à le feuilleter, comme ça, juste pour voir...

Constance Forest
Denise Boudreau

Types d'anglicismes

On dénombre six catégories d'anglicismes :

❏ **Anglicisme sémantique** : mot français employé dans un sens propre à un mot anglais ressemblant et qui a connu une évolution différente (ex. : *pamphlet*) ou expression créée avec des mots français par traduction littérale de l'expression anglaise (ex. : *être sous l'impression que*).

○ **Anglicisme lexical** : mot ou expression anglaise empruntés tels quels (*kick*, *flowchart*) ou auxquels on donne une terminaison française (*checker*, *timer*).

◆ **Anglicisme syntaxique** : calque d'une construction propre à la langue anglaise dans l'emploi des prépositions (*siéger sur un comité*) ou de la voix passive (*brochure à être distribuée*).

■ **Anglicisme morphologique** : erreur due au mauvais emploi du nombre (*douanes*), à la formation d'un mot (*direct* pour *directement*) ou portant sur la terminaison (*complétion*).

● **Anglicisme phonétique** : faute de prononciation d'un mot (*cents*, *interview*).

▲ **Anglicisme graphique** : mot orthographié dans une forme apparentée à la forme anglaise (*addresse*) ou mot qui ne suit pas les règles françaises de ponctuation et d'abréviation (*8.15, blvd.*).

Symboles des types d'anglicismes

❑ sémantique   ■ morphologique

○ lexical   ● phonétique

◆ syntaxique   ▲ graphique

Abréviations

abr.	abréviation	qqch	quelque chose
c.-à-d.	c'est-à-dire	qqn	quelqu'un
fém.	féminin	sb	somebody
masc.	masculin	sing.	singulier
plur.	pluriel	sth	something

A

❏ à

EXEMPLES DE FORMES ET D'EMPLOIS FAUTIFS	FORMES CORRECTES
à : Pierre Roy / to : **de** : Jeanne Régnier / from : (en tête d'une note de service)	dest. : (pour destinataire), exp. : (pour expéditrice)
__ **ce moment**, les autorités ne sont pas prêtes à engager le dialogue / at this moment	en ce moment, actuellement
elle a reçu une lettre __ **cet effet** / to this effect	en ce sens
__ **date**, nous avons reçu 250 $ / up to date	à ce jour, jusqu'à maintenant
les intérêts __ **date** / to date	à ce jour
mettre un livret de banque __ **date**	à jour
nous n'avons rien __ **faire avec** ça / we have nothing to do with that	nous n'avons rien à voir dans, avec cela, nous n'y sommes pour rien
il reste deux minutes __ **jouer** / to play	de jeu
__ **la discrétion de** / at sb's discretion	à l'appréciation de qqn, au choix de qqn (mais s'emploie en parlant du pouvoir discrétionnaire d'un juge)

EXEMPLES DE FORMES ET D'EMPLOIS FAUTIFS	FORMES CORRECTES
❑ à	

__ **la journée**, __ **la semaine**, __ **l'année longue** / all day, week, year long	à longueur de journée, de semaine, d'année
la loi __ **l'effet que** le gouvernement réduise ses dépenses / to the effect that	établissant la réduction des dépenses du gouvernement
la nouvelle __ **l'effet que** la présidente démissionnerait	voulant que, indiquant que, disant que, selon laquelle, à savoir que, la nouvelle de la démission de
fonctionner __ **l'intérieur de** ce budget / to operate within this budget	dans les limites de
immeuble, propriété __ **revenu** / income property	immeuble de rapport
juger une proposition __ **son mérite** / to judge a proposition on its merits	sur le fond
__ **tout événement**, nous serons prêts / at all events	quoi qu'il arrive, dans tous les cas, peu importe
__ **toutes fins pratiques** l'heure de pointe est terminée / for all practical purposes	en pratique, pratiquement, en définitive, en fait
nous vous saurons gré de nous faire parvenir votre réponse __ **votre convenance** / at your convenience	dès que cela vous sera possible (convenance : à votre bon plaisir)

EXEMPLES DE FORMES ET D'EMPLOIS FAUTIFS	FORMES CORRECTES

❑ à

Bien vôtre, Bien __ vous, Sincèrement vôtre / Truly yours, Sincerely yours (avant la signature dans une lettre)

Nous vous prions d'agréer, Madame, Monsieur, l'expression de nos sentiments distingués, ou encore : Je vous prie d'agréer, Madame, Monsieur, l'assurance de mes sentiments les meilleurs

dû __ un contretemps, la réunion n'a pas eu lieu / due to

à la suite de, à cause de, en raison de

dû __ vous, j'ai réussi / due to you

grâce à

être __ l'emploi de / in the employ of

être employé par, travailler pour, chez, être au service de

être __ son meilleur dans tel domaine / to be at one's best

exceller, être au sommet de sa forme, au mieux

maintenant __ louer, __ vendre / now renting, for sale (affiche sur un nouvel immeuble)

prêt pour occupation

prime __ vie / whole life premium (assurances)

prime viagère

◆ à

à Edmunston, Nouveau-Brunswick / in Edmunston, New Brunswick

à Edmunston, au Nouveau-Brunswick, ou Edmunston (Nouveau-Brunswick)

avec intérêt __ 3 % par année / with interest at

avec intérêt de

avoir qqch __ la main / to have sth at hand

sous la main, à sa portée

hâtez-vous __ notre solde gigantesque / hurry to

de profiter de

	EXEMPLES DE FORMES ET D'EMPLOIS FAUTIFS	FORMES CORRECTES
◆ à	ce numéro est changé ___ 731-5647 / is changed to	est changé pour le, a été remplacé par le
	il perd le disque ___ l'adversaire / he loses the puck to	aux mains de
	brochure ___ **être préparée**, ___ **être distribuée** / to be prepared, to be distributed	à préparer, à distribuer (on emploie l'auxiliaire être avec les verbes passifs, réfléchis et plusieurs verbes intransitifs)
	voyager ___ **travers le** Québec, **le** monde / around, across	partout au Québec, aux quatre coins du Québec, autour du monde
▲ abatement	**abatement** (finance)	abattement
▲ abbréviation	**abbréviation**	abréviation
■ abrévier	**abrévier** / to abbreviate	abréger
❏ absence	**en l'absence de** meilleurs moyens / in the absence of better means	à défaut de, faute de
❏ absorbant	**coton absorbant** / absorbent cotton	coton hydrophile
○ abstract	présenter l'**abstract** d'un article	résumé analytique, résumé, sommaire
❏ abus	**abus physiques** sur les enfants / physical abuses	mauvais traitements, sévices
	être accusé d'___ sexuels / sexual abuses	délits sexuels
	être victime d'___ sexuels	violence sexuelle, agression sexuelle

	EXEMPLES DE FORMES ET D'EMPLOIS FAUTIFS	**FORMES CORRECTES**
❑ abusé	être **abusé** sexuellement / to be sexually abused	violenté, maltraité, exploité
❑ abusif	parents **abusifs** / abusive	qui maltraitent les enfants
❑ académicien	**académicien** / academic	scientifique, universitaire
❑ académique	année, dossier **académique** / academic year, record	scolaire, universitaire
	apprentissage ___ / academic learning	scolaire
	discours ___ / academic speech	abstrait, froid, guindé
	évaluation ___ / academic evaluation	scolaire
	fonctions, tâches ___ / academic duties	pédagogiques
	formation ___ / academic training	générale
	liberté ___ / academic freedom	de l'enseignement
	matières ___ / academic subjects	théoriques
	ouvrage ___ / academic work	didactique
	rendement ___ / academic performance	scolaire
	sur le plan ___ / academic level	de la formation, des études
❑ accès	**carte d'accès** / access card	carte-clé
❑ accident	accident **industriel** / industrial accident	de, du travail

	EXEMPLES DE FORMES ET D'EMPLOIS FAUTIFS	FORMES CORRECTES
❏ accommodation	l'entreprise paie **pour** les repas et l'**accommodation** pendant les déplacements / for accommodation	paie les repas et le logement, les repas et la chambre
	les __ des hôtels montréalais / hotel accommodations	capacité d'accueil, capacité d'hébergement, capacité hôtelière
	pour l'__ des visiteurs / accommodation	hébergement
❏ accommoder	**accommoder** tout le monde / to accommodate	aider, rendre service à, satisfaire
	la salle peut __ 200 personnes / can accommodate	recevoir, accueillir, a une capacité de
❏ accomplissement	l'acquisition de cette peinture par le musée est l'**accomplissement** de sa carrière / accomplishment	couronnement
	ses __ comme administrateur / accomplishments	réalisations
❏ accord	**en accord avec** le règlement n° 12 / in accordance with	conformément au, suivant le, selon le, en vertu du
	en __ avec ce que nous avions prévu / according to	conformément à, selon
❏ accréditation	demander l'**accréditation** au ministère	agrément
❏ accrédité	hôpital **accrédité** par le ministère / accredited hospital	agréé
❏ accru	intérêts **accrus** / accrued interest	courus, cumulés

	EXEMPLES DE FORMES ET D'EMPLOIS FAUTIFS	**FORMES CORRECTES**
❏ accru	**volume __** du courrier / increased volume of	accroissement
◆ accumuler	le sol **accumule** les polluants / accumulates	les polluants s'accumulent dans le sol
❏ acétate	**acétate** pour rétroprojecteur	transparent
❏ acheter	**acheter** une assurance / to buy insurance	contracter, souscrire une assurance
	__ une idée, une opinion / to buy an idea, an opinion	adopter, approuver, se rallier à
	__ une proposition, une argumentation / to buy a proposal, an argumentation	accepter, admettre, se rendre à, se laisser convaincre par
❏ achever	**achever** un but / to achieve a goal	atteindre
❏ acompte	payer 100 $ **en acompte** / to pay $100 on account	verser un acompte de, payer 100 $ à compte
❏ acquis	**prendre qqch pour acquis** / to take sth for granted	tenir qqch pour acquis, pour certain, présupposer, admettre au départ, poser en principe, admettre sans discussion
	prendre qqn pour __ / to take sb for granted	traiter qqn en quantité négligeable, ne tenir aucun compte de qqn
❏ acte	**acte** / Act (droit)	loi
	__ **de Dieu** / Act of God	désastre naturel, fléau de la nature, cas de force majeure, cas fortuit, événement fortuit

	EXEMPLES DE FORMES ET D'EMPLOIS FAUTIFS	FORMES CORRECTES
❏ actif	**actif intangible** / intangible asset	bien incorporel, élément d'actif incorporel
	___ **tangible** / tangible asset	bien corporel, élément d'actif corporel
	___ **intangibles** / intangible assets	actif incorporel, immobilisations incorporelles
	___ **tangibles** / tangible assets	actif corporel, immobilisations corporelles
■ actif	les **actifs** de cette compagnie / the assets	l'actif
○ acting out	il n'y a pas eu d'**acting out** (psychologie et criminologie)	passage à l'acte
❏ action	**action bonus** / bonus share (finance)	action gratuite, donnée en prime
	___ **commune** / common share	action ordinaire
	l'___ **positive** permet d'éliminer la discrimination en entreprise / affirmative action	mesures de rattrapage, de redressement
	___ **préférentielle** / preferred share (finance)	action privilégiée
	___ **votante**, **non votante** / voting, non-voting share (finance)	action avec, sans droit de vote
	voir les joueurs **en** ___ / in action	à l'œuvre
	prendre ___ / to take action	passer à l'action, prendre une initiative, des mesures, intervenir

	EXEMPLES DE FORMES ET D'EMPLOIS FAUTIFS	FORMES CORRECTES
❏ action	**prendre une __, des procédures contre** qqn / to take action, proceedings against	actionner qqn, intenter un procès à, des poursuites contre, poursuivre, citer en justice, engager, exercer des poursuites, engager, entamer, intenter une procédure contre, aller en justice
❏ actionnaire	dividende des **actionnaires** / shareholders' dividend	d'actions
❏ actuel	marché **actuel** / actual market (finance)	réel
❏ actuellement	on devait livrer un colis demain, mais **actuellement** on le livrera aujourd'hui / actually	de fait, en réalité, effectivement
	penses-tu qu'elle était __ surprise ?	réellement, vraiment
⭘ adapteur	**adapteur** / adaptor	adaptateur (de courant électrique ou pour appareils électriques)
⭘ addendum	**addendum** à une étude, à un rapport d'enquête	*addenda*
⭘ addictive	une drogue très **addictive** / a very addictive drug	créant une accoutumance, une forte dépendance
❏ additionnel	on nous a donné quinze minutes **additionnelles** / additional	supplémentaires, de plus
	bénéfices __ / additional benefits (assurances)	garantie complémentaire, assurances complémentaires

	EXEMPLES DE FORMES ET D'EMPLOIS FAUTIFS	FORMES CORRECTES
❑ additionnel	**garantie __** / additional cover, coverage (assurances)	garantie supplémentaire
	prime __ / additional premium (assurances)	surprime, complément de prime
	sans charges __ / no extra charge	tout compris, tous frais compris, net, sans supplément
▲ addresse	**addresse** / address	adresse
❑ adéquat	travail **adéquat** / adequate	efficace, approprié
	quantité **__**	suffisante
❑ adéquatement	il faut exécuter ce travail **adéquatement** / adequately	convenablement, proprement
❑ adjuger	la Cour devra **adjuger sur** ce litige / adjudicate upon	statuer sur, se prononcer sur, trancher, décider de
❑ administrer	c'est le ministère qui **administre** l'arrêté ministériel / that administers the order	applique
	__ un test / to administer a test	faire passer
❑ admission	c'est la seule **admission** que les autorités veulent faire / the only admission	concession
	__ de l'âge / admission of age (assurances)	reconnaissance d'âge
	__ de la réclamation / admission of claim (assurances)	prise en charge du sinistre
	__ gratuite / free admission	entrée

	EXEMPLES DE FORMES ET D'EMPLOIS FAUTIFS	FORMES CORRECTES
❑ admission	**pas d'__** / no admittance	entrée interdite, défense d'entrer
	pas d'__ sans affaires / no admittance without business	interdit au public, entrée interdite sans autorisation, défense d'entrer sauf pour affaires, entrée réservée
	prix d'__ à un spectacle / price of admission	prix d'entrée, entrée, droit d'entrée
❑ adopter	le gouvernement va **adopter** un règlement / to adopt a rule	prendre, édicter (mais : adopter une loi ou un règlement municipal)
▲ adresse	**Monsieur Joseph Fox, Produits Fusion ltée, 112 rue Star Ouest, Saint-Félix.** / Mr. J. Fox, Fusion Products Ltd., 112 Star Street West, St. Felix. (ponctuation dans la suscription d'une lettre)	Monsieur Joseph Fox Produits Fusion ltée 112, rue Star Ouest Saint-Félix (une virgule entre le numéro et le nom de la rue est la seule ponctuation requise)
	408 rue Leblanc / 408 Leblanc St. (l'absence de ponctuation forme l'anglicisme)	408, rue Leblanc
◆ adresser	**adresser** l'auditoire / to address the audience	s'adresser à, prendre la parole, prononcer un discours
❑ adresser	**adresser** une difficulté, une tâche / to address an issue, a task	aborder, considérer (problème), s'attaquer (question, tâche)

	EXEMPLES DE FORMES ET D'EMPLOIS FAUTIFS	**FORMES CORRECTES**
❏ affaire	avoir une **affaire** / to have an affair	liaison amoureuse, liaison
	nous avons une autre **place d'__** à Québec / business place	succursale, établissement
	pas d'admission sans __ / no admittance without business	interdit au public, entrée interdite sans autorisation, défense d'entrer sauf pour affaires, entrée réservée
	principale place d'__ / main business place	siège social
	taxe d'__ / business tax	taxe professionnelle
	à l'ordre du jour : **autres __** / other business	divers
	carte d'__ / business card	carte professionnelle, carte commerciale
	conférence d'__ / business conference	réunion d'affaires
	heures d'__ / business hours	heures d'ouverture (magasins ou commerces), heures de bureau, horaire, ouvert de... à...
	par __ / on business	pour affaires
❏ affecter	cette taxe **affecte** 60 % de la population / this tax affects	atteint, touche
	la maladie __ ses résultats scolaires / affects	influe sur, nuit à
❏ affidavit	**affidavit**	déclaration sous serment

	EXEMPLES DE FORMES ET D'EMPLOIS FAUTIFS	FORMES CORRECTES
❏ affirmative	répondre **dans l'affirmative** / to answer in the affirmative	par l'affirmative, affirmativement (mais : dans l'affirmative en tête de phrase est correct)
❏ âge	**admission de l'âge** / admission of age (assurances)	reconnaissance d'âge
❏ agence	**agence de collection** / collection agency	agence, organisme de recouvrement
	compte d'__ / agency account (finance)	compte sous mandat
	__ d'escortes / escort agency	service, agence d'accompagnement
❏ agenda	**agenda** de la réunion, des journées d'étude / meeting, session agenda	ordre du jour, programme
	__ du parti	programme, ligne d'action
❏ agent	**agent de réclamations** / claim adjuster	régleur, expert d'assurances, expert en sinistres
■ aggravant	les fluctuations de la Bourse peuvent devenir **aggravantes** pour les cambistes / aggravating	exaspérantes, agaçantes
◯ agreement	**gentleman's agreement**	engagement moral, convention verbale
❏ agressif	représentant **agressif** / aggressive salesman	dynamique, énergique, persuasif
	maladie **__** / aggressive illness	envahissante
	politique de vente **__** / aggressive policy	vigoureuse
◯ aid	j'ai apporté une trousse de **first aid** / first aid kit	premiers soins

	EXEMPLES DE FORMES ET D'EMPLOIS FAUTIFS	**FORMES CORRECTES**
❏ aider	est-ce que je peux vous **aider** ? / can I help you ?	être utile ?, servir ?, vous désirez ?
❏ aile	**aile** de bicyclette / wing	garde-boue
❏ aînés	les **aînés** / the elderly people	les personnes âgées
○ air	**air bag**	coussin gonflable
	___ foam	mousse de polyuréthane, caoutchouc mousse (lorsque le produit est à base de caoutchouc naturel)
	cooler à ___ / air cooler (industrie)	refroidisseur, appareil réfrigérant
❏ air	**appareil à air conditionné** / air conditioner	climatiseur, conditionneur d'air, conditionneur (mais : une salle à air conditionné ou salle climatisée)
	sur l'___ / on the air (à la porte d'un studio)	sur les ondes, en ondes, à l'antenne, émission en cours
❏ aisé	**prendre ça aisé** / to take it easy	ne pas s'en faire, en prendre à son aise, prendre son temps, se la couler douce
❏ ajourner	**ajourner** la séance / to adjourn	lever la séance (mais : ajourner un procès)
❏ ajustable	dispositif **ajustable** / adjustable	réglable
❏ ajustement	l'**ajustement** fait partie du règlement du sinistre / claim settlement adjustment	expertise des dégâts, évaluation des dommages

Exemples de formes et d'emplois fautifs	Formes correctes
❏ ajustement	obligation d'___ / adjustment bond (finance)	de redressement, d'assainissement
	___ d'une police d'assurance-vie en cas de déclaration inexacte / adjustment of a life insurance policy because of a misstatement	normalisation
	___ de compte	rectification
	___ de salaire	rajustement, redressement, révision, relèvement, hausse
	___ d'un appareil, des freins	réglage, mise au point
❏ ajuster	**ajuster** l'image, le son d'un téléviseur, le régime d'un moteur / to adjust	régler (ajuster relève du domaine technique)
	s'___ à une idée / to adjust oneself to an idea	se faire, s'adapter
	___ une réclamation / to adjust a claim	régler une réclamation, une demande d'indemnité
❏ ajusteur	**ajusteur** en assurances / adjuster	expert en assurances, en sinistres, estimateur, régleur
	___ **interne, de compagnie** / staff adjuster	enquêteur-régleur
❏ alarme	**boîte d'alarme** / alarm box	avertisseur d'incendie
● alcohol	**alcohol**	alcool (se prononce « alcol »)
❏ alcool	**être sous l'influence de l'alcool** / to be under the influence of alcohol	être en état d'ébriété

	EXEMPLES DE FORMES ET D'EMPLOIS FAUTIFS	FORMES CORRECTES
❏ alignement	**alignement** des roues d'une automobile / wheel alignment	parallélisme des roues, réglage du train avant
❏ aliment	**aliments de santé** / health food	aliments naturels
⭘ all	pizza **all dressed**	combinée, toute garnie
❏ allée	**allée** / alley	bille (à jouer)
	___ de quilles / bowling alley	piste de quilles, piste de jeu
	___ pavée / paved driveway	allée bitumée (une allée pavée doit être faite de petits blocs de pierre)
❏ aller	**aller en grève** / to go on strike	faire la grève, déclencher une grève, se mettre en grève
	___ sous presse / to go to press	mettre sous presse
	l'équipe y **___ pour** un autre match / goes for	jouera un autre match
❏ allocation	**allocation**	indemnité
❏ allouer	l'équipe a **alloué** trois points à ses adversaires / has allowed	accordé, concédé
◆ alors	nous publierons un répertoire des membres **alors que** nous aurons compilé tous les noms / when	au moment où (alors que exprime la simultanéité ou l'opposition)
❏ altération	le plan aurait besoin d'**altérations** / alterations	modifications, changements (altération : dégradation, détérioration)
	___ faites pendant que vous attendez / alterations while you wait	retouches

	EXEMPLES DE FORMES ET D'EMPLOIS FAUTIFS	FORMES CORRECTES
❏ altération	fermé **pour** __ / closed for alterations	pendant les transformations, la réfection, les rénovations
❏ alternatif	**proposition alternative** / alternative proposal	contre-proposition
	école __ / alternative school	école innovatrice
	les poids lourds doivent emprunter la **route** __ / alternative route	déviation recommandée, itinéraire de délestage
	services communautaires __ / alternative community services	parallèles
	solution __ / alternative solution	de rechange
❏ alternative	la première **alternative** est plus importante que la deuxième / the first alternative	possibilité, option, choix
	il existe des __	des solutions de rechange, d'autres possibilités
	nous sommes devant deux __ / a double alternative, two alternatives	deux choix, deux possibilités, deux éventualités, une alternative (une alternative comporte deux possibilités, deux alternatives signifient donc quatre possibilités)
○ aluminum	**aluminum**	aluminium
▲ a.m.	défense de stationner – 7 à 9 **A.M.**, 4 à 6 **P.M.** / no parking - 7 to 9 A.M., 4 to 6 P.M. (les expressions *ante meridiem* et *post meridiem* empruntées au latin ne s'emploient pas en français)	7 h à 9 h, 16 h à 18 h

	EXEMPLES DE FORMES ET D'EMPLOIS FAUTIFS	FORMES CORRECTES
❏ amalgamation	**amalgamation** de deux entreprises	fusion, association
❏ amendement	un **amendement** à un contrat, à une commande / amendment	avenant
❏ amender	**amender** un contrat d'assurance / to amend	modifier (mais : amender un projet de loi)
❏ amener	**amener** un projet de loi / to bring in	déposer, présenter
❏ ami	**ami de garçon, __ de fille** / boyfriend, girlfriend	petit ami, petite amie, ami, amie
	faire __ / to make friends	devenir amis, se lier d'amitié
❏ amour	être **en amour avec** qqn / to be in love with sb	amoureux de
	tomber en __ / to fall in love	tomber amoureux, devenir amoureuse, s'éprendre de qqn
○ ampacity	**ampacity** (formé des mots anglais ampere et capacity)	courant admissible (d'un conducteur)
○ ampersand	**ampersand**	perluette, esperluette, signe de compagnie (&) (remplace le mot « et »)
❏ amusement	**parc d'amusement** / amusement park	parc d'attractions
	taxe d'__ / amusement tax	taxe sur les spectacles
❏ analyse	une analyse **coût-bénéfice** / cost-benefit analysis (finance)	coût-avantage
❏ année	**année du, de calendrier** / calendar year	année civile

	EXEMPLES DE FORMES ET D'EMPLOIS FAUTIFS	FORMES CORRECTES
❏ année	**à la journée, à la semaine, à l'__ longue** / all day, week, year long	à longueur de journée, de semaine, d'année
	__ fiscale / fiscal year	année budgétaire, financière, exercice budgétaire, comptable, financier, exercice (fiscal : du domaine de l'impôt)
■ annexation	**annexation**	annexion
❏ annonce	**annonces classées** d'un journal / classified ads	petites annonces
❏ annuité	la caisse de retraite assure une **annuité** de 7 % / annuity	rente
	paiement d'__ / payment of annuity, annuity payment	service de la rente
◯ antagoniser	je ne voulais pas les **antagoniser** / I did not want to antagonize them	contrarier, indisposer, vexer
❏ antécédent	**expériences antécédentes** / previous experience (assurances)	antécédents d'un risque
❏ anticipé	dividendes, profits **anticipés** / anticipated	prévus, espérés, escomptés
	privilège de remboursement __ / prepayment privilege	droit de remboursement anticipé, par anticipation
❏ anticiper	**anticiper** un fiasco / to anticipate	appréhender, craindre
◯ antifreeze	**antifreeze**	antigel
◯ antique	**antiques**	antiquités, brocante

	EXEMPLES DE FORMES ET D'EMPLOIS FAUTIFS	FORMES CORRECTES
❏ anxieux	être **anxieux** de revoir une amie / to be anxious of	avoir hâte de, être impatient de, être désireux de
○ anyway	**anyway**, ça ne change rien à notre projet	de toute façon, quoi qu'il en soit, quoi qu'il arrive
▲ apartement	**apartement** / apartment	appartement
❏ appareil	**appareil à air conditionné** / air conditioner	climatiseur, conditionneur d'air, conditionneur (mais : une salle à air conditionné ou salle climatisée)
▲ appartement	**apt.** (apartment)	app. (appartement)
❏ appartement	**bloc à appartements** / apartment block	immeuble d'habitation, immeuble résidentiel
	logement de cinq __	pièces
	louer un __ **fourni** / furnished apartment	un meublé
❏ appel	être **sur appel** / to be on call	en disponibilité, de permanence
	__ **conférence** / telephone conference call	conférence téléphonique, rendez-vous téléphonique
	je lui **retourne** son __ / I am returning his call	je lui rends son appel, je le rappelle
◆ appeler	**appelez ou écrivez et obtenez** notre catalogue / call or write and get our catalog	appelez-nous ou écrivez-nous pour obtenir

	Exemples de formes et d'emplois fautifs	Formes correctes
❏ appeler	qui **appelle** ? / who is calling ?	puis-je lui dire qui l'appelle ?, qui dois-je annoncer ?, puis-je lui dire votre nom ?
	__ une réunion / to call	convoquer
	__ l'ascenseur	faire venir
	__ une pénalité, une punition (sport)	annoncer, infliger, imposer, donner
❏ applaudissement	**donner une bonne main d'applaudissements** / to give a big hand	applaudir chaleureusement
○ applicant	un **applicant** à un emploi	postulant, candidat
❏ application	**faire application, appliquer pour, sur** un emploi / to make an application, to apply for a job	postuler, solliciter un emploi, faire une demande d'emploi, offrir ses services, poser sa candidature à un emploi, remplir un formulaire de demande d'emploi
	faire une __ personnelle / personal application	se présenter en personne
	formule d'__ / application form	de demande d'emploi, de demande d'inscription (à un concours)
	remplir une __ d'assurance / application form	formulaire de proposition, proposition
	une __ **non médicale** / non-medical application (assurances)	proposition sans examen médical

	Exemples de formes et d'emplois fautifs	Formes correctes
❏ appliquer	**appliquer pour** une subvention / to apply for a grant	demander, faire une demande de, adresser une demande de, présenter une demande de
	__, faire application pour, sur un emploi / to apply, to make an application for a job	postuler, solliciter un emploi, faire une demande d'emploi, offrir ses services, poser sa candidature à un emploi, remplir un formulaire de demande d'emploi
	__ les freins / to apply the brakes	freiner
❏ appointement	**appointement** chez la dentiste / appointment	rendez-vous
	__ au poste de directrice / appointment as head	nomination
❏ appointer	**appointer** un comité / to appoint a committee	constituer, nommer
	être **__** à un nouveau poste / to be appointed	obtenir un, être nommé à, être désigné à
❏ apporter	le nouveau produit vous **apporte** un rendement sans pareil / this new product brings you	offre
❏ appréciation	**montrer une appréciation** / to show appreciation (finance)	accuser une plus-value
❏ apprécier	j'**apprécierais** que vous me donniez les documents nécessaires / I would appreciate	j'aimerais que, je vous serais reconnaissant de
	il faut **__** l'état de l'avancement des travaux / we must appreciate	juger de

	Exemples de formes et d'emplois fautifs	Formes correctes
❑ apprécier	___ un hommage / to appreciate an honor	être touché par, être sensible à
❑ approbation	envoyer des marchandises **en approbation** / on approval	à l'essai, sous condition
❑ approche	**approche du coût** / cost approach (finance)	technique du coût
❑ approcher	**approcher** qqn au sujet d'un projet / to approach sb	parler d'un projet à, proposer un projet à, faire une démarche auprès de, solliciter
	on l'a ___ pour le poste / has been approached	pressenti, sondé
	___ un problème sous un mauvais angle / to approach a problem	aborder
❑ appropriation	les sommes prévues pour engager certaines dépenses sont des **appropriations**	crédits
❑ approprié	somme d'argent **appropriée** à tel usage / appropriated	affectée, appliquée
◆ approuvé	donner la suite voulue, **si approuvé** / if approved	si le projet, le rapport est approuvé, moyennant approbation, après approbation
❑ après	**nul après** le 15 août / void after (sur un bon-rabais, etc.)	expire le
	bon ___-**midi** / good afternoon	bonjour
▲ apt.	**apt.** (apartment)	app. (appartement)
○ aquaplaning	**aquaplaning**	aquaplanage, hydroplanage, hydroglissage
○ arbitration	**arbitration**	arbitrage

	EXEMPLES DE FORMES ET D'EMPLOIS FAUTIFS	FORMES CORRECTES
○ arborite	**arborite** (marque déposée)	un stratifié, un lamifié
❑ arche	**arche** du pied / arch of the foot	cambrure
❑ argent	**argent de papier** / paper money	billet de banque
■ argent	les **argents** serviront à lancer l'entreprise (anglicisme et archaïsme) / these moneys, monies	l'argent (jamais au plur.), fonds, sommes d'argent, capitaux, crédits
❑ argument	avoir un **argument** avec qqn / to have an argument with sb	discussion, dispute
	régler un __	différend, controverse
❑ armature	**armature** d'alternateur, de génératrice, de dynamo	induit
❑ armée	**l'armée** / the army	l'armée de terre
	l'aviation / the aviation	l'armée de l'air
	la marine / the marine	l'armée de mer
❑ arrêt	**être sous arrêt** / to be under arrest	être en état d'arrestation, être arrêté
	mettre sous __ / to put under arrest	mettre en état d'arrestation, arrêter
	__-court / short-stop (baseball)	intercepteur, inter
◆ arrêter	**arrêter** chez qqn / to stop at sb's	s'arrêter
	ne pas dépasser ce véhicule **quand __** / do not pass when stopped	quand il est arrêté, à l'arrêt

	Exemples de formes et d'emplois fautifs	Formes correctes
❏ arrière	l'équipe est **venue de l'arrière** et a remporté le match / came from behind	a rattrapé ses adversaires
❏ arriver	qu'est-ce qu'il **arrive avec** toi ? / what's happening with you ?	advient de toi ?, que deviens-tu ?
❏ articulé	conférencier **articulé** / articulate	éloquent, qui s'exprime avec aisance
	bien __, la décision a été rapidement acceptée / well articulated	expliquée
❏ assaut	**assaut** / assault	agression, voies de fait, attaque
❏ assemblage	**ligne de montage, d'assemblage** / assembly line (usine)	chaîne de montage, chaîne de fabrication
❏ assemblée	**membre de l'Assemblée, du Parlement** / member of Assembly, of Parliament	député, députée
❏ assesseur	évaluation faite par le bureau des **assesseurs** / assessors	estimateurs
❏ assiette	**assiette froide** / cold plate	assiette de viandes froides, viandes froides, assiette anglaise
❏ assignation	**assignation** du personnel	affectation
	bref d'__ / writ of summons	assignation
	la photographe a obtenu une __ auprès du premier ministre	affectation
◆ assigner	on va vous **assigner** à cette tâche / to assign	affecter, cette tâche vous sera assignée

	EXEMPLES DE FORMES ET D'EMPLOIS FAUTIFS	FORMES CORRECTES
○ assist	**assist** (hockey)	assistance, aide
❏ assistant	**assistante-comptable** / assistant accountant	aide-comptable, comptable adjoint (mais : assistante sociale, assistant du metteur en scène)
	__-directeur / assistant manager	directeur adjoint, chef adjoint
	__-gérante / assistant manager (dans une entreprise commerciale)	adjointe au gérant
	__-mécanicien / assistant mechanic	aide-mécanicien
❏ assumer	j'ai **assumé** que tu serais d'accord / I have assumed that	présumé, supposé
	x représente l'écart entre le point-milieu d'une classe et la moyenne __ / assumed	hypothétique, théorique
❏ assurabilité	**bénéfice d'assurabilité garantie** / guaranteed insurability benefit (assurances)	garantie d'assurabilité, d'assurance
❏ assurance	**assurance de groupe** / group insurance	assurance collective
	__-feu / fire insurance	assurance-incendie
	__ générales / general insurance	assurances IARD (incendie, accidents, risques divers)
	__-santé / health insurance	assurance-maladie
	ajusteur en __ / adjuster	expert en assurances, en sinistres, estimateur, régleur
	plan d'__ / insurance plan	police, contrat

	Exemples de formes et d'emplois fautifs	Formes correctes
❏ assurance	**privilège d'__ libérée** / reduced paid-up insurance privilege	droit de réduction
	privilège d'__ temporaire prolongée / extended term insurance privilege	droit de prolongation
❏ attachement	**attachement** / attachment, attached document (informatique)	fichier joint
❏ attaque	**attaque** cardiaque / heart attack	crise cardiaque
❏ atteindre	nous ne pouvons vous **atteindre** par téléphone / we cannot reach you on the phone	joindre
❏ attendre	il faut **attendre et voir** / wait and see	voir venir
◯ attestateur	**attestateur** / attester, attestor, attestator (droit)	certificateur
❏ attractif	document présenté de façon **attractive**	attrayante, attirante
❏ attribuable	**surprime attribuable à l'occupation** / occupational rating (assurances)	surprime professionnelle
❏ au	le détenu est toujours **au large** / at large	en liberté, court toujours, n'a pas encore été repris
	__ meilleur de ma connaissance / to the best of my knowledge	pour autant que je sache, à ma connaissance, d'après ce que je sais
	__ meilleur de ma mémoire / to the best of my memory	autant que je m'en souviens, que je m'en souvienne
	__ meilleur de mon jugement / to the best of my judgment	autant que j'en puis juger, que j'en puisse juger

	EXEMPLES DE FORMES ET D'EMPLOIS FAUTIFS	FORMES CORRECTES
❏ au	__ **meilleur de ses capacités** / to the best of one's ability	de son mieux, dans la pleine mesure de ses moyens
	juger une question, voter __ **mérite** / on the merit	au fond, quant au fond
	un chèque, un mandat __ **montant de** 50 $ / to the amount of	de, d'une somme de
	être __, **sur le neutre** / to be in neutral (auto)	au point mort
❏ aucun	venez **en aucun temps** / at any time	n'importe quand, en tout temps
	pour __ considération / on no consideration	à aucun prix, pour quelque motif que ce soit, pour rien au monde, sous aucun prétexte
❏ au-delà	circonstances **au-delà, hors de notre contrôle** / beyond our control	indépendantes de notre volonté, échappant à notre action, imprévisibles
	les municipalités auront le droit de fournir des services __ **de leurs limites** / beyond their limits	en dehors de leur territoire
❏ audience	l'**audience** a applaudi	assemblée, assistance, auditoire, spectateurs
❏ auditeur	nous soumettons nos comptes à un **auditeur** / auditor (comptabilité)	vérificateur, experte-comptable
❏ augmentation	**augmentation statutaire** / wage progression	avancement d'échelon

	EXEMPLES DE FORMES ET D'EMPLOIS FAUTIFS	FORMES CORRECTES
❏ aussi	nous vous le laissons **pour aussi peu que** 20 $ / for as little as	pour la modique somme de, pour seulement
❏ autant	**en autant que** cela vous intéresse / inasmuch as, insofar as	dans la mesure où, pourvu que, pour autant que
	en ＿ que je suis concerné / as far as, insofar as I am concerned	en ce qui me concerne, quant à moi, pour ma part, à mon avis
	en ＿ que je peux / as far as I can	dans la mesure du possible
◆ auto	**auto-lave** Rivard / car wash	lave-auto
❏ autorisé	**congé autorisé** / authorized absence, leave of absence	absence autorisée, congé
❏ autre	la Fondation versera **un autre** 10 000 $ à l'Université / another	10 000 $ supplémentaires, ajoutera une somme de 10 000 $
	à l'ordre du jour : **＿ affaires** / other business	divers
	les **＿ deux** semaines / the other two weeks	les deux autres semaines
❏ autrement	il est absent **plus souvent qu'autrement** / more often than not	la plupart du temps, le plus souvent
❏ avance	**avances progressives** versées pendant des travaux de construction / progress advances, payments	avances échelonnées
◆ avant	veuillez me retourner le document **avant** le 31 mai / before	d'ici
❏ avant	être **avant son temps** / ahead of one's time	innovateur, avant-gardiste, en avance sur son époque

29

	EXEMPLES DE FORMES ET D'EMPLOIS FAUTIFS	FORMES CORRECTES
❏ avant	arriver **en ___ de son temps** / ahead of time	en avance, d'avance, avant l'heure prévue ou fixée
	meilleur ___ / best before (sur une étiquette)	date de fraîcheur, date-fraîcheur, à consommer avant le
❏ avantage	**prendre avantage** de ce droit, de cette possibilité / to take advantage of	profiter, se prévaloir, tirer parti
❏ avant-midi	en **avant-midi** / forenoon	matinée
▲ ave.	**Ave.** (Avenue)	av. (avenue)
❏ avec	**avec comme, ___ pour résultat** que / with the result that	de sorte que, de telle sorte que, en conséquence
	en accord ___ ce que nous avions prévu / according to	conformément à, selon
	en accord ___ le règlement n° 12 / in accordance with	conformément au, suivant le, selon le, en vertu du
	être **en amour ___** qqn / to be in love with sb	amoureux de
	être en contravention ___ la loi, un règlement / to be in contravention with	contrevenir à
	j'ai reçu un appel **en rapport, en relation ___** l'accident / in connection with, in relation with	relativement à, au sujet de, à propos de
	je ne suis pas **confortable ___** cette idée-là / comfortable with	à l'aise à l'idée de

	EXEMPLES DE FORMES ET D'EMPLOIS FAUTIFS	FORMES CORRECTES
❏ avec	__ **la conséquence, le résultat** que / with the result that	de sorte que, de telle sorte que, en conséquence
	la joueuse s'est blessée, on devrait savoir aujourd'hui ce qui **se passe** __ elle / what is going on with her	ce qu'il lui arrive, on aura de ses nouvelles aujourd'hui
	le choix est fait, il faut **vivre** __ / we have to live with it	s'en accomoder, se faire à cette idée, accepter cette situation
	nous n'avons rien **à faire** __ ça / we have nothing to do with that	nous n'avons rien à voir dans, avec cela, nous n'y sommes pour rien
	qu'est-ce qu'il **arrive** __ toi ? / what's happening with you ?	advient de toi ?, que deviens-tu ?
	se sentir **inconfortable** __ cette décision / uncomfortable with	mal à l'aise de, gêné de
◆ avec	s'identifier **avec** qqn / to identify with	à
	aider qqn __ ses valises / to help sb with	à porter
	c'est __ cette présentation que prend fin le colloque / with this	par
	dîner __ un sandwich / to lunch with	d'un
	êtes-vous satisfait __ lui ? / with	satisfait de, content de
	être au lit __ la grippe / to be in bed with flu	souffrant de
	être **content** __ ses résultats / to be satisfied with	content de

	EXEMPLES DE FORMES ET D'EMPLOIS FAUTIFS	FORMES CORRECTES
◆ avec	être depuis vingt ans __ cette société / to be with	dans cette société, au service de, chez Alpha et Omega
	je suis occupée __ ce projet / busy with	à, par
	la personne **que** j'ai parlé __ / the person I talked with	avec qui j'ai parlé
	le stylo **que** j'écris __ / the pen I am writing with	avec lequel j'écris
	nous sommes __ vous dans une minute / with you	à vous
	que faire __ cela ? / what to do with that ?	de
	remplir __ **du** vin / to fill with	de vin
	tailleur garni __ **des** boutons dorés / trimmed with	de
	terminer __ un fromage / to wind up with	par
	vendre __ perte / to sell with loss	à perte
	vérifier __ l'administration / to check with	auprès de
	voyager, s'envoler __ la compagnie aérienne nationale / with	par
◆ avenue	**Parc Avenue** / Park Ave. (Avenue)	avenue du Parc, av. du Parc
▲ avenue	**Ave.** (Avenue)	av. (avenue)
❏ aveugle	une expérience en **double aveugle** / double-blind experience	à double insu, en double anonymat
	point __ / blind spot	angle mort

	EXEMPLES DE FORMES ET D'EMPLOIS FAUTIFS	FORMES CORRECTES
❏ avis	donner deux semaines d'**avis** / to give a two-week notice	donner avis deux semaines d'avance, un préavis de deux semaines
	veuillez **prendre** __ de la nouvelle version du règlement / take notice of	prendre connaissance, acte
❏ aviser	**aviser** qqn / to advise sb	donner des conseils à qqn, conseiller qqn
❏ aviseur	**aviseur légal** / legal advisor	conseiller juridique, avocate consultante, avocat-conseil, avocate, notaire
	__ **technique** / technical advisor	conseiller technique
	comité __ / advisor committee	comité consultatif
⭕ avocado	**avocado** (fruit de l'avocatier)	avocat
❏ avocat	**avocat de litige** / litigator	avocat plaidant
◆ avoir	nous **avons été refusés** de le faire / we were refused to do it	on nous a refusé la permission de le faire
❏ avoir	**avoir le meilleur sur** / to have the better on, the best on	l'emporter sur, avoir l'avantage sur, vaincre, triompher de
	__ **plusieurs chapeaux** / to wear several hats	avoir plusieurs casquettes
	__ **les bleus** / to have the blues	avoir des idées noires, broyer du noir, avoir le cafard, se sentir déprimé

	Exemples de formes et d'emplois fautifs	Formes correctes
❏ avoir	__, **prendre le plancher** / to have, to take the floor	monopoliser l'attention
	S.V.P. me **laisser** __ une copie du mémoire / let me have	procurer

B

	EXEMPLES DE FORMES ET D'EMPLOIS FAUTIFS	FORMES CORRECTES
○ bachelor	**bachelor**	studio
○ back	commande en **back order**	commande en souffrance, en retard (non livrée à la date prévue)
		reste de commande (partie d'une commande non encore livrée)
		livraison différée (livraison du reste d'une commande)
○ backer	la banque nous **backe** / we are backed by the bank	soutient financièrement, finance, prête
	si tu vas de l'avant dans ton projet, je vais te __ / I will back you	encourager, soutenir
○ backfire	**backfire** (auto)	retour de flammes, de carburateur
○ background	**background**	arrière-plan, toile de fond
		musique de fond, fond sonore, musique d'atmosphère
		antécédents, expérience, formation (candidat)

	EXEMPLES DE FORMES ET D'EMPLOIS FAUTIFS	FORMES CORRECTES
❍ background		historique, contexte, cadre, antécédents (d'une affaire)
❍ backlash	ce vote est un **backlash** de la politique du gouvernement	répercussion, contrecoup, choc en retour, réaction contre
❍ backlog	on va s'attaquer au **backlog** après avoir fini les travaux urgents	travail en retard
	__ (ensemble des commandes reçues mais non encore exécutées)	carnet de commandes
❍ backpay	**backpay**	rappel de salaire, chèque de rappel, arriérés, salaire rétrospectif
❍ backspace	la touche **Backspace** sur le clavier	Effacement, Effac. (abr.)
❍ backstage	**backstage**	coulisses, coulisse
❍ backstop	**backstop** (baseball)	filet d'arrêt
❍ backswing	**backswing** (golf)	élan arrière
❍ backup	il faut faire un **backup** (informatique)	copie, fichier de sauvegarde, de sécurité, de secours
❍ backvocal	**backvocals**	voix d'accompagnement

	EXEMPLES DE FORMES ET D'EMPLOIS FAUTIFS	FORMES CORRECTES
○ badge	**badge**	insigne (mais correct en informatique comme pièce d'identité et s'emploie au masc.)
○ badluck	**badluck**	malchance, malheur
○ bag	c'est pas mon **bag**	genre
	__ **lady**	clocharde, sans-abri
	air __	coussin gonflable
	doggy __	sac à restes, emporte-restes
	punching __ (pour l'entraînement des boxeurs)	sac de sable
	shopping __	sac, filet à provisions
	sleeping __	sac de couchage
▲ baggage	**baggage**	bagage
❏ bain	**chambre de bain** / bathroom	salle de bain, de bains
	__-tourbillon / whirlpool bath	baignoire, cuve à remous, spa
❏ balance	**balance** d'un compte, d'une facture / balance of an account, of an invoice	solde, reste (mais : balance de paiements, balance commerciale)
	__ de la semaine, du mois / balance of the week, of the month (comptabilité)	solde

	EXEMPLES DE FORMES ET D'EMPLOIS FAUTIFS	FORMES CORRECTES
❏ balance	__ **de vente** / balance of sale financing	crédit vendeur
	__ du matériel, de la commande, de la semaine, du mois / balance of the stock, of an order, of the week, of the month	reste
	__ **en main** / balance in hand	solde en caisse, solde créditeur, encaisse
	__ reportée / balance carried forward	report, solde reporté
	feuille de __ / balance sheet	bilan
❏ balancé	repas bien **balancé** / well-balanced meal	équilibré
❏ balancement	**balancement** des roues / wheel balancing	équilibrage
○ bale	**bale** de papier, de diverses marchandises	balle, ballot
○ ball	**fall ball** / foul ball (baseball)	balle fausse
	mon projet est **fall** __	à l'eau
	punching __	ballon de boxe
❏ ballot	**ballots** de vote	bulletins
○ balloune	**balloune** / balloon	ballon
	__ de savon, de gomme	bulles
	envoyer une __ (baseball, tennis)	chandelle
	souffler dans la __	alcoomètre, ballon d'alcootest, ballon, passer l'alcootest

	EXEMPLES DE FORMES ET D'EMPLOIS FAUTIFS	FORMES CORRECTES
○ balloune	**gomme __** / bubble gum	gomme à claquer, à bulles
○ ballpoint	stylo **ballpoint**	stylo à bille, stylo-bille
○ baloné	**baloné** / bologna	saucisson de Bologne
❏ banc	**banc de scie** / bench saw	scie d'établi
	être sur le __ / to be on the bench	être magistrat ou magistrate, siéger au tribunal
	monter sur le __ / to be raised to the bench	accéder à la magistrature, être nommé juge
	jugement rendu **sur le __** / on the bench	sans délibéré, séance tenante
○ band	**band**	ensemble, formation
	__ aid (marque déposée)	pansement adhésif, diachylon
■ banlieue	**les banlieues** de Montréal / suburbs of Montreal	la banlieue de
❏ bannir	un traité **bannissant** les armes chimiques / that bans	interdisant, proscrivant
❏ banque	**banque** d'enfant / bank	tirelire
❏ banqueroute	être acculé à la **banqueroute** / bankruptcy	faillite (banqueroute : faillite accompagnée de fraude)
○ bar	**bar à salades** / salad bar	buffet de salades, comptoir à salades
	__ code (sur des produits de consommation)	code à barres, code zébré
	crow __	arrache-clou, pied-de-biche

	EXEMPLES DE FORMES ET D'EMPLOIS FAUTIFS	FORMES CORRECTES
○ bar	la **space** __ (informatique)	barre d'espacement, esp. (abr.)
○ barbecue	un **restaurant barbecue**	une rôtisserie
	manger du __	manger des grillades
○ bargain	**bargain**	aubaine, occasion, prix de faveur, prix global
❏ barre	**barre** de savon / bar	pain de savon, savon, savonnette
	__ **de statut** / status bar (informatique)	barre d'état
❏ bas	**basse pression** / low pressure (tension artérielle)	hypotension
❏ basique	est-ce une question **basique** ? / basic	fondamentale, de base
❏ basse	les **basses** d'une automobile / low beams	feux de croisement
○ bassinette	**bassinette** / bassinet	berceau à roulettes, moïse
○ bat	**bat** (baseball)	bâton
○ batch	**batch** d'objets divers	lot, paquet, quantité
	__ **file** (informatique)	fichier de commande
❏ bateau	**être dans le même bateau** / to be in the same boat	être dans le même cas, logé à la même enseigne
	__ **de passagers** / passenger boat	paquebot
	manquer le __ / to miss the boat	perdre, rater l'occasion de, manquer le coche

	EXEMPLES DE FORMES ET D'EMPLOIS FAUTIFS	FORMES CORRECTES
❏ batterie	**batterie** de lampe de poche / battery	pile
○ bay	**bay window**	fenêtre en saillie
○ beam	**beam**	solive
○ bean	qui n'aime pas les **jelly beans** ?	jujubes
○ beat	**beat** à suivre	tempo, rythme, mesure
◆ beaucoup	**beaucoup** reste à faire / much remains to do	il reste beaucoup à faire (beaucoup doit être attribut ou complément)
❏ beaucoup	traction avant, moteur longitudinal, suspension indépendante aux quatre roues **et beaucoup plus** ! / and much more	et bien d'autres choses encore !
❏ bébé	ce service, c'est un peu mon **bébé** / my baby	œuvre, création, affaire
	ce secteur-là, c'est votre ___	domaine favori, affaire
○ bed	**bed-and-breakfast**	gîte touristique, gîte et petit déjeuner, chambres d'hôtes, maison d'hôte, chambre et petit déjeuner
○ beef	**roast beef**	rôti de bœuf, rosbif
○ behaviorial	objectif **behaviorial** / behaviorial objective	béhavioriste, comportemental
○ bellboy	**bellboy** (hôtellerie)	chasseur

	EXEMPLES DE FORMES ET D'EMPLOIS FAUTIFS	FORMES CORRECTES
○ bellboy	__ (marque déposée)	téléavertisseur, téléav. (abr.)
○ benchmark	**benchmark**	jalon, repère
	un __ concluant (installation technique, service)	test de performance, banc d'essai
❑ bénéfice	**bénéfices** touchés en vertu d'une police d'assurance / benefits payable under an insurance policy	indemnités
	__ **additionnels** / additional benefits (assurances)	garantie complémentaire, assurances complémentaires
	une analyse **coût-__** / cost-benefit analysis (finance)	coût-avantage
	__ **d'assurabilité garantie** / guaranteed insurability benefit (assurances)	garantie d'assurabilité, d'assurance
	__ de décès / death benefits	prestations en cas de décès
	__ de maladie, de maternité, de retraite, d'incapacité / sickness, maternity, retirement, disability benefits	prestations de maladie, de maternité, de retraite, pour incapacité
	__ **marginaux** / fringe benefits	avantages sociaux (d'un employé) charges sociales (d'une entreprise)
	collecte **pour le __** des enfants défavorisés / for the benefit of	au profit, à l'intention, au bénéfice, en faveur

	EXEMPLES DE FORMES ET D'EMPLOIS FAUTIFS	FORMES CORRECTES
◆ bénéficier	la mesure **bénéficiera** à tout le monde / will benefit	profitera à, tout le monde bénéficiera de la mesure, tous pourront profiter de cette mesure
○ best	le **best** serait de procéder de cette façon	mieux, idéal, meilleure chose
○ bet	**you bet ?**	tu veux parier ?
○ beurre	beurre de **peanut** / peanut butter	beurre d'arachide
❏ biaiser	les responsables sont **biaisés** quant à la répartition des tâches / are biased	subjectifs, partiaux, ont des préjugés
○ bicycle	**bicycle**	bicyclette, vélo
○ bider	**bider** pour obtenir le contrat / to bid for	soumissionner, faire une offre
❏ bien	ce joueur a **bien fait** au cours de la première manche / has done well	bien joué, fait belle figure
	elle a ___ **fait** dans ses études cette année / has done well	réussi
	vous avez ___ **fait** pendant votre période d'essai / you did well	fourni un bon rendement
	___ **vôtre**, ___ **à vous**, **Sincèrement vôtre** / Truly yours, Sincerely yours (avant la signature dans une lettre)	Nous vous prions d'agréer, Madame, Monsieur, l'expression de nos sentiments distingués, ou encore : Je vous prie d'agréer, Madame, Monsieur, l'assurance de mes sentiments les meilleurs

	EXEMPLES DE FORMES ET D'EMPLOIS FAUTIFS	FORMES CORRECTES
❏ bien	vivre **sur le __-être social, sur le BS** / on social welfare, welfare	de l'assistance sociale, toucher des prestations d'aide sociale, recevoir de l'aide sociale
❏ bienvenue	il m'a dit merci, j'ai répondu **bienvenue** / welcome	il n'y a pas de quoi, y a pas de quoi, c'est un plaisir, ce n'est rien, de rien, je vous en prie
○ big	au stade, c'est la section des **big shots**	grosses légumes, huiles
○ bill	**bill**	facture (fournisseur, garage, magasin)
		note (hôtel)
		addition (restaurant)
		projet de loi (du gouvernement, avant l'adoption), proposition de loi (d'un parlementaire, avant l'adoption), loi (après l'adoption)
	__ privé / private bill	projet de loi d'intérêt particulier, d'intérêt privé
	de gros __	billets de banque, billets
❏ billet	tu vas avoir un **billet** si tu stationnes là / parking ticket	contravention
	__ de saison pour assister aux matchs de hockey / season tickets	abonnement
	__ payables / bills payable	effets à payer

	EXEMPLES DE FORMES ET D'EMPLOIS FAUTIFS	FORMES CORRECTES
❏ billet	__ **recevables** / bills receivable	effets à recevoir
❏ billion	**billion** (ce mot a le sens de milliard pour les Américains, alors que pour les Britanniques billion a le même sens qu'en français, c.-à-d. un million de millions)	milliard (mille millions)
○ binne	**binnes** / beans	fèves au lard
○ birdie	**birdie** (golf)	oiselet
○ black	**black eye**	œil au beurre noir, œil poché
○ blacklist	**blacklist**	liste noire
◆ blâmer	**blâmer** qqch **sur** qqn / to blame sth on sb	blâmer qqn de qqch, imputer qqch à qqn, rejeter la faute, la responsabilité de qqch sur qqn
❏ blanc	**blanc** de chèque / blank	formule dc chèque
	__ de commande	bon, formule de commande
	__ **de mémoire**	trou de mémoire, absence
	__ **comme un drap** / as white as a sheet	blanc comme un linge
	éléphant __ / white elephant	cadeau plutôt coûteux et inutile, acquisition superflue
○ blancmange	**blancmange**	blanc-manger
○ bleach	**bleach** pour les cheveux	décolorant
○ bleacher	assister au match dans les **bleachers**	populaires

	EXEMPLES DE FORMES ET D'EMPLOIS FAUTIFS	FORMES CORRECTES
○ blender	**blender** (appareil électroménager)	mélangeur
❏ bleu	**avoir les bleus** / to have the blues	avoir des idées noires, broyer du noir, avoir le cafard, se sentir déprimé
○ blind	un **blind** contre le soleil	store
	___ date	rendez-vous surprise
	effectuer un **___ test**	test à l'aveugle
❏ bloc	**bloc à appartements** / apartment block	immeuble d'habitation, immeuble résidentiel
	c'est à trois **___** d'ici	rues
	___ de 15 étages	immeuble
	faire le tour du **___**	quadrilatère, pâté de maisons
	jeu de **___**	cubes
○ block	un **block heater** pour faciliter le démarrage d'un véhicule par temps froid	chauffe-moteur, chauffe-bloc
○ blood	on dit que tu es **blood**	chic, généreuse
○ bloopers	**des bloopers** (radio et télévision)	gaffes
○ blowout	**blowout** à un pneu	éclatement d'un pneu
○ blue	**blue chip** (finance)	valeur de premier ordre, valeur sûre, valeur vedette
▲ blvd.	**Blvd.** (Boulevard)	boul., b^d (boulevard)
○ boat	**boat people**	réfugiés de la mer
○ bobby	**bobby pin**	pince, épingle à cheveux

	EXEMPLES DE FORMES ET D'EMPLOIS FAUTIFS	FORMES CORRECTES
○ body	un **body** (lingerie)	justaucorps, moulant
	le ___ (auto)	carrosserie
	un atelier qui fait du ___	de la tôlerie
	___ **check** (sport)	blocage, mise en échec, plaquage
	___ **shop**	atelier de carrosserie
○ boiler	**boiler** (chauffage central)	chaudière
❏ bois	**bois de pulpe** / pulpwood	bois à pâte, bois de papeterie
	cour à ___ / timber yard	entrepôt, chantier de bois de charpente
	pulpe, pulpe de ___ (industrie papetière) / woodpulp	pâte à papier, de bois
❏ boîte	**boîte à malle** (anglicisme et archaïsme) / mailbox	boîte aux lettres
	___ **aux témoins** / witness box	barre des témoins
	___ **d'alarme** / alarm box	avertisseur d'incendie
	___ de camion / truck box	caisse
	___ de scrutin / ballot box	urne
	___ téléphonique / phone box	cabine
❏ bol	**bol** des toilettes / toilet bowl	cuvette
○ bold	**bold** (typographie)	gras
○ bolt	**bolt**	boulon
◆ bon	un **bon** 20 minutes / a good 20 minutes	20 bonnes minutes

	EXEMPLES DE FORMES ET D'EMPLOIS FAUTIFS	FORMES CORRECTES
❏ bon	billet **bon** pour deux personnes / good for two persons	valable
	__ **matin** ! / good morning !	bonjour
	marchandise, moteur, appareil **en __ ordre** / in order	en bon état, en état de marche
	une __ **salle** / a good house	assistance nombreuse, satisfaisante
	donner une __ main d'applaudissements / to give a big hand	applaudir chaleureusement
○ bona fide	acheteur, témoin **bona fide** (au Québec, expression latine empruntée à l'anglais)	de bonne foi
	contrat __	authentique
	offre d'achat __	sérieuse
❏ bonus	**bonus**	boni
	__ avec achat	prime, cadeau
	__ de cherté de vie	indemnité
	__ de fin d'année	gratification
	__ de rendement	prime
	travailler au __	rendement
	action __ / bonus share (finance)	action gratuite, donnée en prime
○ booker	**booker** / to book	engager (chanteuse)
		donner rendez-vous (client)
		inscrire (commande, pari)

	Exemples de formes et d'emplois fautifs	**Formes correctes**
◯ booker		réserver (salle de spectacles)
		être occupé, pris (personne)
◯ bookmaker	**bookmaker, bookie**	preneur aux livres, preneur de paris
◯ bookmark	**bookmark** (Internet)	signet
◯ boomer	**boomer** un produit / to boom	faire mousser à coups de réclame
	__ une candidate	faire du battage publicitaire pour
◯ boostage	**boostage, boosting** (auto)	démarrage-secours (survoltage n'est pas un équivalent approprié)
◯ booster	**booster** la batterie / to boost (auto)	mettre les câbles, ranimer la batterie (survolter n'est pas un équivalent approprié)
	__ un produit	faire de la publicité, du battage pour, vanter
◯ booter	**booter, rebooter** (informatique)	redémarrer, initialiser, réinitialiser
◯ boquer	une personne qui **boque** refuse de participer à une activité par mauvaise humeur ou bouderie / to buck at	regimbe, reste en arrière
◯ border	on serait **border line** entre la légalité et l'illégalité	à la limite de

	EXEMPLES DE FORMES ET D'EMPLOIS FAUTIFS	FORMES CORRECTES
❍ boss	**boss**	patron, supérieur hiérarchique, chef d'entreprise
❍ bosser	il cherche toujours à **bosser** / to boss	commander, jouer au patron, donner des ordres
❍ boster	le réservoir, le pneu a **bosté** / burst	a éclaté (objets en métal), a crevé (objets en caoutchouc)
❍ Boston	**Boston** (steak)	steak Boston
	__ **cream pie**	gâteau Boston, gâteau à la bostonnaise
❍ botche	**botche** de cigarette / butt	mégot
❍ botcher	**botcher sa cigarette**	éteindre sa cigarette avant le temps
	__ un ouvrage / to botch	bâcler, bousiller, gâcher, saboter
❍ bottle	de la moutarde en **squeeze bottle**	contenant souple
❍ bottom	**bottom line**	résultat essentiel, l'essentiel, le facteur décisif (général)
		conclusion, constatation (droit)
		résultat net, financier, bénéfice net (comptabilité)
❑ bouillant	**être dans l'eau bouillante** / to be in hot water	être dans l'embarras, dans de beaux draps, dans le pétrin

	EXEMPLES DE FORMES ET D'EMPLOIS FAUTIFS	FORMES CORRECTES
❑ bouilloire	**bouilloire à vapeur** / steam boiler (production d'énergie)	chaudière à vapeur, générateur de vapeur
❑ boule	**boules à mites** / mothballs	naphtaline
▲ boulevard	**Blvd.** (Boulevard)	boul., b^d (boulevard)
◯ bouncer	**bouncer**	homme de main, videur
❑ bouteille	donner une **bouteille** / bottle	biberon
❑ bouton	appuyer sur le **bouton panique** / panic button	bouton d'alarme
◯ bowling	**bowling**	jeu de quilles, quilles, salle de quilles
◯ box	**box spring**	sommier tapissier, sommier à ressorts
◯ boxing	**Boxing Day**	l'après-Noël, le lendemain de Noël
◯ brace	**brace** (menuiserie)	jambe de force, contre-fiche
◯ braid	**braid** (couture)	galon, passement, soutache
◯ brainstorming	**brainstorming**	remue-méninges
◯ brake	**brake à bras** / handbrake	frein à main
◯ braker	**braker** / to brake	freiner, ralentir

	EXEMPLES DE FORMES ET D'EMPLOIS FAUTIFS	FORMES CORRECTES
❏ branche	notre **branche** de Laval / branch	succursale, division, section, direction, filiale, agence
❍ braquette	**braquette** / bracket (menuiserie)	équerre (de renforcement), potence
	les __ de salaire / brackets	échelons
❏ bras	**tordre le bras à** qqn / to twist sb's arm	forcer la main de, insister auprès de
❍ bras	**brake à bras** / handbrake	frein à main
❍ brass	**brass**	laiton
❍ break	donnez-nous un **break**	laissez-nous un répit, la chance, le temps de souffler
	coffee __	pause-café, pause-santé
	prendre un __ / to take a break	faire une pause
❍ breakdown	envoyer le **breakdown** du compte (comptabilité)	détail
	établir le __ des dépenses entre les divers comptes	répartition, ventilation
❍ breaker	le **breaker** a encore sauté	disjoncteur
❍ breakthrough	l'équipe de recherche a réalisé un **breakthrough**	percée
❏ bref	**bref** d'élections / writ of election, election brief	décret d'élections, de convocation des électeurs

	Exemples de formes et d'emplois fautifs	Formes correctes
❏ bref	__ **d'assignation** / writ of summons	assignation
❏ breuvage	**breuvage** (anglicisme et archaïsme) / beverage	boisson (tout liquide qui se boit)
○ briefer	**briefer** qqn / to brief sb	donner des instructions, des recommandations à
○ briefing	**briefing**	instructions, exposé, séance d'orientation, d'information, synthèse, breffage, point de presse
○ bright	ils ne sont pas assez **bright** pour ça	intelligents, fins, subtils
	c'est __	brillant, génial
❏ brique	**brique à feu** / fire brick	brique réfractaire
❏ bris	**bris** de confidentialité / breach of professional secrecy	violation de la confidentialité, violation du secret professionnel
	__ **de contrat** / breach of contract	rupture, violation, non-exécution de contrat
	__ **du lien de confiance** / breach of trust	abus de confiance, déloyauté
❏ briser	**briser** la loi / to break the law	enfreindre
	__ sa promesse / to break a promise	manquer à sa promesse, ne pas respecter sa promesse

	EXEMPLES DE FORMES ET D'EMPLOIS FAUTIFS	FORMES CORRECTES
❑ briser	__ un record / to break a record	battre, améliorer
❍ broiled	**broiled steak**	steak grillé, steak sur le gril
	charcoal __ steak	steak grillé sur charbon de bois, steak sur barbecue
❍ broker	**broker** (assurances, valeurs mobilières)	courtier
❍ browser	**browser** (Internet)	naviguer, explorer, fureter
		navigateur, logiciel de navigation
❍ browsing	**browsing** (informatique)	survol
❑ brûler	une ampoule **brûlée** / burnt off	grillée
	__ sa santé, ses forces / to burn	ruiner, épuiser
❍ brûler	une **fuse brûlée**	fusible fondu, plomb sauté
❑ brûleur	**brûleur** de lampe / burner	bec
❑ brun	**papier brun** / brown paper	papier d'emballage
	sucre __ / brown sugar	cassonade
❍ brushing	**brushing**	séchage à la brosse
❑ budget	voyager **sur le budget** de l'entreprise / on the company's budget	aux frais
❍ bug	**bug** (informatique)	bogue, erreur

EXEMPLES DE FORMES ET D'EMPLOIS FAUTIFS	FORMES CORRECTES
○ bull	**bull market** (finance)	marché à la hausse, marché haussier
○ bulldozer	**bulldozer**	bouteur
○ bullet	**bullet** (typo)	puce, point médian, gros point
❏ bulletin	**bulletin** électronique / bulletin board (Internet)	babillard
○ bump	**bump** (route)	bosse
○ bumper	**bumper** (auto)	pare-chocs
	__ une employée de moindre ancienneté / to bump	supplanter, évincer, déloger, déplacer
○ bun	**bun** ou **buns**	brioche
○ bunch	**bunch**	botte (radis, asperges, carottes)
		liasse (billets de banque)
		groupe (amis)
○ bunker	**bunker** (golf)	trappe de sable
○ bunt	le joueur frappe un **bunt** (baseball)	fait un amorti, un coup retenu
❏ bureau	**bureau des directeurs, des gouverneurs** / Board of Directors, of Governors	conseil d'administration
	__-**chef** / head office	siège social, direction
	espace de __ à louer / office space to let	local pour bureau, bureau

	EXEMPLES DE FORMES ET D'EMPLOIS FAUTIFS	FORMES CORRECTES
❏ bureau	__, **taux d'échange** / exchange office, rate (finance)	bureau, taux de change
○ burnout	**burnout**	épuisement, surmenage professionnel
○ busboy	**busboy** (restauration)	aide-serveur
○ business	se mêler de ses **business**	affaires
	être dans **la** __	les affaires
	partir une __	fonder, lancer un commerce, une entreprise, une affaire
	show __	industrie du spectacle
○ busybody	un **busybody** s'occupe de mille choses	touche-à-tout, hyperactif
❏ but	**corporation à but lucratif** / profit-oriented corporation	entreprise à but lucratif, société commerciale
○ button	**help button, function, menu** (informatique)	bouton, fonction, menu d'aide
○ buzzer	**buzzer**	avertisseur, vibreur sonore, ronfleur
	__ qqn sur son téléavertisseur / to buzz	appeler
○ byte	**byte** (informatique)	octet, multiplet

C

❑ caché

marché **caché** du travail / hidden job market

voilé

❑ cachou

cachou / cashew

noix de cajou, cajou

○ caddie

caddie (golf)

ramasseur de balles, porteur de bâtons

❑ café

crème à café, crème de table / coffee cream, table cream

crème à ... % MG

❑ calculer

nous **calculons** rentrer lundi / we calculate

projetons de, comptons

je __ que c'est un coup monté

je crois, j'estime

■ caleçon

caleçons / drawers

caleçon (sing.)

❑ calendrier

année du, de calendrier / calendar year

année civile

jour de __ / calendar day

jour civil

○ caliper

caliper (auto)

étrier de frein

○ call

répondre à un **call**

demande, commande, appel

être **sur un __**

être en service, être allé à une demande, à un appel

	EXEMPLES DE FORMES ET D'EMPLOIS FAUTIFS	FORMES CORRECTES
○ call	last __ (bar)	dernière commande, dernier service
	on a eu droit à un __ **down**	savon, engueulade, réprimande
○ caller	**caller le bingo**	animer
	__ un « set américain » (danse ancienne)	diriger
	__ un taxi / to call	appeler
■ calvette	**calvette** / culvert	ponceau
○ caméo	faire un **caméo** (télévision et cinéma)	apparition éclair, participation éclair
❏ caméra	prêter sa **caméra**	appareil-photo, appareil photographique (mais : caméra s'il s'agit de cinéma, de télévision)
◆ campagne	vivre **en campagne** / to live in the country	à la campagne
○ camper	**camper** (véhicule)	autocaravane, caravane
◆ canadien	l'ambassadeur **canadien** à Paris / Canadian ambassador	l'ambassadeur du Canada (ou encore, le président de la France et non le président français)
○ cancellation	**charges, frais de cancellation** / cancellation charges	frais d'annulation
○ canceller	**canceller** / to cancel	annuler (commande, réservation, réunion, appel téléphonique, chèque)
		contremander (ordre)

EXEMPLES DE FORMES ET D'EMPLOIS FAUTIFS	FORMES CORRECTES
○ canceller	décommander (taxi)
	faire opposition à (chèque)
	résilier, dénoncer (contrat)
	révoquer (acte juridique)
○ canisse	**canisse** / canister	bidon (peinture)
○ cannage	**cannage** / canning	mise en conserve
	__ / canned food	boîtes de conserve, conserves
○ canne	**canne** / can	boîte
	__ de bière	canette, cannette
	__ de peinture	bidon
	légumes, fruits en __	en conserve
○ canner	**canner** / to can	mettre en conserve, faire des conserves
❏ canopée	**canopée** / canopy	couvert, voûte (forêt)
		auvent (habitation)
		baldaquin, ciel de lit (mobilier)
		pare-pierres (camion)
● cantaloup	un **cantaloup**	cantaloup (la syllabe finale se prononce «lou»)
○ cap	**cap**	
	__ de bottes de travail	embout d'acier
	__ de bouteille	capsule, bouchon

	EXEMPLES DE FORMES ET D'EMPLOIS FAUTIFS	FORMES CORRECTES
○ cap	__, **hub** __ de roue d'automobile	enjoliveur, chapeau
	touche __ **lock** (informatique)	Blocage majuscules
❏ capacité	**au meilleur de ses capacités** / to the best of one's ability	de son mieux, dans la pleine mesure de ses moyens
	en ma __ de présidente / capacity	qualité, en tant que
	moteur lancé à **pleine** __ / at full capacity	à plein rendement
	la salle était **remplie à** __ / filled to capacity	pleine, comble, bondée
○ capita	les revenus **per capita** sont très bas	par habitant, par tête
❏ capitaine	**capitaine** d'avion / captain	commandant de bord
❏ capital	**se faire du capital politique** / to make capital of a political situation	favoriser ses intérêts politiques, exploiter à des fins politiques, se gagner des faveurs, des avantages politiques
		tirer parti d'une situation (général)
	dépenses __ d'une entreprise / capital expenditures	frais d'équipement, dépenses en capital, en immobilisations, immobilisations
❏ capitaliser	**capitaliser sur** l'expérience / to capitalize on	mettre à profit, exploiter, tirer parti de, tirer profit de

	Exemples de formes et d'emplois fautifs	Formes correctes
○ car	faire partie d'un **car pool**	faire du covoiturage, faire partie d'un groupe de covoiturage
	__ wash	lave-auto
❏ caractère	les différents **caractères** de cette pièce de théâtre / characters	personnages
○ cardex	**un cardex** (travail de bureau)	fichier
❏ cargo	**cargo**	fret, marchandises (cargo : navire qui transporte de la marchandise)
○ carjacking	le **carjacking** consiste à prendre de force un véhicule, le conducteur étant au volant	piraterie routière
○ carport	**carport**	abri d'auto
❏ carré aux dattes	**des carrés aux dattes** / date square	biscuit aux dattes
❏ carrière	carrière **légale** / legal career	d'avocat
○ cart	**cart** (golf)	voiturette électrique
❏ carte	**carte d'affaires** / business card	carte professionnelle, carte commerciale
	__ d'accès / access card	carte-clé
	__ d'identification / identification card	carte d'identité
	__ de compétence / competency card	certificat de qualification
	__ de poinçon / punch card	carte de pointage
	__ de temps / time card	fiche, feuille de présence
	__-record / record card	fiche de police (assurances)

	EXEMPLES DE FORMES ET D'EMPLOIS FAUTIFS	FORMES CORRECTES
❏ carte		fiche d'enregistrement, de dossier, de service, d'inscription (travail)
		fiche de comptabilité (finance)
		fiche de stock, d'inventaire (gestion)
	table **à** __ / card table	de jeu, à jouer
⚪ carton	**carton** de cigarettes	cartouche
	__ d'allumettes	pochette
⚪ cartoon	**cartoon**	dessin animé, bande dessinée, bédé, BD
	__ de cigarettes / carton	cartouche
⚪ cartoonist	**cartoonist**	bédéiste
❏ cas	cette personne-là est un **cas** / case	numéro, phénomène
	histoire de __ / case history	étude intégrale des antécédents médicaux, du dossier médical, de l'évolution d'une maladie
⚪ caseload	se consacrer à son **caseload**	cas (plur.), dossiers
⚪ cash	acheter, payer, vendre qqch **cash**	comptant
	aller payer au __	à la caisse
	avoir du __, manquer de __	liquide

	Exemples de formes et d'emplois fautifs	Formes correctes
○ cash	prendre une affirmation pour du __	accepter sans esprit critique, être crédule
	__ flow	marge brute d'autofinancement, marge d'autofinancement, mouvement de trésorerie, mouvement de caisse
	__ out	indemnité pour départ volontaire, indemnité de cessation d'emploi
	__ over (comptabilité)	excédent de caisse
	__ shortage (comptabilité)	déficit de caisse
○ cashew	**cashew**	noix de cajou, cajou
❏ cassé	pas de sortie, je suis **cassé** comme un clou / broke	à sec, fauché
❏ casser	**casser** / to break	
	__ le français	écorcher
	__ le plaisir, la soirée	gâcher
	__ sa promesse	rompre
	__ un bail, un contrat	résilier
	__ un billet de 20 $	faire la monnaie de
	__ une automobile	roder
	__ égal / to break even (comptabilité)	faire ses frais, atteindre le seuil de la rentabilité, atteindre le point d'équilibre

	EXEMPLES DE FORMES ET D'EMPLOIS FAUTIFS	**FORMES CORRECTES**
❏ casserole	une **casserole** de viande et de légumes mijotés	ragoût
○ casting	**casting** d'une pièce de théâtre, d'un film	distribution
❏ castor	**huile de castor** / castor oil	huile de ricin
○ catcher	**catcher** une balle ou tout objet lancé / to catch	attraper
	__ une pointe ou une blague	saisir, comprendre, piger
	un __ (baseball)	receveur
❏ caucus	tenir un **caucus** avant une rencontre	réunion préparatoire, stratégique
○ caulking	**caulking** (construction)	calfeutrage
❏ cause	**cause pendante** / pending case (droit)	procédure en cours
	congédiement **pour** __ / dismissal for cause	motivé
○ c.b.	**c.b.** / citizen band	poste bande publique, bande publique, poste BP, BP
○ CD	**CD** (compact disk)	disque compact
❏ ceci	**ceci** est pour vous informer / this is to inform you	la présente a pour but de, nous voulons maintenant vous informer
	l'entreprise a fait une offre, __ est un fait capital / this	cela (ceci se rapporte à une chose qu'on va énoncer, cela à une chose déjà énoncée)

	EXEMPLES DE FORMES ET D'EMPLOIS FAUTIFS	FORMES CORRECTES
❏ cédez	le panneau routier indique : **cédez** / yield	priorité à gauche, priorité à droite
○ cédule	**cédule** / schedule	calendrier (sport)
		ordre des départs (vacances)
		horaire (emploi du temps de la journée)
		plan, échéancier, calendrier (travail)
		programme (activités)
○ céduler	**céduler** / to schedule	faire le programme de, programmer, établir l'horaire, le calendrier de, placer au programme, fixer, préparer l'emploi du temps
	être __ à 9 heures / scheduled	de service à
	tout est __ pour des groupes	réservé, retenu, réparti entre
	visite __ pour 10 heures	prévue, fixée à
❏ célébrer	**célébrer la majorité de quelqu'un** / to celebrate	fêter
● cent	**cents**	cents (se prononce « sen't » et non « sen'ts », même au plur.)
❏ centre	**centre pour visiteurs** / visitor center	pavillon, centre d'interprétation
❏ céramique	**tuile** de céramique / ceramic tile	carreau

	EXEMPLES DE FORMES ET D'EMPLOIS FAUTIFS	FORMES CORRECTES
❏ certificat	**certificat-cadeau /** gift certificate	chèque-cadeau, bon-cadeau
❏ certification	**certification**	accréditation
	__ des enseignants, des maîtres	reconnaissance d'aptitude à l'enseignement
	__ des études	sanction
❏ c'est	**c'est** Paul Fortin **qui parle /** this is Paul Fortin speaking	Paul Fortin à l'appareil, ici Paul Fortin
	c'__ mon plaisir / it was my pleasure (formule qui suit un remerciement)	le plaisir est, était pour moi, tout le plaisir a été pour moi
◆ c'est	**c'est** 20 ° en ce moment / it is 20° now	il fait
❏ chacun	**tous et chacun** doivent participer / all and everyone	il faudrait que tout le monde participe, tout un chacun doit participer, tous doivent participer
○ chain	**chain saw**	tronçonneuse, scie à chaîne
○ chairlift	**chairlift**	télésiège
○ chalac	**chalac /** shellac	vernis de laque
○ challenge	cette promotion représente un **challenge**	défi
❏ chambre	**chambre** 305 de cet immeuble / room	bureau, salle
	__ de bain / bathroom	salle de bain, de bains
	__ des joueurs / team room	vestiaire
	__ des maîtres / master bedroom	chambre principale

	EXEMPLES DE FORMES ET D'EMPLOIS FAUTIFS	**FORMES CORRECTES**
■ chambreur	**chambreur** / roomer	locataire
❏ champ	**champ professionnel** / professional, vocational field	secteur professionnel
❏ chance	avoir une **chance** / to have a chance	possibilité, occasion
	par pure __ / by mere chance	par hasard
	prendre la, des __ / to take a chance, to take chances	courir la chance, le risque, prendre le risque, courir, prendre des risques
❏ chanceux	une découverte **chanceuse** / a chance discovery	fortuite, accidentelle
	être __ / to be lucky	avoir de la chance
❏ change	on a besoin de **change** pour les machines distributrices	monnaie
	apporter un __ / a change (vêtements)	des vêtements de rechange
❏ changement	**changement d'huile et lubrification** / oil change and lubrication	vidange et graissage
	__ de **nom** d'une entreprise / change of name	raison sociale
	__ de police (assurances)	modification
❏ changer	**changer** l'huile / to change	vidanger
	__ un chèque	toucher, encaisser
❏ chanson	on a eu ça pour une **chanson** / for a song	bouchée de pain

	Exemples de formes et d'emplois fautifs	Formes correctes
❏ chanson	la __-thème d'une émission, d'un film / theme song	mélodie principale, leitmotiv
❏ chapeau	parler à travers son chapeau / to talk through one's hat	parler sans connaissance de cause, parler à tort et à travers
	avoir plusieurs __ / to wear several hats	avoir plusieurs casquettes
	passer le __ / to pass the hat	faire une collecte
	truc du __ / hat trick	tour du chapeau
❏ chapitre	le chapitre de Montréal de l'association / chapter	section
❏ chaque	ceux-ci coûtent 20 $ chaque / each	chacun
◯ charcoal	charcoal broiled steak	steak grillé sur charbon de bois, steak sur barbecue
	couleur __	gris foncé, gris anthracite
	steak au __	charbon de bois
◯ charge	cover charge	prix d'entrée, frais d'entrée, consommation minimale
	__, frais de cancellation / cancellation charges	frais d'annulation
	pas de cover __ / no cover charge	entrée libre
❏ charge	il y a une charge de 10 $ pour ce service	des frais
	il a deux __ contre lui	chefs d'accusation
	la __ de l'avocat / attorney's charge	réquisitoire

	Exemples de formes et d'emplois fautifs	**Formes correctes**
❏ charge	la __ du juge / judge's charge	exposé
	__, **frais extra** / extra charge	supplément, frais supplémentaires, frais additionnels
	__ **payante** d'un véhicule / payload	charge utile
	__ **postales** / postal charges	frais de port
	appel à __ **renversées** / reverse-charge call	à frais virés
	être en __ de qqch / to be in charge of	avoir la charge, être chargé, être responsable, avoir la responsabilité
	personne en __ / person in charge	le ou la responsable
	sans __ **additionnelles** / no extra charge	tout compris, tous frais compris, net, sans supplément
	toutes les __ **sont incluses** / all charges are included	tous frais compris
◆ charge	**prendre charge de** qqn ou de qqch / to take charge of	prendre qqn ou qqch en charge ou à sa charge, se charger de
❏ charger	**charger** / to charge	
	__ des frais de poste	demander, réclamer, exiger
	__ des prix fous	demander
	__ tant de l'heure	demander, prendre

	EXEMPLES DE FORMES ET D'EMPLOIS FAUTIFS	FORMES CORRECTES
❏ charger	__ le montant d'un achat	porter, débiter au compte
	__ le temps	facturer, compter
	__ une dépense au compte des frais de déplacement	mettre, imputer, porter
	combien __-vous ?	combien demandez-vous ?, quel est le prix ?, le prix ?, combien ça coûte ?
	pour payer ou __ ? / to pay or charge ?	comptant ou crédit ?, comptant ou au compte ?
○ charter	**charter** (avion, autobus)	nolisé
❏ chat	**le chat est sorti du sac** / the cat is out of the bag	le secret est découvert, s'est ébruité, on a éventé la mèche, on a découvert le pot aux roses
○ chat	faire un **chat** dans Internet	conversation, session de bavardage
	hot __ (Internet)	drague électronique
❏ chaud	on les laisse se débrouiller avec **la patate chaude** / hot potato	ce problème épineux, cette affaire embarrassante
❏ chauffage	**huile à chauffage** / heating oil	mazout (prononcer le « t »)
○ cheap	une petite robe **cheap**	bon marché
	c'est trop __ pour une maison de prestige	ordinaire, commun

	EXEMPLES DE FORMES ET D'EMPLOIS FAUTIFS	FORMES CORRECTES
○ cheap	c'est __ comme contribution	parcimonieux, chiche, mesquin
	avoir une mentalité __	petite, étroite
	il est __	avare, pingre, radin
	un produit __ ne dure pas	de mauvaise qualité, de pacotille
	__ **labor**	main-d'œuvre bon marché, à bon marché
	acheter séparément n'est pas **plus** __ / cheaper	meilleur marché, moins cher
○ check	le **check-digit** permet de valider les numéros de clients	chiffre, clé de contrôle
	faire des **spot** __	vérifications sporadiques
	body __ (sport)	blocage, mise en échec, plaquage
▲ check	**check**	chèque
○ checker	**checker** / to check	consigner, mettre à la, en consigne (bagages)
		enregistrer au comptoir de la compagnie aérienne (bagages)
		marquer, cocher, pointer (articles d'une liste, d'un compte)

	Exemples de formes et d'emplois fautifs	Formes correctes
○ checker		mettre au vestiaire (manteau et bottes)
		pointer (entrées au bureau, à l'usine)
		surveiller, observer, guetter, avoir l'œil (sur qqn, qqch)
		vérifier, inspecter (facture, calcul, renseignement, bon état d'un ouvrage)
	être ___ / to be checked	tiré à quatre épingles, sur son trente et un, trente-six (au Québec)
○ check-in	**faire le check-in** / to check in (hôtel, comptoir d'une compagnie aérienne)	signer à l'arrivée, s'inscrire, se présenter à l'enregistrement
○ checklist	**checklist**	liste de contrôle, de vérification, aide-mémoire
○ check-out	**faire le check-out** / to check out (hôtel)	signer à la sortie, régler, quitter la chambre
○ checkup	**checkup**	bilan de santé, examen périodique de contrôle, examen médical complet (sur une personne)

	EXEMPLES DE FORMES ET D'EMPLOIS FAUTIFS	FORMES CORRECTES
○ checkup		inspection, contrôle, vérification (sur une voiture)
○ cheese	**grilled cheese**	sandwich fondant au fromage
○ cheque	**traveller's cheque**	chèque de voyage
❏ chèque	chèques de **voyageur** / traveller's cheques	chèques de voyage
	blanc de __ / blank cheque	formule de chèque
● chèque	**chèque** / cheque, check	chèque (se prononce « chèque » et non « tchèque »)
❏ cher	**Cher monsieur** / Dear Sir (formule d'appel d'une lettre)	Monsieur, (virgule)
	__ **madame Brodeur** / Dear Mrs. Brodeur (formule d'appel d'une lettre)	Madame, (virgule)
○ chesterfield	**chesterfield**	canapé
❏ chez	cuisiner des plats **chez soi** / home made cooking	plats maison
○ chicken	**chicken ! chicken !**	peureux, poltron, mauviette
	hot __ sandwich	sandwich chaud au poulet
○ chiffre	être **sur le chiffre, le shift** de nuit / shift	du quart de nuit, de l'équipe de nuit, avec l'équipe de nuit
	travailler **sur les __, les shifts**	par roulement, par équipe, en rotation
○ chinatown	aller manger dans le **chinatown**	quartier chinois

	EXEMPLES DE FORMES ET D'EMPLOIS FAUTIFS	FORMES CORRECTES
○ chip	**chip** (informatique)	puce, microplaquette
	blue __ (finance)	valeur de premier ordre, valeur sûre, valeur vedette
	sac de __	croustilles
○ choke	**choke** (auto)	volet de départ, d'air, étrangleur
○ chop	**chop** de porc, de veau, d'agneau	côtelette
○ chopper	**chopper** de la viande / to chop	hacher
❏ choqué	le premier ministre **s'est dit choqué** par l'annonce de l'attentat / was shocked	a été stupéfait, a été consterné
❏ chose	**pour une chose**, ils n'ont pas montré d'intérêt, puis ils voulaient des personnes d'expérience / for one thing	tout d'abord, entre autres raisons, facteurs
○ chowder	**chowder** de poisson	soupe, chaudrée
	clam __	chaudrée de myes, de palourdes
○ chum	**chum**	ami, amie, copain, copine, camarade
❏ chute	**chute à déchets** / garbage chute	vide-ordures
	__ à linge / clothes chute	vide-linge
❏ ci-attaché	le document **ci-attaché** / the attached document	ci-joint, ci-annexé
❏ ciné	**ciné-caméra**	caméra

	Exemples de formes et d'emplois fautifs	Formes correctes
❏ cinquante	**cinquante-cinquante** / fifty-fifty	en parts égales, moitié-moitié
○ circa	**circa** 1910	vers (devant une date)
		environ (finance), autour de
◆ circonstance	**sous** les circonstances / under the circumstances	dans les circonstances, dans ces conditions, en ce cas
❏ circulation	journal à **grosse circulation** / large circulation	grand tirage, fort tirage
❏ cire	**cire** à skis / ski wax	fart
❏ civique	centre **civique** / civic center	municipal
	immeuble situé au **numéro** __ 1222 de la rue Sherbrooke / civic number (dans des textes administratifs et juridiques)	numéro
❏ clair	bénéfice **clair** / clear	net
	bien __ d'hypothèque	franc, libre
	objet __	transparent
	revenu __	net
○ clairer	**clairer** / to clear	acquitter des droits de douane (marchandises)
		reconnaître non coupable, décharger, disculper (accusé)
		acquitter (dettes)
		congédier, remercier (employé)

	EXEMPLES DE FORMES ET D'EMPLOIS FAUTIFS	FORMES CORRECTES
○ clairer		dégager, déblayer (route)
		débarrasser (table, bureau)
		écouler (marchandise)
		faire (bénéfice net)
		s'éclaircir (temps)
		se libérer (obligation)
○ clam	**clam**	coquillage
	__ chowder	chaudrée de myes, de palourdes
○ clapboard	**clapboard**	planche à clin (lambris), bardeau (couverture)
○ class	**master class** (musique)	cours, atelier de maître, cours de virtuose, atelier d'interprétation musicale
❏ classe	tissu de première **classe** / first class	qualité
❏ classer	**annonces classées** d'un journal / classified ads	petites annonces
❏ classification	être dans la **classification** des techniciens	classe
❏ clé	**clés** d'un clavier / keys	touches
○ cleaner	**cleaner**	produit d'entretien, détachant
○ cleanup	**cleanup**	nettoyage, grand ménage
○ clearance	**clearance** : 5 mètres (affiche à l'entrée d'un pont, d'un tunnel)	espace libre, gabarit, dégagement

	EXEMPLES DE FORMES ET D'EMPLOIS FAUTIFS	FORMES CORRECTES
❏ clérical	travail, personnel **clérical**	de bureau, administratif (en français, clérical ne s'emploie qu'en fonction du clergé)
	erreur __	de transcription, d'écriture, d'écritures (comptabilité)
⭘ climax	**climax**	point culminant, paroxysme
❏ clinique	**clinique** de hockey / clinic	école, stage
	__ de vaccination	séance
	__ sur le jardinage	démonstration de, conférence pratique sur le, cours pratique de
	__ **de sang** / blood donor clinic	collecte de sang
	__ **externe** d'un hôpital / outpatient clinic	consultations externes
	__ **médicale** d'une entreprise / medical clinic	infirmerie, dispensaire
⭘ clip	**clip**	agrafe, serre-feuilles, pince-notes, pince-feuilles, attache métallique, trombone (bureau)

	EXEMPLES DE FORMES ET D'EMPLOIS FAUTIFS	FORMES CORRECTES
○ clip		pince, serre, attache, patte d'attache, griffe, collier, étrier de serrage, pince d'arrêt (industrie)
○ cliper	**cliper** / to clip	tondre (pelouse, animal)
❏ cliquer	ça **clique** entre nous deux / it clicks	nous avons des atomes crochus
	double __ / to double-click (informatique)	cliquer deux fois, faire un double clic
❏ cloche	**cloche** d'une résidence / bell	sonnette
	__ pour annoncer le changement de cours	timbre
○ close-up	**close-up** (cinéma)	gros plan
❏ clôture	**rester sur la clôture** / to sit on the fence	ne pas prendre position, réserver son opinion, rester neutre
● clown	**clown**	clown (se prononce « cloune »)
○ club	**club sandwich**	sandwich club
	__ **steak**	côte d'aloyau
	__ et **irons** (golf)	bâtons et fers
❏ club	**club** de nuit / nightclub	boîte de nuit
	__**-ferme** / farm team (hockey)	équipe-école, club-école, équipe d'aspirants, équipe-pépinière, club-pépinière, filiale

	EXEMPLES DE FORMES ET D'EMPLOIS FAUTIFS	FORMES CORRECTES
❏ club	__ **d'expansion** / expansion teams	équipes recrues, nouvellement fondées
❍ clubhouse	**clubhouse** (installation sportive)	pavillon, foyer
❍ clutch	**clutch** (auto)	pédale d'embrayage, embrayage
❍ coach	**coach** (sport)	entraîneur
❍ coaching	**coaching**	cours préparatoire (formation théorique)
		assistance professionnelle (stage pratique)
❍ coat	**coat**	manteau, blouson, veste, anorak
	__ **à queue** / tail coat	tenue de gala, costume de cérémonie, habit
❍ coaxer	**coaxer** / to coax	inciter, prier
❍ cockpit	**cockpit**	cabine, poste de pilotage (avion)
❍ cocoa	**cocoa**	cacao
❍ coconut	**coconut**	noix de coco, coco
❍ c.o.d.	**c.o.d.** (cash on delivery, collect on delivery)	contre remboursement (pour un envoi)
		payable à la livraison (pour une commande)

	EXEMPLES DE FORMES ET D'EMPLOIS FAUTIFS	**FORMES CORRECTES**
○ code	**bar code** (sur des produits de consommation)	code à barres, code zébré
❏ code	**Code criminel** / Criminal Code	Code pénal
	__ **d'éthique** / code of ethics	code de déontologie
	__ régional / regional code	indicatif
○ coffee	**coffee break**	pause-café, pause-santé
❏ coffre	**coffre, compartiment à gants** / glove compartment (auto)	boîte à gants, vide-poches
❏ coffret	**coffret de sûreté** / safety box	compartiment de coffre-fort, coffre bancaire
❏ coin	**coin-dînette** / dinette, breakfast area, corner	coin-repas, coin-petit déjeuner
	rue Rachel **au __ de** Papineau / corner of	à l'angle de
○ coleslaw	**coleslaw**	salade de chou
❏ collatéral	agir à titre de **collatéral**	garant
	garantie __ / collateral security	sûreté supplémentaire, accessoire
○ collect	appel **collect** / collect call	à frais virés
❏ collecter	**collecter** / to collect	collectionner (contraventions)
		encaisser (chèque, effet de commerce)
		percevoir, récupérer, recouvrer, faire rentrer, encaisser (créance)

	EXEMPLES DE FORMES ET D'EMPLOIS FAUTIFS	FORMES CORRECTES
❑ collectif	**contrat collectif** / collective contract	convention collective
❑ collection	**agence de collection** / collection agency	agence, organisme de recouvrement
○ colomniste	c'est une excellente **colomniste** / columnist	chroniqueuse, collaboratrice attitrée
○ colour	**colour-blind**	daltonien
❑ combat	**combat, lutte à finir** / fight to the finish	combat décisif, lutte sans merci
❑ combien	**combien loin** est-ce ? / how far is it ?	à quelle distance est-ce ?, est-ce loin ?
■ combinaison	porter des **combinaisons** pour avoir chaud / combinations	combinaison (sing.)
❑ combler	**combler un poste** / to fill a post, a vacancy	pourvoir un poste, à un poste
○ comeback	recevoir des **comebacks** au sujet du nouveau procédé	commentaires défavorables, protestations, plaintes
	avoir un ___ de ses collègues	réaction, réponse
▲ comfort	**comfort**	confort
▲ comfortable	**comfortable**	confortable
○ comforter	**comforter**	édredon
○ comic	**stand-up comic** (seul en scène ou devant la caméra)	humoriste, fantaisiste
❑ comique	ne lire que des **comiques** / comics	bandes dessinées, bédés, BD
❑ comité	**comité aviseur** / advisor committee	comité consultatif

	EXEMPLES DE FORMES ET D'EMPLOIS FAUTIFS	FORMES CORRECTES
❏ comité	__ **conjoint** / joint committee	comité mixte, comité paritaire
	le __ **exécutif**, l'**exécutif** d'un syndicat / executive committee, executive	bureau
❏ commande	**blanc** de commande / blank	bon, formule de commande
	__ **pour emporter** / take out order	commander pour l'extérieur
❏ commander	l'aérospatiale **commande** de plus en plus une formation de niveau supérieur / commands	exige
❏ comme	**avec comme, avec pour résultat** que / with the result that	de sorte que, de telle sorte que, en conséquence
◆ comme	les délégués ont rejeté **comme étant** inacceptables les propositions de l'assemblée / as being unacceptable	comme inacceptables (il suffit de supprimer le mot étant)
	il **s'est trouvé** un emploi __ gestionnaire / he has found himself a job as	a trouvé un emploi de
	le parti a choisi une femme __ **son** chef national / as its national leader	comme chef national
	ils entrevoient __ **une** solution intermédiaire de fusionner les deux organismes / as an intermediate solution	comme solution intermédiaire
	l'équipe a __ **une de** ses tâches principales / as one of its main assignments	parmi

	Exemples de formes et d'emplois fautifs	Formes correctes
◆ commençant	**commençant** le 1er juillet, il y aura une série de conférences / beginning July 1, there will be	commençant le 1er juillet, une série de conférences sera donnée, à partir du 1er juillet, il y aura, à compter du 1er juillet, il y aura (un participe, présent ou passé, placé en début de phrase doit se rapporter au sujet du verbe de la proposition principale)
◆ comment	**comment** as-tu aimé ton voyage ? / how did you like	as-tu aimé ton voyage ?
❏ comment	**comment long** avant que tu ne reviennes au pays ? / how long will it be ?	quand, dans combien de temps reviendras-tu ?
❏ commercial	créer un **commercial** pour la télévision	annonce, message publicitaire, réclame, publicité, pub
	nantissement __ / commercial pledge	de fonds de commerce
❏ commettre	notre député n'a pas voulu **se commettre** au sujet du projet de loi / to commit himself	s'engager, prendre position (mais se commettre : compromettre sa dignité, son caractère, ses intérêts)
❏ commission	**commission royale d'enquête** / Royal Commission of Inquiry	commission officielle d'enquête, commission d'enquête

	EXEMPLES DE FORMES ET D'EMPLOIS FAUTIFS	FORMES CORRECTES
❏ commun	**époux, épouse de droit commun** / common law spouse	conjoint, conjointe de fait, compagnon, compagne de fait
	action __ / common share	action ordinaire
○ compact	**compact disk**	disque compact
❏ compagnie	**compagnie de finance** / finance company	société, établissement de crédit, de financement, de prêts
	ajusteur interne, de __ / staff adjuster	enquêteur-régleur
◆ comparé	**comparé** à l'année dernière, nous avons fait de bonnes affaires / compared with last year	comparativement à, à comparer à, comparées à l'année dernière, nos affaires ont été bonnes (un participe, présent ou passé, placé en début de phrase doit se rapporter au sujet du verbe de la proposition principale)
❏ compartiment	**coffre, compartiment à gants** / glove compartment (auto)	boîte à gants, vide-poches
❏ compensation	**compensation** des accidents du travail / workers' compensation	indemnisation, dédommagement
◆ compenser	**compenser** les producteurs **pour** leurs pertes / to compensate the producers for their losses	compenser les pertes des producteurs, dédommager, indemniser les producteurs de leurs pertes
❏ compétence	**carte de compétence** / competency card	certificat de qualification

	EXEMPLES DE FORMES ET D'EMPLOIS FAUTIFS	FORMES CORRECTES
❏ compétition	les marchés grande surface font **compétition** aux petits marchés	concurrence
■ compétitionner	**compétitionner** le marché / to compete	concurrencer
■ complémenter	**complémenter** un ensemble d'avantages sociaux / to complement	servir de complément à, compléter
❏ compléter	**compléter** / to complete	
	__ une formule	remplir (on ne complète que ce qui était resté incomplet)
	__ un mandat, un travail	effectuer
	__ un rapport	achever, terminer, finir, mettre la touche finale
	__ des études universitaires	faire
	__ un lancer (sport)	effectuer
	des travaux qui seront __ en deux ans / will be completed	exécutés, menés à terme, réalisés, parachevés
■ complétion	**complétion** d'un dossier	achèvement
❏ compliment	**Compliments, Souhaits de la saison** / Compliments of the Season, Season's Greetings	Nos meilleurs souhaits, Joyeuses fêtes, Nos vœux de bonne et heureuse année
	payer un __ / to pay a compliment	faire un compliment, complimenter, féliciter, rendre hommage

	EXEMPLES DE FORMES ET D'EMPLOIS FAUTIFS	FORMES CORRECTES
■ complimentaire	**complimentaire** / complimentary	de faveur (billet), exemplaire en hommage (livre), gratuit, à titre gracieux
○ compound	**compound**	pâte à polir (servant à enlever des taches d'une carrosserie, à polir des pare-chocs et des surfaces du genre), pâte abrasive (servant à dérouiller le fer et l'acier)
❏ compréhensif	une analyse **compréhensive** d'un problème	complète, globale
	une assurance __ / comprehensive insurance	tous risques (dans le cas d'une assurance automobile), multiple, multirisque
❏ comprendre	je **comprends** que vous vous intéressez à notre nouveau produit / I understand that	je crois savoir, j'ai appris, sauf erreur
❏ compressé	de l'air **compressé** / compressed air	comprimé
❏ comptant	**valeur au comptant** / cash surrender value (d'une police d'assurance)	valeur de rachat
❏ compte	**compte payable, __ payables** / account payable, accounts payable	compte fournisseur, comptes fournisseurs, compte créditeur, comptes créditeurs
	__ **d'agence** / agency account (finance)	compte sous mandat

	EXEMPLES DE FORMES ET D'EMPLOIS FAUTIFS	FORMES CORRECTES
❏ compte	__ **des votes** / counting of the votes	dépouillement du scrutin, des votes
	__ **recevable**, __ **recevables** / account receivable, accounts receivable	compte client, comptes clients, compte débiteur, comptes débiteurs
❏ compulsif	une habitude **compulsive**	invétérée, incorrigible
◆ concernant	**concernant** ce que vous m'avez dit, je peux... / concerning what you told me, I can...	au sujet de ce que vous m'avez dit
❏ concerné	**à tous les concernés** / to all concerned	à tous les intéressés
	en autant que je suis __ / as far as, insofar as I am concerned	en ce qui me concerne, quant à moi, pour ma part, à mon avis
	être __ **dans** la politique / to be concerned in	prendre part à, être intéressé à
	être __ par les décisions de l'administration / to be concerned by	être inquiet de, préoccupé par
❏ concurrent	**sentences concurrentes** / concurrence of sentences	confusion des peines
■ condenseur	**condenseur** / condenser	condensateur
❏ condition	un appareil en bonne ou en mauvaise **condition** / good or bad condition	état (mais : une bonne ou mauvaise condition physique)
	__ **d'un contrat** / conditions of a contract	cahier des charges
	la __ du marché / market condition	situation

	EXEMPLES DE FORMES ET D'EMPLOIS FAUTIFS	FORMES CORRECTES
❏ condition	**termes et __** / terms and conditions (contrat, accord, marché, opérations commerciales)	conditions, dispositions, clauses, stipulations, modalités
❏ conditionné	**appareil à air conditionné** / air conditioner	climatiseur, conditionneur d'air, conditionneur (mais : une salle à air conditionné ou salle climatisée)
⭕ condo	**frais de condo** / condo fees	charges de copropriété
⭕ condominium	nous achèterons un **condominium** l'an prochain (studio, logement, bureau)	copropriété (condominium : ensemble des droits de propriété)
⭕ conference	**conference group** (Internet)	groupe de nouvelles
❏ conférence	**conférence** Prince de Galles (hockey)	association
	appel __ / telephone conference call	conférence téléphonique, rendez-vous téléphonique
	__ d'affaires / business conference	réunion d'affaires
	donner une **__ de nouvelles** / news conference	conférence de presse
❏ conférencier	**conférencier invité** / guest lecturer	conférencier
❏ confesser	**confesser jugement** / to confess judgment	reconnaître les droits du demandeur, acquiescer, consentir à la demande
❏ confiance	**bris du lien de confiance** / breach of trust	abus de confiance, déloyauté

	EXEMPLES DE FORMES ET D'EMPLOIS FAUTIFS	FORMES CORRECTES
❑ confiant	**être confiant** que / to be confident that	avoir bon espoir, être persuadé, ne pas douter, avoir confiance
❑ conflit	conflit de **juridiction** / jurisdictional conflict	compétence
❑ confortable	êtes-vous **confortable** dans votre siège ? / are you comfortable ?	à l'aise ?, bien ?, confortablement installé ? (les choses peuvent être confortables, non les personnes)
	je ne suis pas __ **avec** cette idée-là / comfortable with	à l'aise à l'idée de
	un fonds de retraite __ / a comfortable retiring pension	suffisant
	un __ sur chaque lit / comforter	édredon
❑ confronter	les difficultés qui nous **confrontent** / we are confrontred by	se posent, se présentent, auxquelles nous devons faire face, auxquelles nous nous heurtons
❑ congé	**congé autorisé** / authorized absence, leave of absence	absence autorisée, congé
	__ **flottant** / floating holiday	congé mobile
	Noël est un __ **payé** / paid holiday	jour férié payé
	__ **statutaire** / statutory holiday	fête légale, jour férié
❑ congédiement	congédiement **pour cause** / dismissal for cause	motivé

	EXEMPLES DE FORMES ET D'EMPLOIS FAUTIFS	FORMES CORRECTES
❏ conjoint	les deux chefs d'État ont remis à la presse une déclaration **conjointe** / joint statement	commune
	les résidants du quartier ont présenté aux autorités municipales une requête __ / joint petition	collective
	comité __ / joint committee	comité mixte, comité paritaire
	plan __ / joint plan (entre deux gouvernements)	programme à frais partagés, programme mixte
❏ connaissance	**au meilleur de ma connaissance** / to the best of my knowledge	pour autant que je sache, à ma connaissance, d'après ce que je sais
❏ connecter	**connecter** le fer à repasser / to connect	brancher (connecter s'emploie seulement lorsqu'il s'agit de liaison entre deux ou plusieurs systèmes conducteurs)
▲ connection	**connection**	connexion
❏ connection	il a des **connections** dans la politique	relations, influences
❏ conseil	conseil **de ville** / city council	municipal
	ordre en __ / Order in Council	arrêté ministériel (d'un ministre), décret gouvernemental (Conseil des ministres)
❏ consentement	obtenir le **consentement** général de l'assemblée / general consent	assentiment
❏ conséquence	**avec la conséquence, le résultat** que / with the result that	de sorte que, de telle sorte que, en conséquence

	Exemples de formes et d'emplois fautifs	Formes correctes
❏ conservateur	des chiffres **conservateurs** / conservative	modérés, prudents
	un choix ___ de cravates	classique, discret
	une évaluation ___	prudente, raisonnable, réaliste, minimale
❏ considérant	**considérant** que / considering that	vu, étant donné, attendu
❏ considération	après **considération**, nous avons décidé / after consideration	réflexion
	vendu pour 1 $ et ___	compensation, contrepartie, dédommagement
	le contrat prévoit des ___ **futures** / future considerations	compensations futures
	pour aucune ___ / on no consideration	à aucun prix, pour quelque motif que ce soit, pour rien au monde, sous aucun prétexte
❏ consistant	ses agissements ne sont pas **consistants** avec ses propos / consistent with	en harmonie, compatibles, en accord
❏ consommateur	la fermeture du centre communautaire touchera plusieurs **consommateurs** de services / services consumers	utilisateurs
	crédit aux ___ / consumer credit	crédit à la consommation

	EXEMPLES DE FORMES ET D'EMPLOIS FAUTIFS	FORMES CORRECTES
❏ conspiration	être accusé de **conspiration** relativement à un vol / conspiracy	complot
❏ constitution	cela est conforme à la **constitution** de notre association	statuts (plur.)
❏ construction	**matériel de construction** / building materials	matériaux
○ container	**container** (transport)	conteneur
❏ contempler	**contempler** le futur / to contemplate	envisager, penser au, songer au, discuter du
◆ content	être **content avec** ses résultats / to be satisfied with	content de
❏ contingence	**fonds de contingence** / contingency fund (gestion d'entreprise)	fonds de prévoyance, fonds pour éventualités
	plan de __ / contingency plan (informatique)	plan de secours
❏ continu	le travail en **opération continue** se poursuit même les jours fériés / continuous operation	marche continue, fonctionnement continu, travail en continu, travail continu
❏ continuité	**continuité** / continuity (télévision)	feuilleton, téléroman
	__ des données / data continuity	pérennité
❏ contour	**drap contour** / contour sheet	drap-housse
◆ contracter	le fer **contracte** au froid / iron contracts	se contracte
○ contracter	nous avons **contracté** la maison / contracted	fait construire
○ contracteur	**contracteur** / contractor	entrepreneur, contractant

	EXEMPLES DE FORMES ET D'EMPLOIS FAUTIFS	**FORMES CORRECTES**
❑ contrat	**contrat collectif** / collective contract	convention collective
	bris de __ / breach of contract	rupture, violation, non-exécution de contrat
	conditions d'un __ / conditions of a contract	cahier des charges
	travail à __ / contract work	travail à forfait
❑ contravention	**être en contravention avec** la loi, un règlement / to be in contravention with	contrevenir à
❑ contre	**prendre une action, des procédures contre** qqn / to take action, proceedings against	actionner qqn, intenter un procès à, des poursuites contre, poursuivre, citer en justice, engager, exercer des poursuites, engager, entamer, intenter une procédure contre, aller en justice
	offense __ les lois de la sécurité routière / offence against the laws	infraction aux
	__-offre / counteroffer	contre-proposition
◆ contre	les revendications **contre** Ville de Montréal / against	contre la Ville de Montréal, contre Montréal
	c'est un principe **que** je n'ai rien __ / that I have nothing against	contre lequel je n'ai rien
❑ contribuer	**contribuer** 100 $ (l'absence de mot-lien forme l'anglicisme) / to contribute	contribuer pour 100 $, fournir 100 $
■ contributoire	régime de retraite **contributoire** / contributory	contributif, à cotisation, par participation

	EXEMPLES DE FORMES ET D'EMPLOIS FAUTIFS	FORMES CORRECTES
■ contributoire	**faute __** / contributory negligence (droit)	négligence de la victime
○ control	**cruise control** (auto)	régulateur de vitesse
❏ contrôle	**contrôle** du débit d'un liquide / control	réglage
	__ à distance / remote control	télécommande
	câbles de __ / control wires	manœuvre
	établissement sous le __ d'un organisme / control	autorité, dépendance
	manette de __ / control lever	manette, levier de commande
	les __ d'une machine / controls	commandes
	circonstances **au-delà, hors de notre __** / beyond our control	indépendantes de notre volonté, échappant à notre action, imprévisibles
	__ majoritaire / majority control (finance)	participation majoritaire, majorité des actions
	l'incendie est **sous __** / under control	maîtrisé, circonscrit
	tout est **sous __**	se déroule, marche bien, nous avons la situation en main, nous avons vu à tout (mais : avoir le contrôle de soi-même)
❏ contrôler	**contrôler** l'inflation / to control	endiguer, refréner
	la justice est le pouvoir le plus important **à être __ par** le gouvernement / being controlled	que détient

	Exemples de formes et d'emplois fautifs	Formes correctes
◆ controversé	le **controversé** financier / controversial	financier discuté, critiqué
❏ convenance	nous vous saurons gré de nous faire parvenir votre réponse **à votre convenance** / at your convenience	dès que cela vous sera possible (convenance : à votre bon plaisir)
○ convénient	un appareil tout à fait **convénient**	commode, pratique
○ convention	**convention au leadership** / leadership convention	congrès d'investiture, congrès à la direction du parti
❏ convention	**convention**	colloque, congrès
	__ collective **maîtresse** / master agreement	cadre
❏ conventionnel	des méthodes **conventionnelles** / conventional	classiques
	prêt hypothécaire __ / conventional mortgage loan	ordinaire
	un style __ / conventional	traditionnel
❏ conversion	**privilège de conversion** / conversion privilege (assurances)	droit de transformation
❏ convertible	**convertible** (auto)	décapotable
○ cookie	**cookie** (Internet)	témoin
○ cool	c'est une personne **cool**	calme, flegmatique
	rester __ / to keep cool	garder son sang-froid
○ cooler	mettre la viande au **cooler**	congélateur
	__ **à air** / air cooler (industrie)	refroidisseur, appareil réfrigérant
	__ pour pique-niques	glacière

	EXEMPLES DE FORMES ET D'EMPLOIS FAUTIFS	FORMES CORRECTES
❏ coopération	favoriser la **coopération** entre les pays	collaboration
❏ copie	**copie** d'un journal, d'une revue, d'une brochure, d'un livre / copy	exemplaire (mais : une lettre en plusieurs copies)
	vraie __ / true copy	copie conforme
○ coppe	un chaudron en **coppe** / copper	cuivre
❏ corde	**corde** du téléphone / cord	cordon, fil
○ corderoy	**corderoy, corduroy** / corduroy	velours côtelé
❏ corequis	**corequis** / corequisite (éducation)	cours associé
○ corn	**corn flakes**	flocons de maïs
	__ starch	amidon de maïs
❏ corporatif	**corporatif** / corporative	social, général, relatif à une société, à un organisme
	client, droit __ / corporate customer, law	commercial
	image __ / corporate image	réputation, image de la société, de marque, de l'entreprise, de l'organisme
	nom __ / corporate name	raison sociale
	vidéo, affaires, couleurs __ / corporate, corporative	de l'entreprise, de la société, de l'organisme
❏ corporation	les grandes **corporations**	entreprises, sociétés

	Exemples de formes et d'emplois fautifs	Formes correctes
❏ corporation	**__ à but lucratif** / profit-oriented corporation	entreprise à but lucratif, société commerciale
	__ professionnelle / professional corporation	ordre professionnel
■ correct	répondre **correct** / to answer right	correctement
❏ correct	facture **correcte** / correct invoice	exacte
▲ correspondence	**correspondence**	correspondance
❏ corriger	**corriger** un compte / to correct	redresser
	facture __ / corrected invoice	rectifiée, rectificative
■ corrugué	carton **corrugué** / corrugated paper	ondulé
■ cosmopolitain	Montréal est une ville **cosmopolitaine** / cosmopolitan	cosmopolite
○ cost	**cost driver** (comptabilité)	inducteur, générateur de coût, de coûts
❏ costume de bain	**costume de bain** / bathing suit	maillot de bain
❏ cotation	les fournisseurs doivent soumettre leurs **cotations** d'ici le 30 avril / quotations	prix, devis, soumissions
❏ côté	achat par **mise de côté** / lay aside purchasing	anticipation
❏ coter	**coter, quoter** / to quote for (assurances)	tarifer
❏ coton	**coton à fromage** / cheesecloth	étamine (usage domestique), gaze (pansement)
	__ absorbant / absorbent cotton	coton hydrophile
▲ cotton	**cotton**	coton

	EXEMPLES DE FORMES ET D'EMPLOIS FAUTIFS	FORMES CORRECTES
❏ coulage	du **coulage** d'information / information leaking	fuite
❏ coupable	être **trouvé coupable** d'homicide / to be found guilty	déclaré, reconnu coupable
❏ coupé	**prix coupé** / cut price	prix réduit
❏ couper	**couper** du personnel / to cut personnel	réduire le personnel, supprimer du personnel
	__ les dépenses / to cut expenses	réduire, comprimer, sabrer dans
	__ les prix / to cut prices	réduire les prix, offrir des rabais
	pour __ court / to cut short	en bref, pour être bref, pour résumer (couper court à qqch : interrompre au plus vite)
○ coupling	**coupling** d'un tuyau	bague, douille, manchon d'assemblage, manchon, raccord
❏ coupon	**coupon** de réduction, d'escompte, de rabais	bon
	__-cadeau / gift certificate	bon-cadeau, chèque-cadeau
❏ coupure	**coupures** de budget / budget cuts	réductions, compressions budgétaires, coupes
	__ de salaires / salary cuts	compressions salariales

	EXEMPLES DE FORMES ET D'EMPLOIS FAUTIFS	FORMES CORRECTES
❏ coupure	__ **de postes** / staff cutbacks	réduction des effectifs, compressions du, de personnel
	__ **de presse** / press clippings	coupures de journaux
○ cour	**cour à scrap** / scrap yard	chantier de ferraille, dépotoir, cimetière d'autos
❏ cour	règlement, arrangement **hors cour** / out of court	à l'amiable
	mépris de __ / contempt of court	outrage au tribunal, à magistrat, offense aux magistrats
	devoir faire quelque chose par **ordre de la** __ / by order of the Court	par autorité de justice, en vertu d'une ordonnance judiciaire, d'un jugement, d'une injonction du tribunal
	__ **à bois** / timber yard	entrepôt, chantier de bois de charpente
	__ **de triage** / marshalling yard	centre, gare de triage
❏ courir	**courir** tel cheval / to run such horse	faire courir, engager dans une course
❏ cours	**prendre un cours** / to take a course	suivre un cours
❏ course	**course sous harnais** / harness race	course attelée
	souliers de __ / running shoes	chaussures de sport, d'entraînement, baskets, tennis
○ course	**crash course**	cours intensif

	Exemples de formes et d'emplois fautifs	**Formes correctes**
● court	un **court** de tennis	court (se prononce «cour»)
❏ court	**pour couper court** / to cut short	en bref, pour être bref, pour résumer (couper court à qqch : interrompre au plus vite)
	pour faire l'histoire __ / to make the story short	pour être bref
❏ courtoisie	**courtoisie** de / courtesy of	hommage de, gracieuseté de, offert par
	billet de __ / courtesy ticket	billet de faveur
	miroir de __ / courtesy mirror	miroir de pare-soleil
❏ coût	une analyse **coût-bénéfice** / cost-benefit analysis (finance)	coût-avantage
	approche du __ / cost approach (finance)	technique du coût
	__ d'opération d'une entreprise / operating costs	frais d'exploitation, de fonctionnement
❏ coutellerie	**coutellerie** / cutlery	service de couverts, ménagère
❏ couvert	un bien **couvert** d'hypothèque / covered by	grevé
❏ couvre	**couvre-plancher** / floor covering, flooring	revêtement de sol, couvre-sol
❏ couvrir	**couvrir** un événement, les déplacements de qqn / to cover (journalisme)	relater, suivre

	EXEMPLES DE FORMES ET D'EMPLOIS FAUTIFS	FORMES CORRECTES
❏ couvrir	__ une joueuse (sport)	marquer, talonner, contrer, surveiller
	les sujets qui ne sont pas __ par le rapport / covered by	touchés, que nous n'abordons pas, auxquels notre rapport ne s'applique pas
○ cover	**cover charge**	prix d'entrée, frais d'entrée, consommation minimale
	pas de __ charge / no cover charge	entrée libre
	__-up de transactions douteuses	camouflage
○ cracker	**crackers** (alimentation)	craquelins
○ crane	**crane**	grue
○ crankshaft	**crankshaft** (auto)	vilebrequin, arbre moteur
❏ craque	**craque** dans un mur, dans le sol / crack	fente, fissure, lézarde, crevasse
	__ dans une assiette	fêlure
	lancer des __	pointes, piques
○ crash	**crash** / crash landing (aéronautique)	écrasement au sol, atterrissage forcé, brutal
	le **__-test** permet d'éprouver la résistance au choc d'une voiture	essai de choc
	__ course	cours intensif
	__ crew	équipe de secours

	EXEMPLES DE FORMES ET D'EMPLOIS FAUTIFS	FORMES CORRECTES
○ crate	**crate**	caisse à claire-voie, cageot, emballage, emballage en bois armé, caisse de transport
○ craté	la commande a été expédiée **cratée** / crated	dans une caisse de bois, emballée en bois armé
○ cream	**cream puff**	chou à la crème
	Boston __ pie	gâteau Boston, gâteau à la bostonnaise
	__ soda	soda à la vanille, soda mousse
❏ crédit	les commentateurs accordent le **crédit** de la victoire au capitaine de l'équipe	mérite
	__ aux consommateurs / consumer credit	crédit à la consommation
	les contenants ne peuvent être retournés **pour __** / are not returnable for credit	contenants non consignés, non repris
	plan de **__** / credit plan	contrat
❏ créditeur	rembourser ses **créditeurs** / creditors	créanciers
❏ créer	**créer une impression** / to create an impression	produire
❏ crème	crème **de table, __ à café** / table cream, coffee cream	à ... % MG
○ crew	**crew** (navire, avion)	équipage
	crash __	équipe de secours
❏ crime	tous les vols ne sont pas des **crimes**	délits
❏ criminel	**Code criminel** / Criminal Code	Code pénal

	EXEMPLES DE FORMES ET D'EMPLOIS FAUTIFS	FORMES CORRECTES
○ crinque	**crinque** / crank	manivelle
○ crinquer	**crinquer** un moteur, un mécanisme / to crank	lancer à la manivelle, actionner à la main, remonter
○ crow	**crow bar**	arrache-clou, pied-de-biche
○ cruise	missile **cruise**	de croisière
	__ control (auto)	régulateur de vitesse
○ cruiser	**cruiser quelqu'un** / to cruise	draguer
❏ cube	saucisses coupées en **cubes** / cut in cubes	en rondelles
	__ de glace / ice cubes	glaçons
❏ cuiller	cuiller à **table** / tablespoon	à soupe
○ cup	**cup** de lait	godet, berlingot
❏ curateur	la **curatrice** du musée / curator	conservatrice
❏ cure	la science n'a pas trouvé de **cure** à cette maladie	remède
○ curriculum	**curriculum** (éducation)	programme d'études, cursus
○ curve	**curve** d'une route	courbe, tournant, boucle, lacet, crochet
	__ dans la trajectoire d'une balle ou d'un ballon	courbe, arc, crochet

	EXEMPLES DE FORMES ET D'EMPLOIS FAUTIFS	FORMES CORRECTES
○ cute	**cute**	mignon, joli, charmant, sympathique
○ cutex	**cutex** (marque déposée)	vernis à ongles, vernis
○ cutter	**cutter**	découpoir (tout usage), sécateur (horticulture), cisailles (tôle), pince coupante (fil métallique)
○ cybercash	**cybercash** (Internet)	argent électronique, numérique
❏ cylindre	**cylindre** d'une arme à feu / cylinder	barillet

D

▲ dance

dance   danse

❑ danger

danger (signal routier)   attention

❑ dans

dans le futur / in the future   à l'avenir

être concerné __ la politique /
to be concerned in   prendre part à,
être intéressé à

être __ le rouge / to be
in the red   être en déficit,
à découvert,
avoir une balance
déficitaire

être __ les souliers de qqn /
to be in sb's shoes   être à la place de,
dans la peau de

__ l'opinion de / in the opinion of   de l'avis

la motion, la proposition,
l'amendement était **__ l'ordre** /
in order (assemblée délibérante)   dans les règles,
recevable,
réglementaire

__ mon opinion / in my opinion   selon moi

répondre **__ l'affirmative** /
to answer in the affirmative   par l'affirmative,
affirmativement (mais :
dans l'affirmative en tête
de phrase est correct)

répondre **__ la négative** /
to answer in the negative   par la négative,
négativement (mais : dans
la négative en tête de
phrase est correct)

105

	Exemples de formes et d'emplois fautifs	Formes correctes
◆ dans	s'intéresser **dans** qqch / to be interested in	à
	elle se trouve toujours ___ mon chemin / in my way	sur
	participer ___ le débat, la décision, la discussion / to participate in	au débat, à la décision, à la discussion
	la clé est ___ la porte / in the door	sur
	assis ___ la fenêtre / sitting in the window	devant
	être l'une des personnes les plus riches ___ le monde / in the world	au monde, du monde
❑ dard	jeu de **dards** / darts	fléchettes
○ dash	**dash** (véhicule)	tableau de bord
	___ (édition)	trait d'union, tiret, trait
○ data	**data** (informatique)	donnée
◆ datation	vendredi, **le** 31 mai 2005 / Friday, the 31st of May	le vendredi 31 mai 2005 (sans virgule)
	31 mai 2005. (en tête d'une lettre, le point à la fin de la date forme l'anglicisme) / May 31, 2005.	31 mai 2005 (sans point)
○ date	on a une **date** la semaine prochaine	sortie, rendez-vous
	blind ___	rendez-vous surprise
	être **up to** ___ (dossiers, documents)	à jour
❑ date	**à date**, nous avons reçu 250 $ / up to date	à ce jour, jusqu'à maintenant
	les intérêts **à** ___ / to date	à ce jour
	mettre un livret de banque **à** ___	à jour

	EXEMPLES DE FORMES ET D'EMPLOIS FAUTIFS	FORMES CORRECTES
❏ date	la __ **d'expiration** d'un médicament, d'un produit de consommation / expiration, expiry date	date limite de validité, d'utilisation, date de péremption
	__ **due** / due date	date d'échéance, échéance
	__ **effective** / effective date	date d'entrée en vigueur, date d'effet, prise d'effet
	__ **finale** d'un paiement / final date	date limite, échéance
	jusqu'à __ / to date	jusqu'à maintenant, jusqu'ici, jusqu'à présent
	un passeport, un billet d'avion **passé** __ / past due	périmé
❏ de	**à** : Pierre Roy / to : **de** : Jeanne Régnier / from : (en tête d'une note de service)	dest. : (pour destinataire), exp. : (pour expéditrice)
◆ de	durant les quatre premiers jours **d'**un accident / during the first four days of an accident	qui suivent
	un demi __ **un** pour cent (« de un » forme l'anglicisme) / one half of 1 %	un demi pour cent
	notifier qqn __ **qqch** / to notify sb of sth	notifier qqch à qqn
	si **par suite** __ sa soumission le ministère lui accorde un contrat / if as a result of his tender a contract is awarded	si sa soumission est agréée et lui vaut un contrat
○ deadline	**deadline**	échéance, date, heure limite, date butoir
	__ (édition)	date limite, de tombée

	EXEMPLES DE FORMES ET D'EMPLOIS FAUTIFS	FORMES CORRECTES
○ deal	**deal**	marché, affaire
	package __	accord global, entente globale
○ dealer	**dealer** avec / to deal with	négocier, faire face à, traiter une affaire
❏ décade	**décade** (période de dix jours et non une période de dix ans comme en anglais)	décennie
❏ déchet	**déchets municipaux** / municipal waste	déchets urbains, ordures ménagères
	chute à __ / garbage chute	vide-ordures
○ deck	ajouter un **deck** à sa maison	terrasse
❏ déclaration	les deux chefs d'État ont remis à la presse une déclaration **conjointe** / joint statement	commune
❏ décliner	les compagnies d'assurances **déclinent** certains risques / decline	rejettent
○ déclutcher	**déclutcher** / let out the clutch (auto)	débrayer
○ déconnecter	**déconnecter** la radio, le fer à repasser / to disconnect	débrancher
❏ dedans	**en dedans de** trois mois / within	en moins de, dans l'espace de, d'ici
○ dédication	accomplir qqch avec **dédication**	dévouement
❏ dédié	une personne **dédiée** dans tout ce qu'elle entreprend / dedicated	consciencieuse, dévouée

	EXEMPLES DE FORMES ET D'EMPLOIS FAUTIFS	FORMES CORRECTES
❏ déductible	assurance qui comporte un **déductible** de 100 $	franchise
❏ déduction	**déductions** sur le salaire	prélèvements, retenues à la source
○ deejay	**deejay** / disk-jockey, dj	animateur, présentateur
▲ défence	**défence**	défense
❏ défendant	champion **défendant** / defending champion	champion en titre, tenant du titre
❏ défensif	**titres défensifs** / defensive securities (finance)	valeurs sûres
❏ déficit	entreprise qui fonctionne à **déficit**	à perte
	l'équipe a un ___ de cinq matchs	retard
❏ définitivement	va-t-il rendre le livre que tu lui as prêté ? _**Définitivement** / _Definitely	assurément, à coup sûr
	___, cela promet d'être intéressant	sans aucun doute, assurément, décidément
	il s'est montré ___ intéressé	nettement, indéniablement
◆ défrayer	**défrayer les dépenses** de qqn (anglicisme et archaïsme) / to pay sb's expenses	défrayer qqn de ses dépenses, rembourser qqn de ses frais, supporter les frais de qqch
○ défroster	**défroster** / to defrost, defroster	dégivrer, dégivreur
❏ dégager	**dégager** de nouveaux crédits dans la construction d'hôpitaux / to release additional funds for	engager, consacrer

	EXEMPLES DE FORMES ET D'EMPLOIS FAUTIFS	FORMES CORRECTES
❏ degré	**degré** / degree (éducation)	grade (rang universitaire), diplôme
❏ délai	nous ne tolérerons aucun **délai** / delay	retard
○ delete	la touche **Delete** sur le clavier	Suppression, Suppr. (abr.)
○ delicatessen	**delicatessen**	charcuteries, charcuterie (enseigne d'établissement)
❏ délivrer	l'épicerie du coin ne **délivre** pas / does not deliver	ne livre pas
	nous __ / we deliver (affiche commerciale)	livraison à domicile, livraison
❏ demandant	un travail très **demandant** / demanding	exigeant
❏ demande	article très **en demande** / in great demand	recherché, demandé
	le rendement de l'appareil est supérieur à la __ normale / exceeds normal demands	à ce qu'on exige normalement, dépasse les exigences normales
◆ demander	commis de magasin **demandé** / salesperson wanted (sur une affiche)	on demande
❏ demander	**demander une question** / to ask a question	poser une question, demander qqch
	le gouvernement __ des excuses / demands apologies	exige
	prix __ / asked price (finance)	offre, cours vendeur, cours de vente
❏ démantèlement	**démantèlement** des pièces d'un moteur / dismantlement	démontage

	EXEMPLES DE FORMES ET D'EMPLOIS FAUTIFS	FORMES CORRECTES
❑ démérite	l'automobiliste doit veiller à ne pas **perdre de points de démérite** / demerit marks	accumuler des points d'inaptitude (on ne peut pas perdre des points d'inaptitude)
❑ demeurer	je **demeure** / I remain (en fin de lettre)	je vous prie de me croire, veuillez me croire
❑ demi	**temps et demi, temps double** / time and a half, double time	heures, salaire, taux majoré de 50 %, de 100 %
❑ démonstrateur	j'ai acheté un **démonstrateur** / demonstrator	article en montre, appareil en démonstration, voiture d'essai
○ démotion	**démotion** d'un employé, d'un ministre	rétrogradation, déclassement
○ den	**den** confortable	pièce de détente
❑ dénomination	en **dénominations** de 10 $ et de 20 $	coupures
	catholiques, protestants et membres des autres __	religions, églises, confessions
❑ dent	**l'échapper par la peau des dents** / to escape by the skin of one's teeth	l'échapper belle, de justesse
	pâte à __ / toothpaste	pâte dentifrice, dentifrice
❑ département	**département** d'un hôpital, de la comptabilité / department	service, direction (département est employé seulement à l'université et dans l'administration fédérale)
	__ administratif	division administrative, service, direction

	EXEMPLES DE FORMES ET D'EMPLOIS FAUTIFS	FORMES CORRECTES
❏ département	__ des parfums	rayon, comptoir
	gérante de __ / department manager	chef de service
	__, **service légal** / legal department, service	service juridique, du contentieux, contentieux
❏ dépendant	combien avez-vous de **dépendants** ?	personnes à charge
	nous adapterons notre comportement __ du problème / depending on	en fonction de, selon, suivant, d'après
❏ dépense	**dépenses capitales** d'une entreprise / capital expenditures	frais d'équipement, dépenses en capital, en immobilisations, immobilisations
	__ **de voyage** / travelling expenses	frais de déplacement
	__ **incidentes** / incident expenses	menus frais, dépenses accessoires
	les __ **encourues** l'an passé s'élèvent à / the expenses incurred	dépenses engagées, faites, supportées
◆ dépense	**défrayer les dépenses** de qqn (anglicisme et archaïsme) / to pay sb's expenses	défrayer qqn de ses dépenses, rembourser qqn de ses frais, supporter les frais de qqch
❏ dépenser	**dépenser** du temps / to spend time	passer, consacrer, donner
○ déplugger	**déplugger** un appareil / to unplug	débrancher

	Exemples de formes et d'emplois fautifs	Formes correctes
❏ déposer	défense de **déposer** / no dumping	défense de déposer des rebuts sur ce terrain, décharge interdite
❏ dépôt	donner un **dépôt** sur l'achat d'un manteau / deposit	acompte, versement
	__ direct à la banque / direct deposit	virement automatique
	il faut payer un __ de 10 ¢ la bouteille / deposit	consigne
	notre candidat a perdu son __ à la suite des élections	cautionnement
	pas de __ ni retour / no deposit no return (inscription sur des contenants à jeter)	non consigné, non repris, contenant non retournable
❏ depuis	Distillerie Butler ltée, **depuis** 1880 / since	fondée en
◆ dernier	les **derniers 10** jours / the last 10 days	les 10 derniers jours
❏ dernier	le gouvernement est **sur son dernier mille** / on its last mile	près de la fin, à l'extrémité, au bout de son rouleau
❏ derrière	**escalier de derrière** / backstairs	escalier de service
❏ description	**description** d'un évadé	signalement
❏ désigné	actionnaire **désigné** / designated shareholder	déterminé
	don __ / designated gift	affecté à, destiné à
○ desk	**desk** (hôtellerie)	réception
○ desktop	**desktop** / desktop computer (informatique)	ordinateur de bureau, de table

	EXEMPLES DE FORMES ET D'EMPLOIS FAUTIFS	FORMES CORRECTES
○ desktop	__ **editing, publishing** (informatique)	éditique, édition assistée par ordinateur, micro-édition
❏ dessus	le frein est encore **dessus** / on	engagé, serré
	les phares sont __	allumés
❏ détaché	maison **détachée** / detached house	individuelle, isolée
❏ détailler	**détailler** / to play off the tie (sport)	départager
❏ détenteur	**détenteur de police** / policeholder (assurances)	souscripteur, contractant, titulaire de la police, du contrat, porteur de la police
❏ détour	**détour** (signal routier)	déviation
❏ dette	**dette** sur un contrat d'assurance / indebtedness	somme due
	__ **fondée** / funded debt	dette à long terme, consolidée
	__ **préférentielle** / preferential debt	créance privilégiée
	une __ **encourue** / incurred debt	dette contractée
○ deuce	**deuce** (tennis)	égalité
❏ deux	jouer **les deux positions** / to play both positions (hockey)	à l'aile gauche et à l'aile droite, aux deux ailes
❏ devant	les faits **placés devant** les membres du conseil / facts put before	soumis aux
▲ dévelopement	**dévelopement** / development	développement

	Exemples de formes et d'emplois fautifs	**Formes correctes**
❏ développement	**développement** de nouveaux modèles / development	création
	__ d'un nouveau procédé	mise au point
	__ d'un plan	élaboration
	__ des ressources naturelles	mise en valeur, exploitation
	habiter dans le __	nouveau quartier, lotissement, nouvel ensemble résidentiel, secteur d'habitation, quartier domiciliaire
	il devrait y avoir des __ dans les négociations	les négociations devraient évoluer, devraient prendre une nouvelle tournure, il devrait y avoir du nouveau dans les négociations
❏ développer	**développer** des problèmes de santé / to develop	éprouver
	__ des liens privilégiés	établir
	__ un nouveau produit	concevoir, mettre au point, élaborer
	nouvelles techniques __ à l'étranger / developed	inventées, mises au point, créées
○ développeur	**développeur** de projets immobiliers / developer	promoteur immobilier, promoteur, constructeur d'habitations, promoteur-constructeur, lotisseur

	EXEMPLES DE FORMES ET D'EMPLOIS FAUTIFS	FORMES CORRECTES
❏ devenir	**devenir dû** / to become due (billet, effet de commerce)	échoir
	le règlement __ **effectif** le 15 mars / will become effective	entrera en vigueur
❏ devoir	être **en devoir** de 8 h à 16 h / on duty	de service, de garde, de quart, de faction
○ diem	un **per diem** / per diem allowance	indemnité quotidienne, forfait quotidien (pour frais de déplacement, de séjour, de représentation), prix de journée (assurance-hospitalisation)
❏ diète	**diète** végétarienne / diet	régime
○ digital	**digital** (informatique)	numérique
	montre __ / digital watch	à affichage numérique, numérique
○ dill	**pickles, dill pickles**	cornichons marinés, à l'aneth
❏ diminutif	le **diminutif** lutteur / diminutive	minuscule, tout petit
○ dimmer	**dimmer** (électricité)	gradateur
❏ dîner	**dîner à la dinde** / turkey dinner (menu de restaurant)	assiette de dinde
	__ **d'État** / state dinner	officiel, de gala, grand banquet
	salle à __ / dining room	salle à manger
○ dînette	**dînette**	coin-repas, coin-petit déjeuner

	EXEMPLES DE FORMES ET D'EMPLOIS FAUTIFS	FORMES CORRECTES
❏ dioxyde	**dioxyde de soufre** / sulfur dioxide	anhydride sulfureux
◯ dip	**dip** bien relevé	trempette
❏ dire	**laissez-moi vous dire** que vous avez tort / let me tell you	je vous assure que, il faut vous dire que, croyez-moi, vous...
❏ direct	**dépôt direct** à la banque / direct deposit	virement automatique
■ direct	retour **direct** en ville / back direct in town	directement
❏ directeur	**directeurs** du conseil / Directors of the Board	administrateurs, membres du conseil d'administration
	bureau des __, des gouverneurs / Board of Directors, of Governors	conseil d'administration
❏ dircction	**directions** d'un produit	mode d'emploi, directives, instructions
◯ directory	**directory**	annuaire, tableau indicateur des locaux
◯ discarter	**discarter** au jeu de cartes / to discard	se défausser, mettre sur la table, se défaire de
	__ un projet	écarter, rejeter
◯ discompte	**discompte** / discount	escompte (remise sur une facture réglée avant échéance)
		remise (réduction consentie pour achat en grande quantité)

	EXEMPLES DE FORMES ET D'EMPLOIS FAUTIFS	FORMES CORRECTES
○ discompte		rabais (réduction consentie pour solder des marchandises)
○ disconnecter	**disconnecter** un appareil électrique / to disconnect	débrancher
	___ deux systèmes conducteurs	déconnecter
○ discontinuer	**discontinuer** un abonnement / to discontinue	cesser, interrompre, mettre fin à
	ce produit est ___ / is discontinued	n'est plus sur le marché
❏ discrétion	**à la discrétion de** / at sb's discretion	à l'appréciation de qqn, au choix de qqn (mais s'emploie en parlant du pouvoir discrétionnaire d'un juge)
❏ disgrâce	la montée du chômage est une **disgrâce**	honte
○ disk	**compact disk**	disque compact
	___ **jockey**	présentateur, présentatrice, animateur, animatrice
	hard ___ (informatique)	disque dur, rigide
▲ diskette	**diskette** (informatique)	disquette
○ dispatching	**dispatching** de produits, de documents, de services	distribution, diffusion, répartition
○ display	**display** (informatique)	visualisation, affichage
	___ (publicité)	présentoir, carton publicitaire

	EXEMPLES DE FORMES ET D'EMPLOIS FAUTIFS	FORMES CORRECTES
❏ disponible	ce cours est **disponible** dans tous les collèges / available	offert
	des formulaires sont __ à la réception	à la disposition du public, on peut se procurer
	le vin nouveau sera __ dans toutes les succursales	en vente, sur le marché
	les livres suivants ne sont plus __	sont épuisés
○ disposable	couches **disposables**	jetables
❏ disposer	**disposer d'** / to dispose of	
	__ une affaire	régler, liquider
	__ un adversaire (sport)	vaincre, battre, avoir raison de
	__ un différend, une question	trancher, régler
	__ un objet	se débarrasser de, jeter, mettre à la poubelle
	__ un problème	résoudre
	__ un stock	se défaire de, écouler, liquider
	__ une objection	réfuter
❏ disposition	**disposition** des déchets industriels / disposal	élimination, destruction, traitement
	__ d'un outillage	liquidation, désaffectation
❏ dispute	nous espérons que les négociateurs régleront bientôt la **dispute**	différend, conflit

	Exemples de formes et d'emplois fautifs	Formes correctes
❏ disque	**disque au laser** / laser disk	disque laser, disque compact, disque audionumérique
⚪ dissatisfaction	**dissatisfaction**	mécontentement, insatisfaction
❏ distance	appel **longue distance** / long-distance call	interurbain
	contrôle à __ / remote control	télécommande
❏ distorsion	**distorsion** des paroles de qqn	déformation
❏ distribuer	**distribuer** les amandes sur la pâte / to distribute	répartir
◆ distribuer	brochure **à être préparée, à être distribuée** / to be prepared, to be distributed	à préparer, à distribuer (on emploie l'auxiliaire être avec les verbes passifs, réfléchis et plusieurs verbes intransitifs)
❏ distribution	**distribution de valeurs** / distribution of securities (finance)	placement, opération de placement, mise en circulation
❏ divertir	**divertir** des fonds / to divert	réaffecter
❏ division	**Division** A de la loi	section
	proposition adoptée **sur __** / on division	à la majorité (par opposition à « à l'unanimité »), avec dissidence
◆ divorcer	elle a **divorcé** son mari (l'absence de mot-lien forme l'anglicisme) / she divorced her husband	divorcé de, divorcé avec, divorcé d'avec
	si je fais ça, ma femme va **me __** / my wife will divorce me	va divorcer

	EXEMPLES DE FORMES ET D'EMPLOIS FAUTIFS	FORMES CORRECTES
❏ docteur	le **docteur** J.-H. Legrand, de la faculté des sciences sociales / Dr.	M. J.-H. Legrand, Ph.D., sc. soc. (voir Dr. pour le titre de docteur en médecine)
○ doggy	**doggy bag**	sac à restes, emporte-restes
❏ dôme	**dôme** d'un taxi / dome light	enseigne
❏ domestique	commerce **domestique** / domestic trade	intérieur
	conflit __ / domestic conflict	national, intérieur
	vols __ / domestic flights	intérieurs
○ dompe	la **dompe** / dump	dépotoir
○ domper	**domper** qqn / to dump	déposer qqn (ou qqch), plaquer qqn
	__ un camion de déchets	décharger, déverser, benner
	on va __ ça, c'est trop vieux / we will dump	jeter, se débarrasser de
○ dompeuse	**dumpeuse** / dumper	camion à bascule, benne basculante
❏ donner	**donner de la merde** à quelqu'un / to give shit to	engueuler
	le juge va __ **son jugement** / give his judgment	prononcer sa sentence, rendre son jugement
	__ **son vote** / to give one's vote	voter
	__ **une bonne main d'applaudissements** / to give a big hand	applaudir chaleureusement

	EXEMPLES DE FORMES ET D'EMPLOIS FAUTIFS	FORMES CORRECTES
❏ donner	je me suis fait ___ **un manucure** / manicure	faire les ongles, les mains, manucurer
○ doorman	**doorman** (hôtel, boîte de nuit)	portier
○ doping	le **doping** des chevaux est interdit	dopage
❏ dormant	on pose les rails sur les **dormants** / sleepers	traverses
❏ dossier	votre **dossier** 3718, notre ___ 17515 / your file 3718, our file 17515	V/Référence, V/Réf., V/R 3718, N/Référence, N/Réf., N/R 17515
❏ dotation	assurance de **dotation** / endowment insurance	mixte
■ douane	cet achat-là ne passera pas **aux douanes** / the customs	à la douane
❏ douane	**officier des douanes** / customs officer	douanier
❏ double	une expérience en **double aveugle** / double-blind experience	à double insu, en double anonymat
	___ **cliquer** / to double-click (informatique)	cliquer deux fois, faire un double clic
	temps ___, temps et demi / double time, time and a half	heures, salaire, taux majoré de 100 %, de 50 %
○ double	veston **double-breast** / double-breasted coat	croisé
○ down	avoir un **down**	être déprimé, être dans un bas

	EXEMPLES DE FORMES ET D'EMPLOIS FAUTIFS	**FORMES CORRECTES**
○ down	on a eu droit à un **call** __	savon, engueulade, réprimande
○ downloading	**downloading** (informatique)	téléchargement
○ downpayment	**downpayment**	acompte, versement initial
○ downsizing	pratiquer le **downsizing**	réduction des effectifs, rationalisation
○ downswing	**downswing** (golf)	élan descendant
▲ Dr.	**Dr.** (docteur en médecine) / Dr. (doctor)	D^r, Dr (voir docteur pour diplôme de Ph.D.)
○ drabe	**drabe** / drab	beige
		terne, sans vie, sans fantaisie
○ draft	**draft** d'air	courant d'air
	commander une __	bière pression, pression
	__ d'un rapport, d'un texte publicitaire, d'une traduction	brouillon, premier jet
	__ de contrat, de mémoire	projet
❏ drain	**drain** de capital / drain of capital (finance)	épuisement
❏ dramatique	modification **dramatique** / dramatic	importante, inattendue, incroyable
	augmentation __ du coût de la vie	spectaculaire, vertigineuse

	EXEMPLES DE FORMES ET D'EMPLOIS FAUTIFS	FORMES CORRECTES
❏ drap	**blanc comme un drap** / as white as a sheet	blanc comme un linge
	__ **contour** / contour sheet	drap-housse
❏ drastique	il va falloir prendre des moyens **drastiques** pour freiner la hausse des prix / drastic means	draconiens, énergiques, rigoureux, radicaux, contraignants (drastique : purgatif)
○ dressed	pizza **all dressed**	combinée, toute garnie
○ drill	**drill**	perceuse
○ drill	faire un **drill d'incendie** / a fire drill	un exercice d'évacuation
○ driller	**driller un chien**	dresser
	__ **un athlète**	entraîner
○ drink	toutes sortes de **drinks**	boissons
	le premier __ est compris dans le prix d'entrée	consommation
	prendre un __	verre, coup
○ drive	**drive** (tennis)	coup droit
○ drive-in	**drive-in**	ciné-parc
		service au volant, à l'auto (restaurant-minute, banque)
○ driver	**driver** / to drive (golf)	lancer, faire du lancer, s'exercer au lancer
	cost __ (comptabilité)	inducteur, générateur de coût, de coûts

	EXEMPLES DE FORMES ET D'EMPLOIS FAUTIFS	FORMES CORRECTES
○ driver	__ (informatique)	pilote
	__ une voiture, un camion	conduire, rouler vite
○ driveway	**driveway** pour stationner l'automobile	entrée
○ driving	**driving range** (golf)	terrain d'exercice
❏ droit	**époux, épouse de droit commun** / common law spouse	conjoint, conjointe de fait, compagnon, compagne de fait
	__ **de gérance** / management rights	de la direction, de l'employeur
	__ **humains** / human rights	droits de la personne
❏ droite	**gardez la droite** / keep right, to the right	serrez à droite, tenez la droite
○ drop	**drop** (baseball)	balle tombante
○ dropper	**dropper** l'école / to drop	abandonner, lâcher
	les profits ont __ / dropped	chuté, baissé brutalement
	ses capacités physiques ont __	baissé, décliné
○ drum	**drum** (instrument de musique)	caisse, tambour, batterie
	__ de frein (auto)	tambour
❏ dû	c'était **dû** à venir / due to come	ça devait venir, c'était appelé à venir
	__ **à** un contretemps, la réunion n'a pas eu lieu / due to	à la suite de, à cause de, en raison de

	EXEMPLES DE FORMES ET D'EMPLOIS FAUTIFS	FORMES CORRECTES
❏ dû	__ **à** vous, j'ai réussi / due to you	grâce à
	date __ / due date	date d'échéance, échéance
	devenir __ / to become due (billet, effet de commerce)	échoir
	l'avion est __ à 19 h / is due at	doit arriver, est attendu, doit atterrir
	l'équipe **est** __ pour remporter la partie / is due for a win	il est temps que l'équipe gagne, c'est au tour de l'équipe de gagner, l'équipe est mûre pour la victoire
	le compte est **passé** __ / past due	en souffrance, échu
	nous sommes __ pour un voyage / due	mûrs
	tomber __ / to fall due (billet)	échoir, arriver à échéance
○ dull	c'est **dull**	morne, ennuyeux, monotone
○ dummy	boîte **dummy**	fausse boîte, boîte factice
	__ d'un homme politique, d'un financier	porte-parole, prête-nom
	__ d'un placard publicitaire, d'une brochure	maquette
	__ d'une vitrine	mannequin

	EXEMPLES DE FORMES ET D'EMPLOIS FAUTIFS	FORMES CORRECTES
■ duplicater	**duplicater** / to duplicate	dupliquer, reproduire, répéter
❏ duplication	la **duplication** des tâches	répétition, reprise, chevauchement, dédoublement
❏ durer	il a **duré** 15 ans à cet emploi / he lasted	est resté, a travaillé pendant
○ duty	**heavy duty**	de travail (bottes, bottines)
		superrésistant (pneu)
		lourd (équipement)
		poids lourd (camion)
		à grand rendement (niveleuse)
		à grande puissance (moteur)
	___-free	hors taxe, franche (boutique)

E

○ eagle | **eagle** (golf) | aigle

❑ eau | **être dans l'eau bouillante** / to be in hot water | être dans l'embarras, dans de beaux draps, dans le pétrin

❑ écaille | **huître sur écaille** / oyster on the half shell | huître nature

❑ échange | **bureau, taux d'échange** / exchange office, rate (finance) | bureau, taux de change

| ___ / exchange (téléphone) | indicatif de central

❑ échanger | **échanger** un chèque / to exchange a cheque | encaisser

❑ échantillon | **échantillon de plancher** / floor sample (marchandise exposée dans une salle de montre) | article en montre

❑ échapper | **l'échapper par la peau des dents** / to escape by the skin of one's teeth | l'échapper belle, de justesse

❑ échelle | échelle **à extension** / extension ladder | à coulisse

◆ échouer | **échouer** un examen (l'absence de mot-lien forme l'anglicisme) / to fail an exam | échouer à

❑ école | **école alternative** / alternative school | école innovatrice

Exemples de formes et d'emplois fautifs	Formes correctes
❏ école	les soldes du **retour à l'__** / back to school	rentrée des classes, rentrée
❏ écoulement	**vente d'écoulement** / clearance sale	liquidation
◆ écrire	**appelez ou écrivez et obtenez** notre catalogue / call or write and get our catalog	appelez-nous ou écrivez-nous pour obtenir
❏ écrire	**écrire** un examen / to write an exam	passer, subir
❏ éditer	**éditer** un texte / to edit (en vue de son impression)	apprêter, réviser, préparer
❏ éditeur	**éditeur** d'un film / editor	monteur
	__ d'un journal, d'un périodique	rédacteur en chef
○ editing	**desktop editing, publishing** (informatique)	éditique, édition assistée par ordinateur, micro-édition
❏ édition	**édition** du 2 novembre	numéro, livraison
	la 5ᵉ __ du colloque	le 5ᵉ colloque
	les constructeurs automobiles mettent au point de nouvelles __ chaque année	modèles
❏ effectif	le règlement **deviendra effectif** le 15 mars / will become effective	entrera en vigueur
	procédé, méthode très __ / effective	efficace
	date __ / effective date	date d'entrée en vigueur, date d'effet, prise d'effet

	Exemples de formes et d'emplois fautifs	**Formes correctes**
❏ effet	la loi **à l'effet que** le gouvernement réduise ses dépenses / to the effect that	établissant la réduction des dépenses du gouvernement
	la nouvelle **à l'___ que** la présidente démissionnerait	voulant que, indiquant que, disant que, selon laquelle, à savoir que, la nouvelle de la démission de
	elle a reçu une lettre **à cet ___** / to this effect	en ce sens
	___ sonores / sound effects (cinéma, télévision)	bruitage
○ e.g.	**e.g.** (*exempli gratia*)	p. ex. (par exemple)
❏ égal	**casser égal** / to break even (comptabilité)	faire ses frais, atteindre le seuil de la rentabilité, atteindre le point d'équilibre
○ egg	**egg roll**	pâté impérial, rouleau printanier ou de printemps
○ eggnog	**eggnog**	lait de poule
❏ élaboré	œuvre **élaborée** / elaborated	fouillée, raffinée
	outil **___**	compliqué
	style **___**	travaillé
	travail **___**	soigné, fini, détaillé

	Exemples de formes et d'emplois fautifs	Formes correctes
❏ élaborer	il n'a pas voulu **élaborer** / to elaborate	développer, préciser sa pensée, s'étendre là-dessus
❏ élection	**officier rapporteur d'élection** / returning officer	directeur, directrice du scrutin
	officier d'__ / election officer, official	membre du personnel électoral
❏ électrifier	**électrifier** un auditoire / to electrify	électriser
○ electronic	**electronic mail, e-mail** (informatique)	courrier électronique, courriel (abr.)
❏ éléphant	**éléphant blanc** / white elephant	cadeau plutôt coûteux et inutile, acquisition superflue
❏ élévateur	prenez l'**élévateur**, à gauche / elevator	ascenseur
❏ éligibilité	il y a une période d'**éligibilité** pour l'assurance-emploi / eligibility period	référence
❏ éligible	**éligible** à un emploi	admissible, qualifié pour, qui a droit (éligible : qui peut être élu)
○ e-mail	**e-mail, electronic mail** (informatique)	courrier électronique, courriel (abr.)
❏ émettre	**émettre** un décret / to issue	prendre, rendre
	__ des directives	donner, imposer, formuler, établir
	__ un communiqué, des états financiers	publier

	EXEMPLES DE FORMES ET D'EMPLOIS FAUTIFS	FORMES CORRECTES
❏ émettre	__ un passeport, un permis, un diplôme	délivrer
	__ un rapport	produire
	__ un reçu	donner, remettre, délivrer
	__ un verdict	rendre, prononcer
	__ une injonction	prononcer, adresser, accorder
❏ emphase	le premier ministre a mis l'**emphase** sur la décentralisation des services / laid emphasis on	a mis l'accent sur, a insisté sur
❏ emploi	**être à l'emploi de** / in the employ of	être employé par, travailler pour, chez, être au service de
❏ employé	le matériel **sera employé** à la fabrication de marchandises / shall be used	servira
❏ en	**en accord avec** ce que nous avions prévu / according to	conformément à, selon
	__ **accord avec** le règlement n° 12 / in accordance with	conformément au, suivant le, selon le, en vertu du
	payer 100 $ __ **acompte** / to pay $100 on account	verser un acompte de, payer 100 $ à compte
	voir les joueurs __ **action** / in action	à l'œuvre
	être __ **amour avec** qqn / to be in love with sb	amoureux de
	envoyer des marchandises __ **approbation** / on approval	à l'essai, sous condition

EXEMPLES DE FORMES ET D'EMPLOIS FAUTIFS	FORMES CORRECTES
❏ en	venez __ **aucun temps** / at any time	n'importe quand, en tout temps
	__ **autant que** cela vous intéresse / inasmuch as, insofar as	dans la mesure où, pourvu que, pour autant que
	__ **autant que je peux** / as far as I can	dans la mesure du possible
	__ **autant que je suis concerné** / as far as, insofar as I am concerned	en ce qui me concerne, quant à moi, pour ma part, à mon avis
	arriver __ **avant de son temps** / ahead of time	en avance, d'avance, avant l'heure prévue ou fixée
	marchandise, moteur, appareil __ **bon ordre** / in order	en bon état, en état de marche
	__ **dedans de** trois mois / within	en moins de, dans l'espace de, d'ici
	article très __ **demande** / in great demand	recherché, demandé
	être __ **devoir** de 8 h à 16 h / on duty	de service, de garde, de quart, de faction
	loi, règlement __ **force** / in force	loi en vigueur, règlement qui a pris effet
	__ **l'absence de** meilleurs moyens / in the absence of better means	à défaut de, faute de
	attendre __ **ligne** / in a line	à la file, faire la queue

	Exemples de formes et d'emplois fautifs	**Formes correctes**
❏ en	avoir __ **ligne** / on the line	au bout du fil, au téléphone, être en communication
	moteur, appareil __ **mauvais ordre** / in bad order	en mauvais état, déréglé, détraqué
	les commissaires __ **office** étaient présents / in office	en fonction, en exercice
	__ **opération** / in operation	en exploitation (usine, mine), en activité (entreprise, usine), en service (ligne d'autobus), en application, en vigueur (plan, programme), en marche (machine)
	affaires, papiers __ **ordre** / in order	en règle
	vous pouvez commander cet article __ **probation** / in probation	à l'essai, sous condition
	le recensement est __ **progrès** / in progress	en cours, en marche
	j'ai reçu un appel __ **rapport,** __ **relation avec** l'accident / in connection with, in relation with	relativement à, au sujet de, à propos de
	balance __ **main** / balance in hand	solde en caisse, solde créditeur, encaisse
	être __ **charge** de qqch / to be in charge of	avoir la charge, être chargé, être responsable, avoir la responsabilité

EXEMPLES DE FORMES ET D'EMPLOIS FAUTIFS	FORMES CORRECTES
❏ en	**être __ contravention avec** la loi, un règlement / to be in contravention with	contrevenir à
	être __ session / to be in session (conseil, commission)	tenir séance, siéger
	ordre __ conseil / Order in Council	arrêté ministériel (d'un ministre), décret gouvernemental (Conseil des ministres)
	personne __ charge / person in charge	le ou la responsable
	tomber __ amour / to fall in love	tomber amoureux, devenir amoureuse, s'éprendre de qqn
◆ en	arriver, partir **en** temps / in, on time	à temps
	il est __ accord avec ses associés sur ce point-là / in accord with	d'accord
	vivre __ **campagne** / to live in the country	à la campagne
	notre attitude __ **est une de** collaboration / is one of	est celle de la, est basée sur la, nous désirons collaborer
	la municipalité **est** 20 ans __ **retard** / is 20 years late	est en retard de 20 ans (par contre, avec le verbe avoir, la durée du retard se place entre le verbe et la locution : elle a cinq ans de retard)
○ en	être **en stand-by**	de garde, prêt à intervenir (travailleur), en attente (voyageur), sans garantie (billet)

	EXEMPLES DE FORMES ET D'EMPLOIS FAUTIFS	FORMES CORRECTES
❏ encouru	les **dépenses encourues** l'an passé s'élèvent à / the expenses incurred	dépenses engagées, faites, supportées
	il en coûtera 10 $ plus les **frais ___** / incurred fees	frais
	les **pertes ___** / incurred losses	pertes subies
	une **dette ___** / incurred debt	dette contractée
○ encryption	**encryption** (informatique)	cryptage, chiffrement
○ ending	**happy ending**	c'est une heureuse issue, tout est bien qui finit bien
❏ endosser	**endosser** une opinion / to endorse	souscrire à, approuver, soutenir
	___ qqn	se porter garant de
	___ un candidat	appuyer, soutenir, parrainer
❏ énergiser	l'exercice m'**énergise** / energizes me	donne de l'énergie, stimule
❏ engagé	ligne **engagée** / engaged	occupée
	je suis **___** au bureau	retenu
❏ engagement	je regrette, j'ai un **engagement** à midi	rendez-vous
❏ enregistré	marque de commerce **enregistrée** / registered trade mark	déposée, brevetée
	actionnaire **___** / registered shareholder	inscrit
	colis **___** / registered parcel	recommandé
	lettre **___** / registered mail	recommandée, courrier recommandé

	EXEMPLES DE FORMES ET D'EMPLOIS FAUTIFS	FORMES CORRECTES
❏ enregistré	tout changement doit être __ sur les nouvelles formules / registered	consigné, indiqué
❏ enregistrement	montrez-moi vos **enregistrements** (de véhicule) / registration certificate	certificat d'immatriculation
❏ enregistrer	s'**enregistrer** à l'hôtel, à un concours / to register	s'inscrire
❏ enseignant	**certification des enseignants, des maîtres**	reconnaissance d'aptitude à l'enseignement
○ enter	la touche **Enter** sur le clavier	Entrée, Retour
❏ entité	**entité légale** / legal entity	personne morale, civile, juridique
❏ entraîné	cheval **entraîné** / trained	dressé
	vendeur __	formé, habitué
❏ entraînement	**entraînement** spécialisé / training	formation, apprentissage
	période d'__ / training period	période de formation, stage d'apprentissage, de formation, d'initiation
	rouage d'__ / power train (véhicule moteur)	groupe motopropulseur, ensemble motopropulseur
❏ entre	des adolescents âgés **entre** 14 et 18 ans / between 14 and 18	âgés de 14 à 18 ans
❏ entrée	**entrée des marchandises** / goods entrance (affiche d'un établissement commercial)	entrée de service, de livraison, de réception de la marchandise
	les __ au grand livre / entries	écritures, inscriptions

	EXEMPLES DE FORMES ET D'EMPLOIS FAUTIFS	FORMES CORRECTES
❏ entrepôt	mon manteau de fourrure est à l'**entrepôt** / in storage	garde-fourrure
	je vais laisser mes meubles à l'__ avant mon départ pour l'étranger / storehouse	garde-meuble
⭘ énumérateur	aux dernières élections, il a été **énumérateur** / enumerator	recenseur
❏ énumération	**énumération** des électeurs, des citoyens	recensement
	__ des petites entreprises	dénombrement
▲ envelope	**envelope**	enveloppe
❏ enveloppe	**enveloppe préadressée** / preaddressed envelope	enveloppe-réponse
	__-retour / preaddressed return envelope	enveloppe-réponse
❏ envoyer	**envoyer** qqn **à son procès** / to send sb to trial	inculper, mettre en accusation, renvoyer devant les tribunaux
❏ épargne	ces marchandises vous sont offertes à **prix d'épargne** / at savings price	prix économique
❏ épaule	**mettre l'épaule à la roue** / to put one's shoulder to the wheel	pousser à la roue, mettre la main à la pâte, donner un coup de main
❏ épicier	**épicier licencié** / licensed grocer (affiche)	bière et vin
❏ époux	**époux, épouse de droit commun** / common law spouse	conjoint, conjointe de fait, compagnon, compagne de fait
❏ équité	l'**équité** du groupe X dans la société YZ / equity	capitaux, avoir

	Exemples de formes et d'emplois fautifs	Formes correctes
❏ erratique	joueur **erratique** / erratic	irrégulier, inégal
	avoir une conduite __	excentrique
❏ erreur	c'est mon **erreur** / that is my mistake	j'ai fait erreur, je me suis trompé
○ escalateur	**escalateur** / escalator	escalier roulant, escalier mécanique
❏ escalier	**escalier de derrière** / backstairs	escalier de service
○ escape	la touche **Escape** sur le clavier	Échappement, Éch. (abr.)
❏ escompte	profitez d'**escomptes** formidables sur nos vêtements de sport / discount	remises, rabais, réductions
	magasin **d'__** / discount store	de rabais
	prix d'__ / discount price	prix minimarge
❏ escorte	j'ai gagné un voyage pour mon **escorte** et moi / escort	pour deux personnes
	agence d'__ / escort agency	service, agence d'accompagnement
❏ espace	louer un **espace** dans un immeuble / space	local, bureau
	__ de bureau à louer / office space to let	local pour bureau, bureau
	__ de stationnement / parking space	place, emplacement
❏ espérer	**espérer pour le mieux** / hope for the best	être optimiste, avoir confiance que tout va s'arranger
❏ estimé	**estimé** des travaux à exécuter / estimate	estimation

	EXEMPLES DE FORMES ET D'EMPLOIS FAUTIFS	FORMES CORRECTES
❏ estimé	__ budgétaires	prévisions budgétaires
	__ des dommages, des pertes	évaluation, estimation
	__ en vue de la construction d'un bâtiment	devis
❏ et	traction avant, moteur longitudinal, suspension indépendante aux quatre roues **et beaucoup plus** ! / and much more	et bien d'autres choses encore !
❏ et/ou	le temps prévu pour ce soir : pluie **et/ou** neige / and/or	pluie ou neige, ou les deux à la fois, soit pluie ou neige, soit pluie et neige
◆ établi	selon les règles **établies par lui**, le Conseil pourra ordonner aux entreprises de fournir différents services / rules established by the Council	qu'il aura établies
❏ établi	une compagnie **établie** en 1975 / established	fondée
❏ étampe	**étampe** / stamp	cachet, estampille (pour attester l'authenticité), timbre, tampon
❏ étamper	**étamper** un document / to stamp	timbrer, tamponner
◆ étant	les délégués ont rejeté **comme étant** inacceptables les propositions de l'assemblée / as being unacceptable	comme inacceptables (il suffit de supprimer le mot étant)

	EXEMPLES DE FORMES ET D'EMPLOIS FAUTIFS	FORMES CORRECTES
◆ étant	veuillez trouver ci-joint notre chèque de 50 $, __ **pour** le paiement de / enclosed... $50, being for the payment of	ci-inclus un chèque de 50 $ représentant le montant de notre dette
❏ état	dîner **d'État** / state dinner	officiel, de gala, grand banquet
	funérailles **d'__** / state funeral	nationales
	visites **d'__** / state visits	officielles
❏ étendre	**étendre** la saison de golf / to extend	prolonger
❏ éthique	**code d'éthique** / code of ethics	code de déontologie
❏ ethnique	être d'**origine ethnique** / to be of ethnic origin	d'origine étrangère (nous avons tous une origine ethnique)
	l'opinion de la **presse** __ / ethnic press	des journaux des minorités ethniques, des journaux allophones
	les **groupes** __ sont opposés au projet de loi / ethnic groups	minorités ethniques
○ être	**être low profile** / to keep a low profile	s'effacer, rester dans l'ombre
❏ être	**être à l'emploi de** / in the employ of	être employé par, travailler pour, chez, être au service de
	__ **à son meilleur** dans tel domaine / to be at one's best	exceller, être au sommet de sa forme, au mieux
	__ **chanceux** / to be lucky	avoir de la chance
	__ **concerné dans** la politique / to be concerned in	prendre part à, être intéressé à

EXEMPLES DE FORMES ET D'EMPLOIS FAUTIFS	FORMES CORRECTES
❏ être	__ **concerné** par les décisions de l'administration / to be concerned by	être inquiet de, préoccupé par
	__ **confiant** que / to be confident that	avoir bon espoir, être persuadé, ne pas douter, avoir confiance
	__ **dans l'eau bouillante** / to be in hot water	être dans l'embarras, dans de beaux draps, dans le pétrin
	__ **dans le même bateau** / to be in the same boat	être dans le même cas, logé à la même enseigne
	__ **dans le rouge** / to be in the red	être en déficit, à découvert, avoir une balance déficitaire
	__ **dans les souliers de** qqn / to be in sb's shoes	être à la place de, dans la peau de
	l'équipe __ **due** pour remporter la partie / is due for a win	il est temps que l'équipe gagne, c'est au tour de l'équipe de gagner, l'équipe est mûre pour la victoire
	__ **en charge** de qqch / to be in charge of	avoir la charge, être chargé, être responsable, avoir la responsabilité
	__ **en contravention avec** la loi, un règlement / to be in contravention with	contrevenir à
	__ **en session** / to be in session (conseil, commission)	tenir séance, siéger

EXEMPLES DE FORMES ET D'EMPLOIS FAUTIFS	FORMES CORRECTES
❑ être	__ **hors d'ordre** / to be out of order (assemblée délibérante)	faire un accroc au règlement, déroger au règlement, faire une intervention antiréglementaire, enfreindre les règlements
	plusieurs pensent que la taxe supplémentaire __ **là pour rester** / is there to stay	est là pour de bon, est une chose acquise
	__ **mélangé, mêlé** / to be mixed up	ne pas, ne plus s'y retrouver, être embrouillé, perdu, tout perdu
	__ **sous arrêt** / to be under arrest	être en état d'arrestation, être arrêté
	cette question __ **sous la juridiction** de la Régie / under the jurisdiction	relève de
	cette institution n'__ pas **sous la juridiction** du ministère	sous l'autorité
	__ **sous l'impression que** / to be under the impression that	avoir l'impression que, avoir idée que, garder l'impression que
	__ **sous l'influence de l'alcool** / to be under the influence of alcohol	être en état d'ébriété
	__ **sur la ligne** / to be on the line (téléphone)	occuper la ligne, être à l'écoute
	__ **sur la ligne de piquetage** / to be on picket lines	être aux piquets de grève
	__ **sur le banc** / to be on the bench	être magistrat ou magistrate, siéger au tribunal
	__ **sûr que** la vanne est bien fermée / to be sure that	s'assurer que

	EXEMPLES DE FORMES ET D'EMPLOIS FAUTIFS	FORMES CORRECTES
◆ être	brochure **à être préparée, à __ distribuée** / to be prepared, to be distributed	à préparer, à distribuer (on emploie l'auxiliaire être avec les verbes passifs, réfléchis et plusieurs verbes intransitifs)
	il **s'__ trouvé** un emploi **comme** gestionnaire / he has found himself a job as	a trouvé un emploi de
	il est le deuxième à __ **proclamé** le joueur le plus utile à son équipe / to be proclaimed	qu'on proclame, à recevoir le titre de
	__ **sur** l'aide sociale / to be on social welfare	vivre de
	__ **sur** l'horaire variable / to be on a flexible schedule	avoir un
	la municipalité __ 20 ans **en retard** / is 20 years late	est en retard de 20 ans (par contre, avec le verbe avoir, la durée du retard se place entre le verbe et la locution : elle a cinq ans de retard)
	sa sœur __ **une** ingénieure / his sister is an engineer	sa sœur est ingénieure
	nous **avons __ refusés** de le faire / we were refused to do it	on nous a refusé la permission de le faire
	tous les membres ont-ils __ **téléphonés** ? / were all members phoned up ?	a-t-on téléphoné à tous les membres ?, tous les membres ont-ils été appelés ?
	une expérience très intéressante pour eux a __ / a most interesting experience was	comme expérience intéressante pour eux, il y a eu, l'expérience suivante a été très intéressante pour eux :

	EXEMPLES DE FORMES ET D'EMPLOIS FAUTIFS	FORMES CORRECTES
❏ étude	étude **légale** / legal office	cabinet, étude d'avocat, de notaire, cabinet juridique
❏ étudiant	**étudiants** au secondaire et au collégial / students	élèves (le terme étudiant s'applique uniquement à un ou une élève d'une université. Étudiant universitaire est un pléonasme)
❏ événement	les **événements** du festival / the events	activités
	à tout __, nous serons prêts / at all events	quoi qu'il arrive, dans tous les cas, peu importe
❏ éventuel	nous déciderons après la remise du rapport **éventuel** / eventual	final
	ceux qui souhaitent un changement __	ultérieur
❏ éventuellement	ce joueur est **éventuellement** descendu dans les équipes mineures / eventually	finalement, par la suite (éventuellement : hypothétiquement)
❏ évidence	il faut plus d'**évidences** / evidence	de preuves
○ exacto	un **exacto** / X-acto (marque déposée)	découpoir
❏ examiner	**examiner** un témoin / to examine	interroger, entendre
▲ example	**example**	exemple
❏ excédentaire	**intérêt excédentaire** / excess interest	bénéfice d'intérêt
❏ exécutif	c'est un **exécutif** / executive	dirigeant, cadre supérieur, de direction

	Exemples de formes et d'emplois fautifs	Formes correctes
❏ exécutif	secrétaire __ / excutive secretary	de direction, administratif, général
	vice-présidente __ / executive vice-president	vice-présidente directrice
	l'__, le **comité** __ d'un syndicat / executive, executive committee	bureau
❏ exercer	**exercer** une option / to exercise an option	exercer son droit d'option, disposer d'une faculté d'option, d'une capacité d'exercice
❏ exercice	**exercice de feu** / fire drill	exercice d'évacuation
	__ de l'option / the exercise of the option	levée d'option, droit d'option, faculté d'option, capacité d'exercice
▲ exercise	**exercise**	exercice
○ exhaust	tuyau d'**exhaust**	d'échappement
○ exhibit	veuillez me donner le dossier avec l'**exhibit** n° 5 (droit)	pièce, pièce à l'appui, pièce à conviction
	les __ faisant partie d'une exposition	pièces d'exposition, pièces
	ne pas toucher aux __	objets exposés
❏ exhibition	**exhibition**	salon, foire
○ exit	**exit** (d'origine latine)	sortie (direction à suivre pour sortir d'un bâtiment), porte de sortie
○ ex officio	nommé **ex officio**	de droit, d'office

	EXEMPLES DE FORMES ET D'EMPLOIS FAUTIFS	FORMES CORRECTES
❏ exonérer	ce rapport l'**exonère** de tout blâme / exonerates	innocente, disculpe, blanchit
❏ expansion	**clubs d'expansion** / expansion teams	équipes recrues, nouvellement fondées
❏ expérience	**expériences antécédentes** / previous experience (assurances)	antécédents d'un risque
❏ expert	expert **légal** / legal expert	expert juriste, jurisconsulte
❏ expiration	la **date d'expiration** d'un médicament, d'un produit de consommation / expiration, expiry date	date limite de validité, d'utilisation, date de péremption
❏ extension	**extension** 322 (téléphone)	poste
	__ à une construction	annexe, rallonge, agrandissement
	échelle **à** __ / extension ladder	à coulisse
	fil d'__ / extension cord	rallonge
	lampe à __ / extension lamp	lampe baladeuse, baladeuse
	table **à** __ / extension table	à rallonge
■ extensionner	**extensionner** un délai, un congé / to extension	prolonger
❏ externe	**clinique externe** d'un hôpital / outpatient clinic	consultations externes
❏ extra	**large** ou **extra large**	grand ou très grand
	frais, charges __ / extra charge	supplément, frais supplémentaires, frais additionnels
❏ extracteur	**extracteur de jus** / juice extractor	centrifugeuse

	EXEMPLES DE FORMES ET D'EMPLOIS FAUTIFS	FORMES CORRECTES
○ eye	**black eye**	œil au beurre noir, œil poché
○ e-zine	un **e-zine** dans Internet / electronic magazine	cybermagazine, magazine électronique

F

	EXEMPLES DE FORMES ET D'EMPLOIS FAUTIFS	FORMES CORRECTES
❏ face	**faire face à la musique** / to face the music	affronter la situation, faire front, prendre le taureau par les cornes
❏ facilité	l'hôtel n'a pas toutes les **facilités** voulues / facilities	commodités, installations (facilité ne s'applique pas à des choses matérielles)
	on a toutes les ___ : aqueduc, égoûts, etc.	services
	___ portuaires	installations
○ factoring	**factoring**	affacturage
○ factory	**factory outlet** (commerce)	magasin d'usine
❏ faillir	**faillir** un examen / to fail an exam	échouer à, ne pas réussir à, rater
❏ faire	nous n'avons rien **à faire avec** ça / we have nothing to do with that	nous n'avons rien à voir dans, avec cela, nous n'y sommes pour rien
	ce joueur a **bien** ___ au cours de la première manche / has done well	bien joué, fait belle figure
	elle a **bien** ___ dans ses études cette année	réussi

	EXEMPLES DE FORMES ET D'EMPLOIS FAUTIFS	FORMES CORRECTES
❏ faire	vous avez **bien** __ pendant votre période d'essai / you did well	fourni un bon rendement
	la recommandation **a été** __ par le conseil / this recommendation was made by	émane du
	l'excellent travail __ par la commission / the excellent work done by	accompli
	elle __ 1 000 $ par semaine / she makes $1,000 a week	gagne, se fait
	cela __ **du sens** / it makes sense	a du sens, est logique
	__ **amis** / to make friends	devenir amis, se lier d'amitié
	__ **application, appliquer pour, sur** un emploi / to make an application, to apply for a job	postuler, solliciter un emploi, faire une demande d'emploi, offrir ses services, poser sa candidature à un emploi, remplir un formulaire de demande d'emploi
	__ **de fausses représentations** / to make false representations, false pretences	faire des déclarations mensongères, déguiser la vérité, tromper
	__ **du temps** à cause d'un vol / to serve time, to do time	faire de la prison, purger sa peine
	__ **face à la musique** / to face the music	affronter la situation, faire front, prendre le taureau par les cornes

	Exemples de formes et d'emplois fautifs	Formes correctes
❏ faire	__ **sa part** / to do one's part	collaborer à, contribuer à, appuyer, participer à, fournir sa part
	__ **son point** / to make one's point (dans un débat)	faire prévaloir son point de vue, convaincre son public, ses interlocuteurs
	__ **sûr** que la porte est verrouillée / to make sure	s'assurer que
	__ **un fou de soi** / to make a fool of oneself	faire l'imbécile, se couvrir de ridicule
	__ **une application personnelle** / personal application	se présenter en personne
	il faut **se** __ **une idée** / one has to make up one's mind	prendre une décision, se décider, faire son choix
	ça va __ / it will do	ça suffit, assez
	pour __ **l'histoire courte** / to make the story short	pour être bref
	se __ **du capital politique** / to make capital of a political situation	favoriser ses intérêts politiques, exploiter à des fins politiques se gagner des faveurs, des avantages politiques
		tirer parti d'une situation (général)
❍ fairway	**fairway** (golf)	allée

	EXEMPLES DE FORMES ET D'EMPLOIS FAUTIFS	**FORMES CORRECTES**
❍ faker	**faker** / to fake	feinter (sport), feindre, jouer la comédie
❍ fall	**fall ball** / foul ball (baseball)	balle fausse
	mon projet est __ **ball**	à l'eau
◆ familier	je suis **familier** avec ce procédé / familiar with	familiarisé, ce procédé m'est familier
❑ famille	**histoire de famille** / family history	antécédents familiaux
❍ fan	**fan** d'appartement, d'atelier, du moteur d'une voiture	ventilateur
	__ d'un groupe musical	admirateur, admiratrice, adepte
❍ FAQ	**FAQ** / Frequently Asked Questions (Internet)	foire aux questions (FAQ)
❍ fashion	assister au **fashion show** annuel des grands couturiers québécois	défilé, présentation de mode, de collections
❍ fast	restaurant **fast-food**	restaurant-minute
	repas __-**food**	cuisine-minute, plat-minute, repas-minute, bouffe-minute, prêt-à-manger, restauration rapide, restauration-minute
❑ fatalité	les **fatalités** sont rares dans nos usines / fatalities	accidents mortels
❍ fault	**no fault** (assurances)	assurance inconditionnelle, indemnisation sans égard à la responsabilité

	EXEMPLES DE FORMES ET D'EMPLOIS FAUTIFS	FORMES CORRECTES
■ faute	**faute contributoire** / contributory negligence (droit)	négligence de la victime
❏ faux	être accusé de **fausse représentation** / false pretence	fraude, abus de confiance
	faire de __ représentations / to make false representations, false pretences	faire des déclarations mensongères, déguiser la vérité, tromper
	se présenter **sous de __ représentations, de __ prétextes** / under false pretences	frauduleusement, sous le prétexte de, sous le faux motif
❏ favoriser	**favoriser** telle solution / to favour such solution	préconiser, prôner, recommander, préférer
◯ feedback	**feedback**	réaction, commentaire, résultat tangible, répercussion (général)
		contre-réaction (électronique)
		information en retour, information rétroactive, rétroaction, rétro-information, boucle de rétroaction, retour d'information (psychologie, pédagogie, gestion du personnel)
◯ feeling	apprendre à exprimer davantage ses **feelings**	sentiments

	EXEMPLES DE FORMES ET D'EMPLOIS FAUTIFS	FORMES CORRECTES
○ feeling	j'ai le __ qu'il n'est pas content	impression, sentiment
	personne ne me l'avait dit, c'était un __	intuition
❏ fer	**fer-angle** / angle iron (quincaillerie d'outillage)	cornière
❏ fermé	rue **fermée** / closed street (signalisation routière)	barrée
	on annonce la tenue d'une séance __ / closed meeting	privée
	hypothèque __ / closed mortgage, closed mortgage loan	prêt hypothécaire fermé
❏ fermer	**fermer, ouvrir la ligne** / to close, to open the line	raccrocher, décrocher
❏ fermeture	**jour de fermeture de la soumission** / the day the tender closes	dernier jour de la présentation des soumissions, date limite de présentation des soumissions
○ ferry	**ferry, ferryboat**	traversier
❏ fertilisé	des œufs **fertilisés** / fertilized	fécondés
❏ feu	**feu de forêt** / forest fire	incendie de forêt
	brique à __ / fire brick	brique réfractaire
	exercice de __ / fire drill	exercice d'évacuation
	mouche à __ / firefly	luciole
	mur de __ / firewall (Internet)	coupe-feu, garde-barrière
	résistant au __ / fire-resisting	ignifuge, réfractaire

	EXEMPLES DE FORMES ET D'EMPLOIS FAUTIFS	FORMES CORRECTES
❑ feu	**vente de __** / fire sale	solde après incendie
❑ feuille	**feuille de balance** / balance sheet	bilan
	__ de temps / time sheet	feuille de présence
	musique en __ / sheet music	musique écrite, cahier de musique
	travailleur du métal en __ / sheet-metal worker	tôlier
⭕ fiberglass	**fiberglass** (marque déposée)	fibre de verre
❑ fier	**se fier sur** les renseignements obtenus / to rely on	se fier aux
❑ fièvre	**fièvre des foins** / hay fever	rhume des foins
⭕ fifth	déplacer une **fifth wheel**	semi-caravane
⭕ fighter	**fighter** / to fight	lutter, se débattre, débattre une affaire, une cause
❑ figure	les **figures** nous indiquent que le chômage ne diminue pas	chiffres
❑ figurer	**figurer** des revenus élevés / to figure	prévoir
	__ des coûts	estimer, calculer, évaluer, prévoir
	j'ai **__** que c'était réalisable / I have figured	imaginé, pensé, cru
❑ fil	**fil d'extension** / extension cord	rallonge
❑ filage	l'incendie est dû au **filage** défectueux / wiring	cablâge électrique

	Exemples de formes et d'emplois fautifs	Formes correctes
❑ filage	j'ai fait changer le ___ de mon auto	câbles d'allumage
	faire installer le **gros** ___ / heavy wiring	courant-force, circuit-force
	cet appareil fonctionne sur le **petit** ___ / light wiring	courant-éclairage, circuit-éclairage
◯ file	**file** (informatique)	fichier
	batch ___ (informatique)	fichier de commande
	___ **name** (informatique)	nom de fichier
◯ filer	**filer** des lettres / to file	classer
	___ des procédures judiciaires	produire
❑ filer	**filer** bien, ___ mal / to feel well, to feel bad	se sentir bien, aller bien, se sentir mal, aller mal
	___ pour s'amuser	être d'humeur à, être en humeur de
❑ filerie	réparer la **filerie** d'une maison / wiring	câblage électrique
❑ filière	mettre le dossier dans la **filière** / filing cabinet	classeur
	j'ai besoin de la ___ de Caron ltée / file	dossier, chemise
❑ film	**film** d'emballage / packing film	pellicule d'emballage
❑ fin	**pour les fins de** / for the purpose of	aux fins de, pour les besoins de
	à toutes ___ **pratiques** l'heure de pointe est terminée / for all practical purposes	en pratique, pratiquement, en définitive, en fait
❑ final	**date finale** d'un paiement / final date	date limite, échéance

	EXEMPLES DE FORMES ET D'EMPLOIS FAUTIFS	FORMES CORRECTES
❏ final	jugement ___	sans appel, irrévocable
	position ___	définitive, ferme
	texte ___ d'une loi	définitif
	vente ___	vente ferme
❏ finance	**compagnie de finance** / finance company	société, établissement de crédit, de financement, de prêts
	achat **sur la ___** / on finance	à crédit
❏ financement	je dois trouver un **financement** à taux moindre / financing	prêt
	___ intérimaire / interim loan	prêt temporaire
❏ finir	**combat, lutte à finir** / fight to the finish	combat décisif, lutte sans merci
○ finishing	**finishing touch** à un travail	dernière main
○ fireproof	un tissu **fireproof**	ininflammable, à l'épreuve du feu, ignifugé
○ first	j'ai apporté une trousse de **first aid** / first aid kit	premiers soins
❏ fiscal	**année fiscale** / fiscal year	année budgétaire, financière, exercice budgétaire, comptable, financier, exercice (fiscal : du domaine de l'impôt)
○ fit	il a une **fit**	crise

	EXEMPLES DE FORMES ET D'EMPLOIS FAUTIFS	FORMES CORRECTES
○ fitter	**fitter** les pièces d'une machine / to fit	assembler, monter
	j'espère que ça va ___	convenir, faire l'affaire, aller
	le pantalon ne ___ pas	n'est pas de la bonne taille, fait mal
	les morceaux ne ___ pas	ne sont pas de la bonne dimension, ne s'ajustent pas
○ fixture	installer les **fixtures**	appareils d'éclairage, luminaires, appliques, lustres, plafonniers, suspensions
	commerce à vendre avec les ___	accessoires fixes (comptoirs, tablettes, tabourets)
○ flammable	produit **flammable, non ___**	inflammable, ininflammable
○ flash	passer un **flash** à la radio	annonce, message, nouvelle-éclair
	avoir un ___	idée
○ flashback	l'auteur effectue beaucoup de **flashbacks**	retours en arrière, rétrospectives
○ flasher	actionner le **flasher** avant de tourner	clignotant
	mettre les ___ **d'urgence** / emergency flashers	le signal de détresse

	EXEMPLES DE FORMES ET D'EMPLOIS FAUTIFS	FORMES CORRECTES
○ flasher	des bijoux **qui** __ / that flash	clinquants, voyants, criards
	des lumières qui __	clignotent
	il aime __	attirer les regards, paraître, se faire valoir
○ flashlight	**flashlight**	lampe de poche, torche électrique
○ flat	un pneu **flat**	dégonflé, à plat, crevé
	de la bière __	éventée, plate
	poser du __	de la peinture mate, du mat
❏ flexible	horaire **flexible** de travail / flexible schedule	variable
	heures __ / flexible hours	horaire personnalisé, souple
○ flip	un **flip chart** est utilisé dans les conférences et tient lieu de tableau	tableau de conférence, tableau à feuilles, tableau-papier
❏ flottant	**congé flottant** / floating holiday	congé mobile
○ flowchart	**flowchart** (entreprise)	schéma de principe ou de fabrication, plan de travail, organigramme, diagramme, graphique de circulation (pièces, documents)

159

	EXEMPLES DE FORMES ET D'EMPLOIS FAUTIFS	FORMES CORRECTES
○ flush	**flush**	au niveau de, au ras de, à ras de
	__ (cartes)	quinte
○ flusher	**flusher les toilettes** / to flush	tirer la chasse d'eau
○ fly	**fly** de pantalon	braguette
	__ (baseball)	ballon, chandelle
○ flyer	on voyait les objets **flyer** dans les airs / flying	voler
	il a __ avant qu'on ne l'attrape / flew away	s'est sauvé, a déguerpi, a pris ses jambes à son cou
	l'argent __ / flies out	s'épuise
○ foam	appareil emballé dans du **foam**	de la mousse de polystyrène, de la mousse
	air __	mousse de polyuréthane, caoutchouc mousse (lorsque le produit est à base de caoutchouc naturel)
❑ focal	les futures élections sont le **point focal** / focal point	point de mire
○ focus	le **focus** dans un appareil-photo	foyer
	__ **group**	groupe de discussion, de réflexion, groupe-discussion, groupe type, groupe échantillon

	Exemples de formes et d'emplois fautifs	Formes correctes
○ focus	la qualité dans l'entreprise est le __ de toute l'opération	centre d'intérêt, d'attention, point de mire, l'entreprise a mis l'accent sur la qualité
○ focuser	être **focusé** sur qqch / to be focused on	être centré, axé, se concentrer, se polariser, focaliser, porter son attention
❑ foin	**fièvre des foins** / hay fever	rhume des foins
○ follow-up	**follow-up**	suivi (administration)
		de relance (questionnaire)
		de rappel (réunion)
		service après-vente, service à (clientèle)
		surveillance, postobservation, évolution (après un traitement médical)
❑ foncier	**taxes foncières** / property tax	impôt foncier
❑ fondé	**dette fondée** / funded debt	dette à long terme, consolidée
❑ fonds	**fonds de contingence** / contingency fund (gestion d'entreprise)	fonds de prévoyance, fonds pour éventualités
	__ **de nettoyage** / clean-up fund (assurances)	fonds de liquidation

	Exemples de formes et d'emplois fautifs	Formes correctes
❏ fonds	lancement d'une **levée de __** / fund raising campaign	collecte de fonds, campagne de collecte de fonds, de financement, de souscription
	__ mutuels / mutual funds	fonds communs de placement
○ food	**junk food**	camelote alimentaire, aliment vide, aliment-camelote
○ footing	**footing** d'une maison	semelle de fondation, semelle
○ force	**task force**	groupe de travail, d'étude
❏ force	**force ouvrière** / labor force	population active
	loi, règlement **en __** / in force	loi en vigueur, règlement qui a pris effet
	prendre __ / to come into force	entrer en vigueur, prendre effet
○ forcing	à l'assemblée, il y a eu du **forcing**	contrainte
○ foreman	**foreman**	chef d'équipe, contremaître, contremaîtresse
❏ forêt	**feu de forêt** / forest fire	incendie de forêt
❏ forfaiture	**forfaiture** / forfeiture (droit)	confiscation (d'un bien), déchéance (d'un droit, d'une fonction)
❏ forger	**forger** une signature / to forge	contrefaire, imiter, falsifier
❏ format	**format légal** / legal size	grand format

EXEMPLES DE FORMES ET D'EMPLOIS FAUTIFS	FORMES CORRECTES
❏ formel	art **formel** d'un peintre / formal art	conventionnel
	dîner __ / formal dinner	grand dîner, dîner officiel
	entretien __ entre deux politiques / formal talk	officiel
	habillement __ / formal dress, wear	habillement, tenue de soirée
	présentation __ / formal presentation	exposé didactique
	séance __ d'un comité / formal session	statutaire
	style __ d'une oratrice / formal style	empesé, académique
❏ fou	**faire un fou de soi** / to make a fool of oneself	faire l'imbécile, se couvrir de ridicule
❏ fouiller	qu'est-ce qu'ils faisaient là ? **fouille-moi** / search me	je me le demande bien, je n'en sais strictement rien
❏ fournaise	**fournaise à l'huile** / oil furnace	chaudière à mazout
❏ fourni	louer un **appartement fourni** / furnished apartment	un meublé
○ frais	**frais, charges de cancellation** / cancellation charges	frais d'annulation
	__ **de condo** / condo fees	charges de copropriété
❏ frais	des **frais**, ces gens-là / fresh	prétentieux, fanfarons
	__, **charges extra** / extra charge	supplément, frais supplémentaires, frais additionnels
	il en coûtera 10 $ plus les __ **encourus** / incurred fees	frais

	EXEMPLES DE FORMES ET D'EMPLOIS FAUTIFS	FORMES CORRECTES
❏ frais	__ **légaux** / legal charges	frais de justice
○ frame	**frame**	armature (raquette)
		bois (fauteuil, lit)
		cadre (tableau, bicyclette)
		bâti, carcasse (machine, moteur)
		charpente (bâtiment)
		châssis (auto)
		coffrage (ouvrage de béton)
		monture (parapluie, lunettes)
○ frame-up	**frame-up**	affaire montée, coup monté
○ framer	**framer** / to frame	encadrer, mettre dans un cadre
❏ frapper	**frapper** une aubaine / to hit	trouver, profiter de
	l'automobile a __ le passant	heurté
	__ un excentrique comme guide	tomber sur
○ frapper	**frapper le jack pot**	gagner le gros lot
○ fraudulent	un contrat **fraudulent**	frauduleux
○ free	une **free plug** à la télévision	publicité gratuite, dissimulée, non autorisée, illicite
	__-for-all	mêlée générale, méli-mélo

	Exemples de formes et d'emplois fautifs	Formes correctes
○ freelance	un **freelance** n'est pas toujours maître de son temps	pigiste, indépendant
○ freezer	**freezer**	compartiment congélateur, congélateur
❏ frein	**appliquer les freins** / to apply the brakes	freiner
○ friendly	**user-friendly** (informatique)	convivial, facile d'utilisation
❏ froid	**assiette froide** / cold plate	assiette de viandes froides, viandes froides, assiette anglaise
	sécher à __ / to freeze-dry	lyophyliser, cryo-dessécher
○ front	la **front-page** d'un imprimé	la une (journal), couverture, première de couverture (périodique)
○ frosté	verre **frosté** / frosted	dépoli
	vitre __	givrée
○ fucké	un mécanisme, **un engin fucké** / fucked up	détraqué
○ fuck off	**fuck off!**	allez au diable
○ full	**full** (cartes)	main pleine
	être __ content	être super content, extrêmement content
	le motocycliste est mieux protégé avec un **__-face**	casque intégral
	__ pin	à plein régime
	local __	bondé
	sac __	comble

	Exemples de formes et d'emplois fautifs	Formes correctes
○ full	valise __	bourrée
○ fun	**fun**	plaisir, amusement
	c'est **le** __	amusant, drôle
	c'est vraiment **le** __ (général)	c'est vraiment le pied, c'est super
○ function	**help function, button, menu** (informatique)	fonction, bouton, menu d'aide
❏ funérailles	funérailles **d'État** / state funeral	nationales
❏ funéraire	**résidence funéraire** / funeral home	salon mortuaire, funéraire, funérarium
○ fuse	une **fuse brûlée**	fusible fondu, plomb sauté
❏ futur	je m'interroge sur mon **futur** / I wonder about my future	avenir
	dans le __ / in the future	à l'avenir
	le contrat prévoit des **considérations** __ / future considerations	compensations futures
▲ future	**future**	futur

G

❏ gagner | **gagner son point** / to win one's point | avoir gain de cause
| | __ une victoire / to win a victory | remporter
○ galée | le correcteur d'épreuves lit les **galées** / galleys | placards, épreuves en placard
○ gambler | **gambler** | joueur, flambeur, parieur, spéculateur, risque-tout
○ game | à quelle heure la **game** de football ? | match, partie
| | ça fait partie de la __ | du jeu
| | être __ | décidé, gagné, d'accord
○ gamique | il y a une **gamique** là-dessous / gimmick | manigance, combine, du micmac, du fricotage
○ gang | **gang** | groupe, bande, clique

	EXEMPLES DE FORMES ET D'EMPLOIS FAUTIFS	FORMES CORRECTES
❏ gant	**coffre, compartiment à gants** / glove compartment (auto)	boîte à gants, vide-poches
○ gap	**gap**	écart
❏ garantie	**garantie additionnelle** / additional cover, coverage (assurances)	garantie supplémentaire
	___ collatérale / collateral security	sûreté supplémentaire, accessoire
	___ légale / legal security	caution judiciaire
❏ garantir	**bénéfice d'assurabilité garantie** / guaranteed insurability benefit (assurances)	garantie d'assurabilité, d'assurance
❏ garder	**gardez, tenez la ligne** / keep, hold the line (téléphone)	ne quittez pas, un instant s'il vous plaît
	___ la droite / keep right, to the right	serrez à droite, tenez la droite
	___ un œil sur / to keep an eye on	surveiller, avoir l'œil sur, avoir, tenir à l'œil
	veuillez **___ vos sièges** s'il vous plaît / please keep seated	veuillez rester assis
❏ gâteau	**gâteau-éponge** / sponge cake	gâteau de Savoie
❏ gaz	**gaz** pour automobile / gas	essence
	ligne de ___ / gas line (auto)	canalisation d'essence, tuyère
	pédale à ___ / gas pedal	pédale d'accélérateur, accélérateur
	station de ___ / gas station	poste d'essence (mais : station-service)
○ gaz	**tinque à gaz** / gas tank	réservoir à essence

	EXEMPLES DE FORMES ET D'EMPLOIS FAUTIFS	FORMES CORRECTES
○ gazebo	**gazebo**	tonnelle, pavillon, kiosque de jardin
❏ gazer	**gazer** / to gas	faire le plein, prendre de l'essence
❏ gazoline	**gazoline** pour automobile	essence
○ GB	**gigabyte, GB** (informatique)	gigaoctec, Go
○ gear	**gears**	roues dentées, engrenage (machine), vitesses (camion)
❏ général	**assurances générales** / general insurance	assurances IARD (incendie, accidents, risques divers)
	ouvrier __ / general worker, helper, handyman	homme, femme à tout faire, travailleur toutes mains, homme, femme à toutes mains
○ gentleman	**gentleman's agreement**	engagement moral, convention verbale
○ gentrification	la **gentrification** de certains quartiers	embourgeoisement, élitisation
❏ gérance	droits de **gérance** / management rights	de la direction, de l'employeur
❏ gérant	**gérant** / manager	
	__ d'atelier	chef
	__ de succursale	directeur régional
	__ de banque	directrice
	__ de département	chef de service

	EXEMPLES DE FORMES ET D'EMPLOIS FAUTIFS	FORMES CORRECTES
❏ gérant	__ de la production	directeur, chef
	__ de magasin	directrice
	__ **de plancher**	chef d'étage
	__ (spectacle)	imprésario
	__ des ventes	directeur des ventes, directrice commerciale
○ gigabyte	**gigabyte, GB** (informatique)	gigaoctec, Go
○ glace	**tray à glace**	moule à glaçons
❏ glace	**cubes de glace** / ice cubes	glaçons
○ gliding	**hang gliding** pratiqué à l'aide d'un deltaplane (sport)	vol libre
❏ glissant	**glissant si humide** / slippery when wet (signalisation routière)	risque de dérapage, chaussée glissante par temps pluvieux
○ glitch	**glitch** (informatique)	bogue de matériel
❏ global	grâce aux communications, l'humanité est un grand village **global** / global village	planétaire, mondial
○ globalisation	la **globalisation** des marchés / globalization	la mondialisation des marchés, les marchés à l'échelle mondiale
❏ globaliser	économie **globalisée** / globalized economy	mondialisée, planétaire
○ go	un, deux, trois, **go** (signal de départ dans une course)	partez
	être toujours **sur la** __ / on the go	à trotter, à courir

	EXEMPLES DE FORMES ET D'EMPLOIS FAUTIFS	FORMES CORRECTES
○ goal	**goal** (sport)	but
○ goaler	un **goaler** (sport)	gardien de but, gardien
○ gomme	**gomme balloune** / bubble gum	gomme à claquer, à bulles
○ good	**good !** (signe de contentement)	bon !, bien !, à la bonne heure !
○ goods	les **impulse goods** offerts à l'entrée des magasins arrêtent les clients	produits-chocs
○ goodwill	**goodwill**	notoriété (d'un producteur)
		réputation (des acheteurs)
		clientèle, achalandage, fonds de commerce
❏ goût	avoir **un goût pour** / to have a taste for	un penchant vers, du goût pour, un faible pour
❏ goûter	**goûter** bon / to taste good	avoir bon goût
	__ mauvais / to taste bad	avoir mauvais goût
❏ gouverneur	**gouverneurs** du conseil d'administration / Governors of the Board	administrateurs, membres du conseil d'administration
	bureau des directeurs, des __ / Board of Directors, of Governors	conseil d'administration
○ grader	**grader** (industrie)	profileuse, niveleuse

	EXEMPLES DE FORMES ET D'EMPLOIS FAUTIFS	FORMES CORRECTES
❏ graduation	**graduation**	cérémonie de remise des diplômes, remise des diplômes (secondaire, collégial), collation des grades (université)
	bal de __ / graduation ball	fin d'études
❏ gradué	une **graduée** d'université / graduate	diplômée, étudiante de deuxième cycle, de troisième cycle
	études __	études de 2e et de 3e cycles, cycles supérieurs
	infirmier __	infirmier diplômé
	Marie a __ cette année	obtenu son diplôme, est diplômée depuis cette année
❏ grand	**grand total** (comptabilité)	total général, global, somme globale, totale
	la deuxième **plus** __ ville du Québec / the second largest	la deuxième ville en superficie, en importance
❏ gratifiant	un passe-temps **gratifiant** / gratifying	satisfaisant, enrichissant, valorisant
❏ gravelle	chemin en **gravelle** / gravel	gravier
○ greater	**Greater** Montreal	le Grand Montréal, l'agglomération montréalaise (il est incorrect de dire le Montréal métropolitain)
○ green	**green** (golf)	le vert
○ greenmail	**greenmail** (finance)	chantage financier

	EXEMPLES DE FORMES ET D'EMPLOIS FAUTIFS	FORMES CORRECTES
❏ grenade	**pomme grenade** / pomegranate	grenade
❏ grève	**aller en grève** / to go on strike	faire la grève, déclencher une grève, se mettre en grève
	___ rotative / rotating strike	tournante
❏ grief	**lever** un grief / to raise a grievance	exprimer, formuler
	loger un ___ / to lodge	déposer, présenter, formuler
○ grilled	**grilled cheese**	sandwich fondant au fromage
○ grip	**grip** (golf)	la prise
○ grocerie	**grocerie**	épicerie, articles d'épicerie, commande d'épicerie
❏ gros	journal à **grosse circulation** / large circulation	grand tirage, fort tirage
	faire installer le **___ filage** / heavy wiring	courant-force, circuit-force
❏ grossier	**grossière indécence** / gross indecency	outrage, attentat à la pudeur
○ ground	**ground** (électricité)	fil, prise de terre, mise à la terre, câble de masse (auto)
○ groundé	**être groundé**	vivre dans le concret, avoir les pieds sur terre être enraciné (au figuré)
○ grounder	**grounder** une machine / to ground	mettre à la terre, à la masse, relier à la terre, à la masse

	Exemples de formes et d'emplois fautifs	Formes correctes
❍ grounder	**se __** (notamment en parapsychologie)	se rattacher, se relier à la terre, faire des racines (de façon imaginaire)
❍ group	**conference group** (Internet)	groupe de nouvelles
	focus __	groupe de discussion, de réflexion, groupe-discussion, groupe type, groupe échantillon
❑ groupe	**groupe d'intérêt** / interest group (Internet)	groupe de discussion, forum électronique
	assurance de __ / group insurance	assurance collective
	les __ **ethniques** sont opposés au projet de loi / ethnic groups	minorités ethniques
❑ guérilla	**guerre de guérilla** / guerilla war	guérilla
❍ guess	faire un **guess**	supposition, estimation
❍ guideline	nous avons suivi un **guideline** précis	directive, consigne
❍ gun	**gun**	arme à feu, revolver, pistolet, fusil
❍ guts	avoir le **guts** de faire qqch	courage, hardiesse, cran, audace
❍ gyproc	**gyproc** (marque déposée)	placoplâtre

H

	EXEMPLES DE FORMES ET D'EMPLOIS FAUTIFS	FORMES CORRECTES
❏ habilité	**habilités** manuelles / manual ability	habiletés
⭘ hacker	**hacker** (informatique)	pirate informatique, pirate, bidouilleur
⭘ haddock	filet d'**haddock**	aiglefin, églefin
⭘ hang	**hang gliding** pratiqué à l'aide d'un deltaplane (sport)	vol libre
⭘ hangover	**hangover**	gueule de bois
⭘ happy	**happy ending**	c'est une heureuse issue, tout est bien qui finit bien
	les __-**few**	privilégiés, l'élite, la crème
	__ **hour**	heure de l'apéritif, de l'apéro, le 5 à 7
❏ harassement	**harassement** sexuel / sexual harassment	harcèlement
⭘ hard	**hard disk** (informatique)	disque dur, rigide
	__ **selling**	vente à l'arrachée, vente forcée
⭘ hard core	musique **hard core**	dure, extrême

175

	EXEMPLES DE FORMES ET D'EMPLOIS FAUTIFS	FORMES CORRECTES
○ hardtop	un **hardtop** est dépourvu de montants intermédiaires entre les glaces latérales	coupé
○ hardware	**hardware** (informatique)	matériel du système, quincaillerie
❏ harnais	**course sous harnais** / harness race	course attelée
❏ hasard	les **hasards** de la montagne / hazards	risques, dangers
○ has-been	un **has-been**	qui a fait son temps, qui n'a plus de succès
○ hatchback	une voiture **hatchback** est munie d'une porte à l'arrière donnant accès à un espace de rangement à même l'habitacle	à hayon
◆ hâter	**hâtez-vous à** notre solde gigantesque / hurry to	hâtez-vous de venir profiter de, hâtez-vous de profiter de
❏ haute	**haute résolution** / high resolution	haute définition
	les __ d'une automobile / high beams	feux de route
	__ **pression** / high pressure (tension artérielle)	hypertension
▲ hazard	**hazard**	hasard
○ headset	**headset**	écouteurs, casque
○ heater	**heater**	chauffe-plat, réchaud
		chaufferette, radiateur, chauffe-eau

	EXEMPLES DE FORMES ET D'EMPLOIS FAUTIFS	FORMES CORRECTES
○ heater	un **block** __ pour faciliter le démarrage d'un véhicule par temps froid	chauffe-moteur, chauffe-bloc
○ heavy	**heavy duty**	de travail (bottes, bottines)
		à grande puissance (moteur)
		à grand rendement (niveleuse)
		poids lourd (camion)
		lourd (équipement)
		superrésistant (pneu)
○ hello	**hello** ! André à l'appareil	allô !
○ help	**help button, function, menu** (informatique)	bouton, fonction, menu d'aide
○ helper	**helper**	assistant, aide
▲ heure	**hrs.** (heures) / hrs. (hours)	h
❏ heure	**heures d'affaires** / business hours	heures d'ouverture (magasins ou commerces), heures de bureau, horaire, ouvert de... à...
	__ **flexibles** / flexible hours	horaire personnalisé, souple
	ils sont partis aux **petites __ du matin** / they left in the small hours of the morning	au petit matin

	EXEMPLES DE FORMES ET D'EMPLOIS FAUTIFS	FORMES CORRECTES
❏ heure	**ouvert 24 __, 24 __ par jour** / 24-hr service	ouvert jour et nuit, jour et nuit (les deux expressions conviennent aux textes imprimés), 24 heures sur 24 (langue familière)
❍ hide	**hide-a-bed**	canapé-lit, divan-lit
❍ highlighter	**highlighter** un texte / to highlight	surligner
❍ hint	passer un **hint** à qqn	renseignement, tuyau
❏ histoire	**histoire de cas** / case history	étude intégrale des antécédents médicaux, du dossier médical, de l'évolution d'une maladie
	ces chiffres ne révèlent qu'**une partie de l'__** / only a part of the story	aspect de la question, de la situation
	__ de famille / family history	antécédents familiaux
	__ médicale / medical history	antécédents médicaux
	__ personnelle / personal history	dossier personnel, individuel
	pour faire l'__ courte / to make the story short	pour être bref
❍ hit	**hit** (baseball)	coup sûr, coup réussi, beau coup
	__ d'un spectacle, d'une soirée	clou
	__ (en général)	succès
	__ (marché du disque)	grand succès
	__ parade	palmarès
	__-and-run (auto)	délit de fuite

	EXEMPLES DE FORMES ET D'EMPLOIS FAUTIFS	FORMES CORRECTES
○ hobby	**hobby**	passe-temps
○ hold	mettre une communication sur le **hold** (téléphone)	en attente, en garde
○ holding	**holding**	société de portefeuille
○ holdup	**holdup**	vol à main armée
○ hole	**hole** (golf)	coupe
	__ **in one** (golf)	trou d'un coup
○ home	monter sa propre **home page** dans Internet	page d'accueil
	__ **run** (baseball)	coup de circuit, circuit
❏ homme	**hommes au travail** / men at work (signalisation routière)	travaux en cours, attention : travaux
❏ honneur	objection, **votre Honneur** / your Honor (droit)	monsieur le juge, madame la juge
❏ honorable	l'**honorable** Granger / the Honourable (mais se dit encore des ministres du Cabinet fédéral)	madame Granger, madame la ministre Granger, monsieur Granger, monsieur le ministre Granger
○ hood	**hood** (auto)	capot
❏ horaire	horaire **flexible** de travail / flexible schedule	variable
❏ hors	circonstances **hors, au-delà de notre contrôle** / beyond our control	indépendantes de notre volonté, échappant à notre action, imprévisibles

	EXEMPLES DE FORMES ET D'EMPLOIS FAUTIFS	**FORMES CORRECTES**
❏ hors	appareil __ **d'ordre** / out of order	en panne, en dérangement, défectueux, hors d'usage, en mauvais état
	être __ d'ordre / to be out of order (assemblée délibérante)	faire un accroc au règlement, déroger au règlement, faire une intervention antiréglementaire, enfreindre les règlements
	la motion, la proposition, l'amendement était __ **d'ordre** / out of order (assemblée délibérante)	non recevable, irrecevable, antiréglementaire, contraire au règlement
	règlement, arrangement __ **cour** / out of court	à l'amiable
○ hose	**hose**	tuyau d'arrosage, tuyau
	__ de radiateur / radiator hose	durite
○ hot	**hot chat** (Internet)	drague électronique
	__ **chicken sandwich**	sandwich chaud au poulet
	__ **line** (radiotélévision)	tribune téléphonique, tribune radio, tribune télé
	quelqu'un de __	enflammé, brûlant (au tempérament ardent)
	un enseignant __	fort, calé
	un site __ (Internet)	branché

	EXEMPLES DE FORMES ET D'EMPLOIS FAUTIFS	FORMES CORRECTES
○ hour	**happy hour**	heure de l'apéritif, de l'apéro, le 5 à 7
○ house	**town house**	maison en rangée
▲ hrs.	**hrs.** (heures) / hrs. (hours)	h
○ hub	**hub cap, cap** de roue d'automobile	enjoliveur, chapeau
○ huile	**pan à huile** / oil pan (auto)	carter
❏ huile	**changement d'huile et lubrification** / oil change and lubrication	vidange et graissage
	__ à chauffage / heating oil	mazout (prononcer le « t »)
	__ de castor / castor oil	huile de ricin
	fournaise à l'__ / oil furnace	chaudière à mazout
❏ huître	**huître sur écaille** / oyster on the half shell	huître nature
❏ humain	**droits humains** / human rights	droits de la personne
❏ humide	**glissant si humide** / slippery when wet (signalisation routière)	risque de dérapage, chaussée glissante par temps pluvieux
❏ hypothèque	**hypothèque fermée** / closed mortgage, closed mortgage loan	prêt hypothécaire fermé
	__ résidentielle / residential mortgage loan	prêt hypothécaire à l'habitation

I

❏ idée | **quelle est l'idée** d'un pareil projet ? / what is the idea ? | à quoi rime un pareil projet ?, à quoi veut-on en venir ?

| | il faut **se faire une __** / one has to make up one's mind | prendre une décision, se décider, faire son choix

❏ identification | carte d'**identification** / identification card | carte d'identité

❏ identifier | **identifier** des solutions à un problème / to identify | définir, proposer, recommander

| | il faut __ les différents secteurs de la population / must identify | déterminer

| | veuillez vous __ / please identify yourself | nommer, donner votre identité

❏ identique | **jumeaux identiques** / identical twins | vrais jumeaux

❏ idiome | **idiomes** de la langue anglaise / idioms | idiotismes

❏ ignition | **ignition** (auto) | allumage

❏ ignorer | **ignorer** une interdiction / to ignore | passer outre à

| | veuillez __ cet avis / please ignore this notice | ne pas tenir compte de (ignorer : ne pas savoir)

	Exemples de formes et d'emplois fautifs	Formes correctes
❏ imaginatif	c'est une proposition **imaginative**	ingénieuse, audacieuse, novatrice, originale
❏ important	la troisième **plus importante** industrie / the third most important	la troisième industrie en importance
❏ impression	**créer une impression** / to create an impression	produire
	être sous l'__ que / to be under the impression that	avoir l'impression que, avoir idée que, garder l'impression que
❏ imprimante	imprimante **au laser** / laser printer (informatique)	imprimante laser, à laser
❏ imprimer	**imprimer** 10 000 exemplaires / to print 10,000 copies	tirer à
○ impulse	les **impulse goods** offerts à l'entrée des magasins arrêtent les clients	produits-chocs
○ in	c'est l'actrice **in**	de l'heure, la plus en vogue, en vogue
	__ trust (comptabilité)	en fiducie, en fidéicommis
▲ Inc.	**Inc.** (dans la raison sociale d'une entreprise)	inc. (sans majuscule)
■ incentif	la victoire a été un **incentif** / incentive	incitation, stimulant, motivation
❏ incidemment	**incidemment**, c'était un homme très malade / incidentally	à propos, au fait, soit dit en passant (incidemment : accessoirement, accidentellement)

183

	Exemples de formes et d'emplois fautifs	Formes correctes
❑ incidence	l'augmentation de l'**incidence** des faillites	fréquence
	diminuer l'＿ du diabète	nombre de cas
❑ incident	**dépenses incidentes** / incident expenses	menus frais, dépenses accessoires
❑ inclus	**toutes les charges sont incluses** / all charges are included	tous frais compris
❑ inconfortable	se sentir **inconfortable avec** cette décision / uncomfortable with	mal à l'aise de, gêné de
❑ incontrôlable	situation **incontrôlable** / uncontrollable	imprévisible, imprévue
❑ incorporation	l'**incorporation** d'une entreprise	constitution en société par actions, constitution en société de capitaux
❑ incorporé	**société incorporée** / incorporated society	entreprise constituée en société par actions, en société de capitaux
❑ indécence	**grossière indécence** / gross indecency	outrage, attentat à la pudeur
⭕ indent	**indent**	alinéa
⭕ indenter	**indenter** / to indent	renfoncer, rentrer, décaler
❑ industrie	cette **industrie** quitte la ville / industry	entreprise industrielle
❑ industriel	accident **industriel** / industrial accident	de, du travail
	maladie ＿ / industrial disease, industry-related disease	professionnelle

	EXEMPLES DE FORMES ET D'EMPLOIS FAUTIFS	FORMES CORRECTES
■ inflationnaire	tendance, poussée **inflationnaire** / inflationary	inflationniste
❏ influence	**être sous l'influence de l'alcool** / to be under the influence of alcohol	être en état d'ébriété
○ informalité	**informalité** / informality, informal act (droit)	irrégularité, vice de forme
❏ information	bureau d'**information** / information desk	de renseignements
	nous vous faisons parvenir, **pour votre** __ / for your information	à titre indicatif, d'information, de renseignement
	j'aimerais avoir une __ svp	renseignement
❏ informel	causerie **informelle** / informal talk	familière, à bâtons rompus
	démarche __ / informal step	officieuse, privée
	dîner __ / informal dinner	sans cérémonie
	réunion __ / informal meeting	intime, à caractère privé
	séance __ / informal session	en dehors des statuts, non statutaire
	tenue __ / informal dress	de ville, sport
◆ informer	ses fournisseurs **ont informé** le soumissionnaire / his suppliers have advised the tenderer	les fournisseurs du soumissionnaire l'ont informé, les fournisseurs du soumissionnaire ont informé ce dernier
▲ initialization	**initialization** (informatique)	initialisation
❏ initier	**initier** une mode / to initiate	lancer

	EXEMPLES DE FORMES ET D'EMPLOIS FAUTIFS	FORMES CORRECTES
❑ initier	__ des mesures	instaurer
	__ des négociations	entamer, amorcer, engager
	les démarches __ par elle / initiated	entreprises
	__ un programme	mettre en marche
	__ un projet, une activité	entreprendre
○ input	**input/output**	entrée/sortie (électronique), intrants/extrants, entrée/sortie (informatique)
	ils ont reçu l'__ qu'ils attendaient	apport, contribution
○ insécure	se sentir **insécure**	anxieux, inquiet, insécurisé
	la rue est devenue __	peu sûre, dangereuse
❑ inséré	cuire jusqu'à ce qu'un couteau **inséré** au centre en sorte propre / bake until knife inserted in center	glissé
○ insert	la touche **Insert** sur le clavier	Insertion, Insert. (abr.)
◆ insister	c'est au responsable d'**insister que** les règlements soient observés / to insist that	insister pour que, exiger que
❑ insister	le journaliste a **insisté** que le débat sur le monopole se fait entre Montréal et Toronto / insisted that	affirmé, soutenu

	Exemples de formes et d'emplois fautifs	Formes correctes
❏ instituer	**instituer** une poursuite, une action / to institute legal proceedings, an action	agir, ester, poursuivre en justice, entamer des poursuites, intenter une action
❏ intangible	**actif intangible** / intangible asset	bien incorporel, élément d'actif incorporel
	actifs __ / intangible assets	actif incorporel, immobilisations incorporelles
❏ intégral	cette stipulation fait partie **intégrale** du contrat / integral part of	intégrante
❏ intention	l'**intention** du règlement / intention of the regulation	esprit
○ intercom	**intercom**	interphone
◆ intéresser	s'intéresser **dans** qqch / to be interested in	à
❏ intérêt	faites-nous connaître vos **intérêts** / your interests	préférences, sujets de prédilection, choses préférées, champs d'intérêt
	__ excédentaire / excess interest	bénéfice d'intérêt
	groupe d'__ / interest group (Internet)	groupe de discussion, forum électronique
	procédé contraire aux **meilleurs __** de notre société / to the best interests of	intérêts fondamentaux, primordiaux, supérieurs
❏ interférer	**interférer** dans une discussion / to interfere	intervenir, s'ingérer
❏ intérieur	fonctionner **à l'intérieur de** ce budget / to operate within this budget	dans les limites de
❏ intérimaire	résultats **intérimaires** / interim results (finance)	périodiques

	EXEMPLES DE FORMES ET D'EMPLOIS FAUTIFS	FORMES CORRECTES
❑ intérimaire	**financement** __ / interim loan	prêt temporaire
❑ intermission	il y a une **intermission** de dix minutes entre les deux parties du spectacle	entracte (masc.)
❑ interne	**ajusteur interne, de compagnie** / staff adjuster	enquêteur-régleur
● interview	une **interview**	interview (ne se prononce pas « innterview » mais « interview » comme dans « interne »)
❑ introduction	**spécial d'introduction** / special introductory offer	offre de lancement
❑ introduire	**introduire** un projet de loi / to introduce a bill	présenter
	__ qqn à qqn d'autre	présenter
■ invasif	un acte médical **invasif** / invasive	effractif
❑ inventaire	**inventaire** sur les rayons du magasin / inventory	marchandises
	__ **de plancher** / floor inventory	stocks courants
	__ **physique** / physical inventory (des biens d'une entreprise)	matériel, extracomptable
	le fabricant a en __ / in inventory	en stock, en dépôt, en réserve
	renouveler l'__ de l'usine	stocks, approvisionnement
○ investiguer	**investiguer** / to investigate	examiner, étudier (une question, des possibilités), enquêter sur (un crime)

	EXEMPLES DE FORMES ET D'EMPLOIS FAUTIFS	FORMES CORRECTES
❏ investissement	la solidarité est à base d'**investissement** personnel / personal investment	engagement
❏ invité	**conférencier invité** / guest lecturer	conférencier
⭘ iron	**clubs** et **irons** (golf)	bâtons et fers
❏ irréconciliable	deux opinions **irréconciliables** / irreconcilable	inconciliables
❏ issu	ce document est **issu** du ministère / is issued	émane, publié par, distribué par, produit par
❏ item	**item**	article (commande au magasin)
		élément (énumération)
		point (ordre du jour)
		poste (bilan)
		rubrique (rapport)
		sujet, point, question (discussion)

J

	EXEMPLES DE FORMES ET D'EMPLOIS FAUTIFS	FORMES CORRECTES
○ jack	**jack**	cric, vérin (dans l'industrie)
	frapper le __ pot	gagner le gros lot
	__-of-all-trades	homme, femme à tout faire
○ jacker	**jacker** son auto / to jack	soulever (avec le cric)
○ jacket	**jacket**	anorak, blouson, vareuse, veste, veston de costume, de complet
○ jacknife	le poids lourd est en position **jacknife**	de mise en portefeuille
○ jacuzzi	un **jacuzzi** (marque déposée)	baignoire à remous
○ jammé	**jammé** / jammed	bloqué (frein)
		bloqué (touches de clavier)
		calé (moteur)
		coincé, calé (tiroir)
		pris, bloqué (dans un embouteillage)

	EXEMPLES DE FORMES ET D'EMPLOIS FAUTIFS	FORMES CORRECTES
❏ jardinier	**jardinier-maraîcher** / market gardener	maraîcher
❏ jarre	**jarres** à conserves / preserve jars	pots à conserves
■ jeans	porter **des jeans**	un jean
○ jelly	qui n'aime pas les **jelly beans**?	jujubes
○ jet	**jet**	avion à réaction
	jumbo __	avion gros-porteur
❏ jeter	l'adversaire a **jeté la serviette** / threw in the towel	jeté l'éponge, abandonné la partie, baissé pavillon, les bras, déclaré forfait
❏ jeu	jeu de **blocs** / blocks	cubes
○ jigger	un **jigger** permet de faire des dosages de boissons	doseur, bouchon doseur
○ jingle	**jingle** entendu plusieurs fois à la radio	refrain publicitaire
○ job	avoir une **job** pour qqn	travail, ouvrage, tâche
	chercher une __	emploi, travail
	être payé à la __ (entreprise)	à la pièce, à la tâche, à forfait
	__ de freins	pose de nouveaux freins, remplacement des freins
	__ (informatique)	travail
○ jobber	**jobber**	entrepreneur à la pièce, à forfait, revendeur

	EXEMPLES DE FORMES ET D'EMPLOIS FAUTIFS	FORMES CORRECTES
○ jobine	avoir une **jobine** de fin de semaine / job	petit emploi, petit travail, petit boulot
❏ joindre	**joindre** une association / to join	se joindre à, devenir membre de
	___ une entreprise	entrer au service de
	___ un parti	adhérer à, s'inscrire à, se joindre à
○ joint	**joint venture** (administration)	coentreprise, entreprise conjointe, commune, en copropriété, en coparticipation, opération conjointe
○ joke	c'est une **joke**	farce, tour, blague, attrape, canular
	faire une bonne ___	bon mot, bonne plaisanterie, bonne blague, bon trait d'esprit
❏ jouer	il reste deux minutes **à jouer** / to play	de jeu
	___ **les deux positions** / to play both positions (hockey)	à l'aile gauche et à l'aile droite, aux deux ailes
	___ **les seconds violons** (auprès de qqn) / to play second fiddle (to sb)	un rôle secondaire, de second plan

	EXEMPLES DE FORMES ET D'EMPLOIS FAUTIFS	FORMES CORRECTES
◆ jouer	elle joue du piano **par** oreille / by ear	d'oreille, à l'oreille, d'instinct
❏ joueur	**chambre des joueurs** / team room	vestiaire
❏ jour	**ouvert 24 heures, 24 heures par jour** / 24-hr service	ouvert jour et nuit, jour et nuit (les deux expressions conviennent aux textes imprimés), 24 heures sur 24 (langue familière)
	__ **de calendrier** / calendar day	jour civil
	__ **de fermeture de la soumission** / the day the tender closes	dernier jour de la présentation des soumissions, date limite de présentation des soumissions
	__ **de nomination** / nomination day (date où l'on doit inscrire sa candidature à une élection)	jour des déclarations de candidature, des mises en candidature, de la présentation des candidats
	__ **juridique** / juridical day, working day	jour ouvrable
	le **Jour du Souvenir** / Remembrance Day	l'Armistice
❏ journée	**à la journée, à la semaine, à l'année longue** / all day, week, year long	à longueur de journée, de semaine, d'année
○ joystick	**joystick** (informatique)	manche à balai, manette de jeu
❏ jugement	**au meilleur de mon jugement** / to the best of my judgment	autant que j'en puis juger, que j'en puisse juger

	EXEMPLES DE FORMES ET D'EMPLOIS FAUTIFS	FORMES CORRECTES
❏ jugement	**confesser** __ / to confess judgment	reconnaître les droits du demandeur, acquiescer, consentir à la demande
	le juge va **donner son** __ / give his judgement	prononcer sa sentence, rendre son jugement
○ jumbo	**jumbo jet**	avion gros-porteur
❏ jumeaux	**jumeaux identiques** / identical twins	vrais jumeaux
○ jumper	porter un **jumper**	robe chasuble
	__ de colère, de joie, de frayeur / to jump	faire un saut, sauter, sursauter, bondir
❏ junior	commis **junior**	commis débutant
	comptable __	comptable stagiaire, second comptable
	député __	de peu d'expérience
	gestionnaire __	en second
	peintre __	apprenti peintre, second peintre
	Jean Lefort __	Jean Lefort, fils
○ juniper	**juniper ou junipère** (prononcé à la française) / juniper berry	genévrier
○ junk	**junk food**	camelote alimentaire, aliment vide, aliment-camelote
	__ **mail** (courrier publicitaire distribué dans les boîtes aux lettres)	publicité importune, publicité directe sans adresse, envoi sans adresse

	Exemples de formes et d'emplois fautifs	Formes correctes
❏ jupe	une **jupe** de lit est un accessoire décoratif / skirt	volant
❏ juridiction	domaine réservé à la **juridiction** des provinces / jurisdiction	compétence, champ d'application
	cette institution n'**est** pas **sous la** __ du ministère	sous l'autorité
	cette question **est sous la** __ de la Régie	relève de
	cette question n'est pas de la __ du comité	ressort
	les secteurs **sous la** __ de la convention collective	relevant du champ d'application
	conflit de __ / jurisdictional conflict	compétence
❏ juridique	**jour juridique** / juridical day, working day	jour ouvrable
❏ jus	**extracteur de jus** / juice extractor	centrifugeuse
❏ jusqu'à	**jusqu'à date** / to date	jusqu'à maintenant, jusqu'ici, jusqu'à présent
○ just	**just-in-time** (gestion des stocks)	juste-à-temps
❏ juvénile	une **juvénile**	mineure
	assurance __ / juvenile insurance	d'enfant

K

	EXEMPLES DE FORMES ET D'EMPLOIS FAUTIFS	FORMES CORRECTES
○ KB, Kbyte	**KB, Kbyte, kilobyte** (informatique)	kilooctet, ko
○ ketch	**ketch** ou **catch** / catch	serrure à barillet
○ keyboard	**keyboard** (informatique)	clavier
○ keyword	**keyword** (informatique)	mot clé
○ kick	avoir un **kick** pour qqch / to have a kick out of sth	avoir envie de, être mordu pour, avoir un faible pour
	elle a un nouveau ___ : faire du deltaplane	toquade, marotte, lubie, folie
	siéger au comité, ça a été un gros ___ pour moi	plaisir, satisfaction
○ kicker	un cheval qui **kicke** / kicks	rue, se cabre
	___ à faire quelque chose / to kick out at	se rebiffer à, hésiter à
○ kid	des gants de **kid**	chevreau
○ kilobyte	**kilobyte, Kbyte, KB** (informatique)	kilooctet, ko
○ king	boîte **king size**	format géant

	EXEMPLES DE FORMES ET D'EMPLOIS FAUTIFS	FORMES CORRECTES
○ king	cigarettes __ **size**	de longues cigarettes, des longues
	lit __ **size**	très grand format
○ kit	**kit** (en général)	barda, truc, bazar
	__ d'information, de presse	cahier
	__ de documentation (congrès)	pochette
	__ de pièces à assembler	jeu de construction, d'assemblage (jouet), ensemble préfabriqué, prêt-à-monter
	__ de réparation, de premiers soins, de cycliste	trousse
	__ de voyage, de toilette, de maquillage, à ongles	nécessaire
○ kitchenette	**kitchenette**	cuisinette
○ know-how	**know-how** industriel, technologique	savoir-faire
○ kodak	un **kodak** (marque déposée)	appareil-photo
● krach	**krach** (ce mot d'origine allemande désigne l'effondrement des cours à la Bourse)	krach (ne se prononce pas « krash » mais « krac »)

L

❏ là	plusieurs pensent que la taxe supplémentaire **est là pour rester** / is there to stay	est là pour de bon, est une chose acquise
○ labor	**cheap labor**	main-d'œuvre bon marché, à bon marché
○ lady	**bag lady**	clocharde, sans-abri
❏ laisser	**laissez-moi vous dire** que vous avez tort / let me tell you	je vous assure que, il faut vous dire que, croyez-moi, vous...
	S.V.P. me __ **avoir** une copie du mémoire / let me have	procurer
	voudriez-vous me le __ **savoir** ?/ let me know	faire savoir ?, m'en avertir ?
❏ lampe	**lampe à extension** / extension lamp	lampe baladeuse, baladeuse
	__ **de plancher** / floor lamp	lampadaire, lampe à pied
○ lap	un **lap top** (informatique)	ordinateur portatif
❏ large	**large** ou **extra** __	grand ou très grand
	le public, **at** __	d'une façon générale

	Exemples de formes et d'emplois fautifs	Formes correctes
❏ large	le détenu est toujours **au __** / at large	en liberté, court toujours, n'a pas encore été repris
❏ laser	**disque au laser** / laser disk	disque laser, disque compact, disque audionumérique
	imprimante **au __** / laser printer (informatique)	imprimante laser, à laser
◯ last	**last call** (bar)	dernière commande, dernier service
◯ launderette	**launderette, laundry, laundromat**	laverie automatique, laverie
◯ lay-off	**lay-off**	licenciement
◆ le	vendredi**, le** 31 mai 2005 / Friday, the 31st of May	le vendredi 31 mai 2005 (sans virgule)
	la natation, **__** sport par excellence, est accessible à tous / swimming, the ultimate sport	la natation, sport par excellence (contrairement à l'anglais, le français omet l'article devant le nom mis en apposition)
◯ leader	un **loss leader** est destiné à attirer le consommateur	produit d'appel, article pilote, article promotionnel
◯ leadership	le **leadership** d'une réunion	animation, conduite
	convention au __ / leadership convention	congrès d'investiture, congrès à la direction du parti
◯ leasing	**leasing**	crédit-bail (entreprise), location avec option d'achat (particulier)

	Exemples de formes et d'emplois fautifs	Formes correctes
○ ledger	**ledger** (comptabilité, ventes, achats, paye)	grand livre
❏ légal	**aviseur légal** / legal advisor	conseiller juridique, avocate consultante, avocat-conseil, avocate, notaire
	carrière ___ / legal career	d'avocat
	département, service ___ / legal department, service	service juridique, du contentieux, contentieux
	entité ___ / legal entity	personne morale, civile, juridique
	étude ___ / legal office	cabinet, étude d'avocat, de notaire, cabinet juridique
	expert ___ / legal expert	expert juriste, jurisconsulte
	format ___ / legal size	grand format
	frais ___ / legal charges	frais de justice
	garantie ___ / legal security	caution judiciaire
	liquidation ___ / legal liquidation	liquidation judiciaire
	opinion ___ / legal opinion	avis juridique, consultation juridique
	père ___ / legal father	juridique
	poursuites ___ / legal action	judiciaires
	pratique ___ / legal practice	pratique du droit, exercice du droit

	EXEMPLES DE FORMES ET D'EMPLOIS FAUTIFS	FORMES CORRECTES
❏ légal	**représentant __** / legal representative (droit)	ayant cause, ayant droit (ayant prend un « s » au plur.), mandataire
	terme __ / legal term	terme de pratique
❏ léger	caractères **légers** / light-faced type (édition)	maigres
❏ législation	le Parlement serait appelé à voter une **législation**	loi (législation : l'action de légiférer, l'ensemble des lois)
❏ légumes mélangés	**légumes mélangés** / mixed vegetables	macédoine
❏ lettre	lettre de **référence** / reference letter	de recommandation (mais : avoir des références, servir de référence)
❏ levée	lancement d'une **levée de fonds** / fund raising campaign	collecte de fonds, campagne de collecte de fonds, de financement, de souscription
❏ lever	**lever** un grief / to raise a grievance	exprimer, formuler
	se __ **sur** un point d'ordre / to rise to (assemblée délibérante)	demander le rappel à l'ordre
	se __ **sur** une question de privilège	poser
❏ libelle	poursuivre qqn en **libelle** / libel	en diffamation (un libelle : un écrit diffamatoire)
○ libelleux	écrit, article **libelleux** / libellous	diffamatoire
❏ libéraliser	faut-il **libéraliser** l'euthanasie ? / to liberalize	légaliser

	EXEMPLES DE FORMES ET D'EMPLOIS FAUTIFS	FORMES CORRECTES
❏ libéré	**privilège d'assurance libérée** / reduced paid-up insurance privilege	droit de réduction
❏ librairie	**librairie** / library (informatique)	bibliothèque
❏ licence	ma **licence** est bosselée / license plate	plaque d'immatriculation
	j'ai perdu mes ___ / driver's license	permis de conduire et certificat d'immatriculation
	___ **complète** / fully licensed (affiche de restaurants)	vin, bière et spiritueux
❏ licencié	restaurant **licencié** / licensed restaurant	qui offre des alcools
	épicier ___ / licensed grocer (affiche)	bière et vin
❏ lien	**bris du lien de confiance** / breach of trust	abus de confiance, déloyauté
○ lifeguard	**lifeguard** à la piscine, à la plage	surveillant de baignade, maître nageuse
○ lift	j'ai eu un **lift** pour me rendre en ville	une occasion
	je lui ai donné un ___	je l'ai fait monter, je l'ai emmené dans ma voiture, je l'ai déposé
	___ **truck** (manutention)	chariot élévateur
○ lifting	**lifting** (chirurgie plastique)	remodelage, lissage
○ lighter	**lighter**	briquet, allume-cigarette (dans une voiture)

	Exemples de formes et d'emplois fautifs	Formes correctes
❏ ligne	vous êtes dans quelle **ligne** ? / line	profession, spécialité, genre d'affaires, branche, domaine
	ce n'est pas sa __	rayon, responsabilité, dans ses cordes, de son ressort, de sa compétence
	décider en bout de __ / at the end of the line	en fin de compte, en définitive, finalement
	avoir **en** __ / on the line	au bout du fil, au téléphone, être en communication
	__ d'articles (commerce)	série, modèle, collection, type, sorte
	__ **de gaz** / gas line (auto)	canalisation d'essence, tuyère
	__ **de montage, d'assemblage** / assembly line (usine)	chaîne de montage, chaîne de fabrication
	__ **ouverte** / open line (radiotélévision)	tribune téléphonique
	attendre **en** __ / in a line	à la file, faire la queue
	être sur la __ / to be on the line (téléphone)	occuper la ligne, être à l'écoute
	gardez, tenez la __ / keep, hold the line	ne quittez pas, un instant s'il vous plaît

	EXEMPLES DE FORMES ET D'EMPLOIS FAUTIFS	**FORMES CORRECTES**
❏ ligne	**ouvrir, fermer la __** / to open, to close the line	décrocher, raccrocher
	être **sur la __ de piquetage** / to be on picket lines	être aux piquets de grève
	traverser **les __** / boundary lines	frontière (sing.)
❏ limite	les municipalités auront le droit de fournir des services **au-delà de leurs limites** / beyond their limits	en dehors de leur territoire
❏ limité	**prime à paiements limités** / limited payment premium (assurances)	prime temporaire, prime limitée
▲ limitée	**Ltée.** / Ltd. (dans la raison sociale d'une entreprise)	ltée (sans ponctuation, ni majuscule)
○ line	**line** (par opposition à staff) / line, line of authority, line of command (administration)	hiérarchie directe, linéaire, structure en ligne directe, ligne hiérarchique
	bottom __	résultat essentiel, l'essentiel, le facteur décisif (général)
		conclusion, constatation (droit)
		résultat net, financier, bénéfice net (comptabilité)
	on serait **border __** entre la légalité et l'illégalité	à la limite de
	hot __ (radiotélévision)	tribune téléphonique, tribune radio, tribune télé
❏ linge	**chute à linge** / clothes chute	vide-linge

	EXEMPLES DE FORMES ET D'EMPLOIS FAUTIFS	FORMES CORRECTES
○ lipsync	**lipsync** / lip synchronization	synchronisation des lèvres, synchronisation labiale, synchro
❑ liqueur	**liqueur douce** / soft drink	boisson gazeuse
	__ **de malt** / malt liquor	bière forte
○ liquid	as-tu du **liquid paper** ?	correcteur, liquide correcteur
❑ liquidation	liquidation **légale** / legal liquidation	liquidation judiciaire
○ list	**list, listing** (informatique)	listage
	mailing __	liste d'expédition, d'envoi, de diffusion (Internet), de participants (Internet)
❑ liste	**prix de liste** / list price	prix courant, de catalogue
	__ **des vins** / wine list (restauration)	carte des vins
○ listé	**listé** / listed	catalogué, énuméré (ensemble d'articles), inscrit (article)
○ listing	**listing, list** (informatique)	listage
○ lit	lit **king size**	très grand format
	__ **queen size**	grand format
▲ littérature	**litérature**	littérature
❑ litige	**avocat de litige** / litigator	avocat plaidant
❑ littérature	**littérature** de l'entreprise / company literature	prospectus, brochures, dépliants, textes publicitaires

	Exemples de formes et d'emplois fautifs	Formes correctes
○ live	émission **live**	en direct
	__ (sur une pochette de disque compact)	en concert, en public, sur le vif, enregistrement devant public
○ living	**living room**	salle de séjour, vivoir
❏ livraison	**livraison** d'une police / delivery of a policy	délivrance, remise
	__ **postale** / postal delivery	distribution du courrier
	__ **spéciale, par** __ **spéciale** / by special delivery	livraison par exprès (se prononce comme « presse »), par exprès, exprès
	payable sur __ / cash on delivery (c.o.d.)	contre remboursement (pour un envoi)
		payable à la livraison (pour une commande)
❏ livre	**livre des minutes** d'une association, d'un organisme / minute-book	registre des procès-verbaux
	__ **des minutes** d'un conseil, d'un tribunal	registre des délibérations
❏ livrer	la ministre conclut que le chef d'État n'a pas **livré la marchandise** / has not delivered the goods (sens figuré)	tenu parole, promesse, respecté ses engagements
	le chanteur a __ **la marchandise** hier soir	emballé le public

	EXEMPLES DE FORMES ET D'EMPLOIS FAUTIFS	FORMES CORRECTES
❏ livret	**livret** d'allumettes / book of matches	pochette
	__ de chèques / chequebook	carnet de chèques, chéquier
○ loader	**loader** (véhicule)	chargeuse
○ loading	**loading**	chargement
❏ local	**local** 1121 (téléphone)	poste
	__ d'un syndicat	section locale, syndicat local
❏ localiser	la téléphoniste va tenter de la **localiser** / to localize	joindre, trouver, atteindre, toucher (mais : localiser un phénomène, un événement)
❏ location	le taux est fixé selon la **location** de l'immeuble	situation, emplacement
	il y a maintenant des centres de conditionnement à plusieurs __ à Montréal / at several locations	endroits
○ lock	touche **Caps lock** (informatique)	Blocage majuscules
○ locker	**locker**	case, débarras, remise
❏ logement	on prévoit construire 5 000 **unités de logement** / units, dwelling units	appartements, logements, maisons
❏ loger	**loger** un appel / to lodge (téléphone)	faire, téléphoner, appeler, donner, passer un coup de fil

	EXEMPLES DE FORMES ET D'EMPLOIS FAUTIFS	FORMES CORRECTES
❏ loger	___ un appel (droit)	interjeter appel, en appeler (jugement)
	___ un grief	déposer, présenter, formuler
	___ une plainte	déposer une plainte, porter plainte
	___ une réclamation	faire
○ login	**login** (informatique)	ouverture de session
○ logoff	**logoff** (informatique)	fermeture de session
❏ loin	**combien loin** est-ce ? / how far is it ?	à quelle distance est-ce ?, est-ce loin ?
❏ long	appel **longue distance** / long-distance call	interurbain
	comment ___ avant que tu ne reviennes au pays ? / how long will it be ?	quand, dans combien de temps reviendras-tu ?
	à la journée, à la semaine, à l'année ___ / all day, week, year long	à longueur de journée, de semaine, d'année
○ look	**look**	aspect, apparence, style, allure
○ loss	un **loss leader** est destiné à attirer le consommateur	produit d'appel, article pilote, article promotionnel
❏ louer	**maintenant à louer, à vendre** / now renting, for sale (affiche sur un nouvel immeuble)	prêt pour occupation
❏ lourd	**trafic lourd** / heavy traffic	circulation dense, grosse circulation

	Exemples de formes et d'emplois fautifs	Formes correctes
○ lousse	**lousse** / loose	lâche, mal tendue, desserrée (corde)
		lâche, trop grand, non cintré, ample (vêtement)
		en vrac (condiments)
		en liberté, sans surveillance, détaché (animal)
		souple, variable, non chargé (horaire)
○ low	mettre à **low** (appareil électrique)	doux
	être __ profile / to keep a low profile	s'effacer, rester dans l'ombre
○ ltd.	**Ltd.** (dans la raison sociale d'une entreprise)	ltée (sans ponctuation, ni majuscule)
▲ ltée.	**Ltée.** / Ltd. (dans la raison sociale d'une entreprise)	ltée (sans ponctuation, ni majuscule)
❏ lubrification	**changement d'huile et lubrification** / oil change and lubrication	vidange et graissage
❏ lucratif	**corporation à but lucratif** / profit-oriented corporation	entreprise à but lucratif, société commerciale
○ lumière	les **lumières de parking** / parking lights	feux de position
❏ lumière	tourne à la première **lumière** / light (signalisation routière)	feu
	les __ d'une automobile / lights	phares, feux arrière

	EXEMPLES DE FORMES ET D'EMPLOIS FAUTIFS	FORMES CORRECTES
❏ lumière	les __ (sur un tableau de bord)	voyants, témoins, indicateurs
❏ lutte	**lutte, combat à finir** / fight to the finish	combat décisif, lutte sans merci

M

	EXEMPLES DE FORMES ET D'EMPLOIS FAUTIFS	FORMES CORRECTES
▲ M.	**M.** Marc Tremblay / Mr. Marc Tremblay (dans l'en-tête ou sur l'enveloppe d'une lettre)	Monsieur Marc Tremblay
○ machine	**machine shop**	atelier de construction mécanique, d'usinage
	les **slot** __ du casino	machines à sous
❏ machiner	**machiner** une pièce de métal / to machine	usiner
❏ magasin	**magasin à rayons** / department store	grand magasin, magasin à grande surface (rayon : section de magasin)
	__ **d'escompte** / discount store	de rabais
○ mail	**e-mail, electronic** __ (informatique)	courrier électronique, courriel (abr.)
	junk __ (courrier publicitaire distribué dans les boîtes aux lettres)	publicité importune, publicité directe sans adresse, envoi sans adresse
○ mailing	un **mailing**	publipostage

	EXEMPLES DE FORMES ET D'EMPLOIS FAUTIFS	FORMES CORRECTES
○ mailing	__ list	liste d'expédition, d'envoi, de diffusion (Internet), de participants (Internet)
❏ main	argent en **main** / cash on hand	argent en caisse
	balance en __ / balance in hand	solde en caisse, solde créditeur, encaisse
	donner une bonne __ **d'applaudissements** / to give a big hand	applaudir chaleureusement
	voiture de **seconde** __ / secondhand car	d'occasion (mais : renseignements, documents obtenus de seconde main, c.-à-d. d'une personne interposée)
○ maintenance	**maintenance**	entretien (maintenance : entretien du matériel technique seulement)
❏ maintenant	**maintenant à louer, à vendre** / now renting, for sale (affiche sur un nouvel immeuble)	prêt pour occupation
❏ maintenir	**maintenir** les dossiers / to maintain records	tenir
	__ des relations / to maintain relations	entretenir
❏ maison	**maison mobile** / mobile home	autocaravane
	__ **de ville** / town house	en rangée
	__ **détachée** / detached house	individuelle, isolée

	EXEMPLES DE FORMES ET D'EMPLOIS FAUTIFS	FORMES CORRECTES
❑ maison	__ **semi-détachée** / semidetached house	jumelée
	__ **seule** / detached house	individuelle, isolée
❑ maître	**certification des enseignants, des maîtres**	reconnaissance d'aptitude à l'enseignement
	chambre des __ / master bedroom	chambre principale
	ratio __-**élèves** / student-teacher ratio	rapport élèves-maître, rapport élèves-enseignant
❑ maîtresse	convention collective **maîtresse** / master agreement	cadre
○ major	les **majors** américains du cinéma	grands studios
❑ majoritaire	**contrôle majoritaire** / majority control (finance)	participation majoritaire, majorité des actions
○ make-up	**make-up**	fard, maquillage
○ making	le **making of** d'un film à succès	documentaire de tournage, tournage de
❑ mal	c'est un vrai **mal de tête** que de démêler ça / it is a headache	casse-tête, problème ardu
❑ maladie	maladie **industrielle** / industrial disease, industry-related disease	professionnelle
○ malfonction	**malfonction** / malfunction	défaillance, panne, défaut de fonctionnement
❑ malle	**malle** (anglicisme et archaïsme) / mail	courrier
	boîte à __ / mailbox	boîte aux lettres
	camion de la __ / mail truck	des postes

	EXEMPLES DE FORMES ET D'EMPLOIS FAUTIFS	FORMES CORRECTES
❏ malle	envoyer qqch par la ___ / by mail	poste
○ maller	**maller** (anglicisme et archaïsme) / to mail	mettre à la poste, poster
○ malpractice	**malpractice**	faute professionnelle
❏ malt	**liqueur de malt** / malt liquor	bière forte
○ man	**eh, man!** (accord enthousiaste)	eh, bonhomme !
	morning ___, morning woman (radiotélévision)	animateur matinal, animatrice matinale
	self-made ___, self-made woman	autodidacte
○ manager	**manager**	cadre, gestionnaire, chef d'entreprise, imprésario (spectacle), agent d'affaires (sport)
◆ manquer	Marie nous a quittés hier, **nous la manquons** déjà / we miss her already	elle nous manque, nous nous ennuyons d'elle, nous regrettons son absence (on manque à qqn)
❏ manquer	**manquer le bateau** / to miss the boat	perdre, rater l'occasion de, manquer le coche
❏ manucure	je me suis fait **donner un manucure** / manicure	faire les ongles, les mains, manucurer
❏ manuel	**manuel de service** / service manual (machine, outillage, auto)	guide d'entretien
○ map	**map**	carte (d'un pays, d'une région), plan (d'une ville)

	Exemples de formes et d'emplois fautifs	Formes correctes
○ map	revenir sur la __ du sport professionnel	remonter dans le classement, reprendre une place honorable, sortir du marasme
	tous les efforts entrepris pour mettre la ville sur la __	mettre la ville en valeur, en vedette, donner de l'essor à la ville
❏ marchandise	**entrée des marchandises** / goods entrance (affiche d'un établissement commercial)	entrée de service, de livraison, de réception de la marchandise
	la ministre conclut que le chef d'État n'a pas **livré la** __ / has not delivered the goods (sens figuré)	tenu parole, promesse, respecté ses engagements
	le chanteur a **livré la** __ hier soir	emballé le public
❏ marche	**prendre une marche** / to take a walk	faire un tour, une promenade, se promener
❏ marché	**marché** Lebeau / market	épicerie (marché : lieu public où vendent plusieurs marchands)
	__ **caché** du travail / hidden job market	voilé
❏ marcher	il **marche** 2 km chaque matin / he walks 2 km	fait
❏ marginal	**bénéfices marginaux** / fringe benefits	avantages sociaux (d'un employé)
		charges sociales (d'une entreprise)
○ marigold	**marigold**	œillet d'Inde

	EXEMPLES DE FORMES ET D'EMPLOIS FAUTIFS	FORMES CORRECTES
❏ marital	**statut marital** / marital status	état, statut matrimonial, situation de famille
○ market	**bull market** (finance)	marché à la hausse, marché haussier
▲ marriage	**marriage**	mariage
○ marshmallow	**marshmallow**	guimauve
○ masking	**masking tape**	ruban-cache, papier-cache adhésif
○ masonite	**masonite** (marque déposée)	panneau dur
○ mass	le journal, la radio, la télévision sont des **mass medias**	médias (un média)
○ master	**master** / master key (clé)	passe-partout
	__ class (musique)	cours, atelier de maître, cours de virtuose, atelier d'interprétation musicale
○ matcher	**matcher** des objets décoratifs ou des vêtements / to match	appareiller, harmoniser, assortir
❏ matériel	**matériel** à vêtements / material	tissu, étoffe
	__ de construction / building materials	matériaux
	témoin **__** / material witness	principal témoin, témoin important, témoin essentiel
● maths	**maths**	maths (le « s » ne se prononce pas, contrairement à l'anglais)
❏ matière	c'est **matière** de goût / matter of taste	question, affaire

	EXEMPLES DE FORMES ET D'EMPLOIS FAUTIFS	FORMES CORRECTES
❏ matin	ils sont partis aux **petites heures du matin** / they left in the small hours of the morning	au petit matin
❏ maturité	**maturité** d'une police d'assurance / maturity	échéance
❏ mauvais	moteur, appareil **en mauvais ordre** / in bad order	en mauvais état, déréglé, détraqué
◯ MB	**MB, megabyte** (informatique)	mégaoctet, Mo
▲ M.D.	Lise Lachance, **M.D.** / Lise Lachance, M.D. (medical doctor)	Lise Lachance, médecin, Dre Lise Lachance
◯ mean	individu, comportement **mean**	petit, mesquin, bas
◯ meat	**smoked meat**	bœuf mariné fumé
◯ media	le journal, la radio, la télévision sont des **mass medias**	médias (un média)
❏ médical	une **application non médicale** / non-medical application (assurances)	proposition sans examen médical
	histoire __ / medical history	antécédents médicaux
	clinique __ d'une entreprise / medical clinic	infirmerie, dispensaire
❏ médication	remède qui contient une **médication** spéciale	agent médical (médication : emploi du médicament)
❏ médiéval	des idées **médiévales**	surannées, moyenâgeuses
◯ médium	petit, **médium** ou grand / small, medium or large	moyen

	EXEMPLES DE FORMES ET D'EMPLOIS FAUTIFS	FORMES CORRECTES
○ médium	bien cuit, saignant ou __ / well-done, rare or medium	à point
❏ médium	les **médium** de communication que sont le journal, la radio, la télévision	médias (un média)
○ meeting	nous avons un **meeting** demain	réunion, rencontre
○ megabyte	**megabyte, MB** (informatique)	mégaoctet, Mo
◆ meilleur	le troisième **meilleur** marqueur / the third best	le troisième marqueur (seul le premier est le meilleur)
❏ meilleur	**au meilleur de ma connaissance** / to the best of my knowledge	pour autant que je sache, à ma connaissance, d'après ce que je sais
	au __ de ma mémoire / to the best of my memory	autant que je m'en souviens, que je m'en souvienne
	au __ de mon jugement / to the best of my judgment	autant que j'en puis juger, que j'en puisse juger
	au __ de ses capacités / to the best of one's ability	de son mieux, dans la pleine mesure de ses moyens
	__ avant / best before (sur une étiquette)	date de fraîcheur, date-fraîcheur, à consommer avant le
	avoir le __ sur / to have the better on, the best on	l'emporter sur, avoir l'avantage sur, vaincre, triompher de
	être à son __ dans tel domaine / to be at one's best	exceller, être au sommet de sa forme, au mieux

	Exemples de formes et d'emplois fautifs	Formes correctes
❏ meilleur	procédé contraire aux __ **intérêts** de notre société / to the best interests of	intérêts fondamentaux, primordiaux, supérieurs
❏ mélange	**mélange à** gâteau / cake mix	préparation pour
❏ mélanger	**être mélangé, mêlé** / to be mixed up	ne pas, ne plus s'y retrouver, être embrouillé, perdu, tout perdu
	__ la pâte / to mix	faire, pétrir (pour mélanger, il faut deux choses)
❏ mêler	**être mêlé, mélangé** / to be mixed up	ne pas, ne plus s'y retrouver, être embrouillé, perdu, tout perdu
○ melting	les États-Unis étaient reconnus comme un **melting pot** de nationalités	creuset
○ membership	**membership**	adhésion (à un club)
		effectifs (d'une association), membres (ensemble des membres)
		cotisation, droit d'adhésion, d'admission, d'entrée
❏ membre	**membre du Parlement, de l'Assemblée** / member of Parliament, of Assembly	député, députée

	EXEMPLES DE FORMES ET D'EMPLOIS FAUTIFS	FORMES CORRECTES
❏ même	**même à ça** / even at that	même ainsi, même alors, malgré cela, même là
	être dans le __ bateau / to be in the same boat	être dans le même cas, logé à la même enseigne
❏ mémo	faire parvenir un **mémo** à toutes les sections administratives / memo, memorandum	note (de service) (mémo, mémorandum : note qu'on prend pour ne pas oublier qqch)
❏ mémoire	**au meilleur de ma mémoire** / to the best of my memory	autant que je m'en souviens, que je m'en souvienne
	blanc de __ / memory blank	trou de mémoire, absence
◆ mener	l'équipe **mène 4 à 2** (l'absence de mot-lien forme l'anglicisme) / leads 4 to 2	mène par 4 à 2
○ menu	**help menu, button, function** (informatique)	menu, fonction, bouton d'aide
❏ mépris	**mépris de cour** / contempt of court	outrage au tribunal, à magistrat, offense aux magistrats
○ merchandising	**merchandising**	techniques marchandes, marchandisage
❏ mérite	faire valoir le **mérite** de sa cause / the merit of one's case	bien-fondé
	discuter le __ de la motion / the merit of the motion	fond, objet
	juger une proposition **à son __** / to judge a proposition on its merits	sur le fond

	Exemples de formes et d'emplois fautifs	Formes correctes
❏ mérite	juger une question, voter **au __** / on the merit	au fond, quant au fond
❏ métal	**travailleur du métal en feuilles** / sheet-metal worker	tôlier
○ meter	**meter** d'électricité, de taxi	compteur, taximètre
❏ métropolitain	le Montréal **métropolitain** / metropolitan Montreal	agglomération montréalaise, Grand Montréal
❏ mettre	**mettre au vote** une question, une proposition / to put to the vote	mettre aux voix
	__ l'épaule à la roue / to put one's shoulder to the wheel	pousser à la roue, mettre la main à la pâte, donner un coup de main
	__ sous arrêt / to put under arrest	mettre en état d'arrestation, arrêter
❏ mieux	**espérer pour le mieux** / hope for the best	être optimiste, avoir confiance que tout va s'arranger
❏ militant	**c'est un militant** / he is a militant	activiste
○ milk	**milk shake**	lait fouetté
❏ mille	le gouvernement est **sur son dernier mille** / on its last mile	près de la fin, à l'extrémité, au bout de son rouleau
❏ mi-mât	drapeau à **mi-mât** / half-mast	en berne
❏ mineur	**offense mineure** / minor offence	simple contravention, contravention
○ miniputt	**jouer au miniputt** / miniature putting course	golf miniature

	EXEMPLES DE FORMES ET D'EMPLOIS FAUTIFS	FORMES CORRECTES
○ minivan	**minivan** (véhicule)	fourgonnette tourisme, fourgonnette utilitaire
❏ minute	**minutes** d'une assemblée	procès-verbal
	__ d'un procès / minutes of a lawsuit	transcription des témoignages
	__ d'une réunion	compte rendu
	livre des __ d'un conseil, d'un tribunal / minute-book	registre des délibérations
	livre des __ d'une association, d'un organisme, etc.	registre des procès-verbaux
❏ miroir	miroir de **courtoisie** / courtesy mirror	miroir de pare-soleil
❏ mise	achat par **mise de côté** / lay aside purchasing	par anticipation
	__ en nomination d'un candidat aux élections / nomination	investiture, mise en candidature
❏ mite	**boules à mites** / mothballs	naphtaline
○ mitt	**mitt** (baseball)	gant
○ mixer	**mixer** (industrie)	malaxeur (à beurre, etc.), malaxeur à béton, bétonnière, malaxeur-broyeur
	__ à boissons alcooliques	allongeur
	__ (appareil électroménager)	malaxeur, mélangeur, batteur
	__ des ingrédients, des boissons / to mix	battre, mélanger
	se __ à un groupe nouveau	se mêler à

	Exemples de formes et d'emplois fautifs	Formes correctes
○ mixette	**mixette** / hand mixer	batteur à main, batteur portatif, batteur électrique
▲ Mme	**Mme** Suzanne Charbonneau / Mrs. Suzanne Charbonneau (dans l'en-tête ou sur l'enveloppe d'une lettre)	Madame Suzanne Charbonneau
❑ mobile	**maison mobile** / mobile home	autocaravane
❑ mode	**parade de mode** / fashion show	défilé, présentation de mode, de collections
	__ **d'opération** d'un appareil / operation mode	notice d'utilisation, notice technique
❑ moi	**moi pour un** / I for one	quant à moi, pour ma part, à mon avis, personnellement
❑ moins	**rien moins que** mesquin / nothing less than	rien de moins que, absolument
❑ moment	**à ce moment**, les autorités ne sont pas prêtes à engager le dialogue / at this moment	en ce moment, actuellement
○ momentum	le **momentum** acquis par l'équipe sera-t-il suffisant ?	élan pris, vitesse acquise
	profitons du __	de l'impulsion du moment, des circonstances favorables
❑ monétaire	les clauses **monétaires** de la convention collective / the monetary terms	salariales (monétaire : relatif à la monnaie, non à l'argent)
	des problèmes __ / monetary difficulties	pécuniaires, financiers

	EXEMPLES DE FORMES ET D'EMPLOIS FAUTIFS	FORMES CORRECTES
⭕ monitoring	**monitoring** (surveillance médicale à l'aide d'un moniteur)	monitorage
❑ montage	**ligne de montage, d'assemblage** / assembly line (usine)	chaîne de montage, chaîne de fabrication
❑ montant	un chèque, un mandat **au montant de** 50 $ / to the amount of	de, d'une somme de
	recevoir de gros __ / amounts	de grosses sommes
❑ monter	**monter sur le banc** / to be raised to the bench	accéder à la magistrature, être nommé juge
❑ montrer	le rapport annuel **montre** un profit / the annual report shows a profit	indique, révèle
	__ **une appréciation** / to show appreciation (finance)	accuser une plus-value
⭕ mood	ne pas être **dans le mood**	dans l'humeur voulue
⭕ mop	**mop**	vadrouille
⭕ morning	**morning man, __ woman** (radiotélévision)	animateur matinal, animatrice matinale
❑ mot	on n'a jamais eu un seul **mot** avec eux / we never had any words with them	on ne s'est jamais disputés, querellés
	les __ d'une chanson / words of a song	paroles
❑ motion	motion de **non-confiance** / nonconfidence motion	de censure, de blâme
⭕ motto	**motto** d'un groupement, d'une maison de commerce	devise
❑ mou	crampon **mou** / soft spike (golf)	souple
❑ mouche	**mouche à feu** / firefly	luciole
❑ mouton	**mouton noir** / black sheep	brebis galeuse
⭕ move	**faire le move**	faire le geste

	EXEMPLES DE FORMES ET D'EMPLOIS FAUTIFS	FORMES CORRECTES
▲ Mr.	**Mr.**	M. (Monsieur), MM. (Messieurs)
○ MRP	dans une entreprise, la **MRP** permet de lancer des ordres de réapprovisionnement (Material Requirements Planning)	planification des besoins matières (PBM)
▲ Mrs.	**Mrs.** / Mrs., Ms.	Mme (Madame) Mmes (Mesdames)
○ muffler	**muffler**	silencieux, pot d'échappement
❑ municipal	**déchets municipaux** / municipal waste	déchets urbains, ordures ménagères
❑ mur	**mur de feu** / firewall (Internet)	coupe-feu, garde-barrière
	tapis __ à __ / wall-to-wall carpeting	moquette
❑ mural	**unité murale** / wall unit	meuble de rangement mural, meuble à éléments
❑ musique	**faire face à la musique** / to face the music	affronter la situation, faire front, prendre le taureau par les cornes
	__ en feuilles / sheet music	musique écrite, cahier de musique
	la **__ thème**, le **thème** musical d'une émission, d'un film / musical theme	indicatif musical
○ must	c'est un **must**	c'est à ne pas manquer, c'est à voir
○ mute	le **mute** de la télécommande est bien utile	sourdine

	EXEMPLES DE FORMES ET D'EMPLOIS FAUTIFS	FORMES CORRECTES
❏ mutuel	**fonds mutuels** / mutual funds	fonds communs de placement
❏ mystifiant	résultat **mystifiant** / mystifying result	déconcertant, déroutant

N

EXEMPLES DE FORMES ET D'EMPLOIS FAUTIFS	FORMES CORRECTES
○ N/A	**N/A** (non applicable)	S.O. (sans objet) (abréviation dans une formule pour indiquer qu'une question ou un article ne s'applique pas)
○ name	**file name** (informatique)	nom de fichier
	faire du __-**dropping**	en mettre plein la vue, faire de l'épate
	you __ **it** (and they have it)	nommez-le : ils ont tout, y a rien qu'ils (n') ont pas
○ naphta	du **naphta** servant de combustible dans les cuisinières de camping	naphte
○ napkin	**napkin**	serviette de table
❏ négative	répondre **dans la négative** / to answer in the negative	par la négative, négativement (mais : dans la négative en tête de phrase est correct)
▲ négotiable	**négotiable**	négociable
○ net	**net** (tennis, badmington)	filet
	__ à poissons	filet, épuisette (avec manche et cerceau)
	__ métallique	grillage

	EXEMPLES DE FORMES ET D'EMPLOIS FAUTIFS	FORMES CORRECTES
❏ nettoyage	**fonds de nettoyage** / clean-up fund (assurances)	fonds de liquidation
❏ nettoyeur	**nettoyeur** liquide / cleaner	détergent, détersif, nettoyant
○ network	**network** (informatique)	réseau
❏ neutre	être **au, sur le neutre** / to be in neutral (auto)	au point mort
○ newsgroup	**newsgroup** (Internet)	groupe de nouvelles
○ newsletter	**newsletter**	bulletin, bulletin d'information, infobulletin, lettre d'information
❏ niche	cette entreprise occupe une **niche** bien précise dans le marché de l'électronique	créneau
○ nil	**nil** (mot apparaissant dans des questionnaires, des relevés comptables)	néant
▲ no.	**No., #** (numéro)	N°, n°, no (sans ponctuation)
○ no	**no fault** (assurances)	assurance inconditionnelle, indemnisation sans égard à la responsabilité
	__ **vacancy** (affiche de motel, d'hôtel)	complet
	__ **way !**	pas question (par ex. : que vous fassiez cela)
❏ noir	**mouton noir** / black sheep	brebis galeuse
❏ noix	une **noix** pour faire tenir une vis / nut	écrou

EXEMPLES DE FORMES ET D'EMPLOIS FAUTIFS	FORMES CORRECTES
❏ nom	**mon nom est**... / my name is... (téléphone)	ici..., je m'appelle..., je suis...
	changement de __ d'une entreprise / change of name	raison sociale
	__ **corporatif** / corporate name	raison sociale
	premier __ / first name	prénom
▲ nombres	**100,000** $ / $100,000 **2,000.95** $ / $2,000.95 **0.75** $ / $0.75 **8.15** / 8.15 (ponctuation décimale)	100 000 $ (ni virgule, ni point) 2 000,95 $ (virgule) 0,75 $ (virgule) 8,15 (virgule)
	1,234,567 (ponctuation dans les nombres entiers)	1 234 567 (sans virgule)
❏ nominal	pour un prix **nominal** / nominal price	minime, très bas
❏ nomination	**jour de nomination** / nomination day (date où l'on doit inscrire sa candidature à une élection)	jour des déclarations de candidature, des mises en candidature, de la présentation des candidats
	mise en __ d'un candidat aux élections / nomination	investiture, mise en candidature
◯ nominer	actrice, film **nominé** au festival / nominated	sélectionné, mis en nomination
◯ non	un produit **non flammable, flammable**	ininflammable, inflammable
	voyage __-**stop** / nonstop travel	sans escale
❏ non	motion de **non-confiance** / nonconfidence motion	de censure, de blâme

	EXEMPLES DE FORMES ET D'EMPLOIS FAUTIFS	FORMES CORRECTES
❏ non	contrat d'assurance __ **transférable** / nontransferable contract	incessible
	police __ participante / non-participating policy	police sans participation
	une **application __ médicale** / non-medical application (assurances)	proposition sans examen médical
	action votante, __ votante / voting, non-voting share (finance)	action avec, sans droit de vote
◆ non	**si non réclamé**, retourner à l'expéditeur / if not claimed	en cas de non-livraison
❏ note	**note de réclamation** / notice of claim	avis de sinistre, déclaration de sinistre
❏ notice	afficher une **notice**	avis
	__ de fin de contrat	délai de préavis, délai-congé
	donner sa __	démission
	recevoir sa __	recevoir son avis de congédiement, être congédié
❏ notification	**notification** de nomination / notification of appointment	avis de nomination
◆ notifier	**notifier qqn de qqch** / to notify sb of sth	notifier qqch à qqn
❏ nouvelle	donner une **conférence de nouvelles** / news conference	conférence de presse
○ nowhere	un **nowhere**	randonnée sans destination, destination inconnue

	EXEMPLES DE FORMES ET D'EMPLOIS FAUTIFS	FORMES CORRECTES
○ nozzle	**nozzle**	tourniquet d'arrosage, arroseur automatique, gicleur de lave-glace
○ n.s.f.	chèque **n.s.f.** (not sufficient funds)	chèque sans provision
❏ nul	**nul après** le 15 août / void after (sur un bon-rabais, etc.)	expire le
❏ numéro	immeuble situé au **numéro civique** 1222 de la rue Sherbrooke / civic number (dans des textes administratifs et juridiques)	numéro
▲ numéro	**No., #** (numéro)	N°, n°, no (sans ponctuation)
	app. **#** 412	app. 412
○ nursing	**nursing**	soins infirmiers
	études en __	sciences infirmières

O

❏ objecter — **s'objecter** à un projet (ne s'emploie pas à la forme pronominale) / to object — s'opposer, s'élever contre, se prononcer contre

❏ obscène — un écart **obscène** entre les riches et les pauvres — révoltant, monstrueux

◆ observation — un patient **sous** observation / under observation — en observation

◆ obtenir — **appelez ou écrivez et obtenez** notre catalogue / call or write and get our catalog — appelez-nous ou écrivez-nous pour obtenir

❏ occupation — **occupation** — emploi, métier, profession

— **surprime attribuable à l'__** / occupational rating (assurances) — surprime professionnelle

○ occupationnel — maladie **occupationnelle** / occupational — professionnelle

❏ occurence — **occurence** du risque / occurence of loss (assurances) — réalisation du risque

○ odd — ils forment un **odd couple** — un couple étrange, un couple mal assorti

❏ œil — **garder un œil sur** / to keep an eye on — surveiller, avoir l'œil sur, avoir, tenir à l'œil

	Exemples de formes et d'emplois fautifs	Formes correctes
○ off	une journée **off**	libre, de congé
	confier une information **__-the-record**	confidentielle, sans caractère officiel
	je suis __ vendredi	en congé
	on - __ (appareil ou machine)	marche/arrêt (barre oblique nécessaire)
	on - __ (robinetterie)	ouvert/fermé (barre oblique nécessaire)
	voix, bruits __ (théâtre, cinéma)	hors champ
	__ white	blanc cassé
	__-line (informatique)	non connecté, hors ligne, autonome
❑ offense	l'**offense** dont l'accusée a été reconnue coupable / offence	délit, faute, infraction, crime
	__ contre les lois de la sécurité routière / offence against the laws	infraction aux
	__ mineure / minor offence	simple contravention, contravention
	prendre __ d'une remarque, d'un reproche / to take offence	se formaliser, se froisser, se choquer
❑ office	s'adresser à l'**office** du motel	à la réception, au bureau
	les commissaires **en __** étaient présents / in office	en fonction, en exercice
	terme d'__ / term of office (d'une conseillère, d'un maire)	durée des fonctions, du mandat, période d'exercice

	EXEMPLES DE FORMES ET D'EMPLOIS FAUTIFS	FORMES CORRECTES
❑ officier	il a **officié** au monticule au dernier match / he officiated	a été au monticule, a été le lanceur, a lancé lors du
	__ **d'élection** / election officer, official	membre du personnel électoral
	la première ministre va __ **à** l'ouverture des jeux / will officiate	présider
	__ **de police** / police officer	policier (officier : dans l'armée seulement)
	les __ d'une entreprise / officers	conseil de direction, direction, dirigeants
	un __ de l'entreprise / officer	membre de la direction, dirigeant, responsable, administrateur
	un __ du ministère	fonctionnaire
	__ de probation	agent de probation
	un __ du syndicat	membre du bureau
	__ **des douanes** / customs officer	douanier
	__ **rapporteur d'élection** / returning officer	directeur, directrice du scrutin
❑ oignon	**papier oignon** / onion skin paper	papier pelure
◯ on	**on - off** (appareil ou machine)	marche/arrêt (barre oblique nécessaire)
	__ **- off** (robinetterie)	ouvert/fermé (barre oblique nécessaire)
◯ one	**one-man show, __-woman show**	spectacle solo, solo
	c'est un __**-way**	sens unique
	hole in __ (golf)	trou d'un coup

234

	Exemples de formes et d'emplois fautifs	Formes correctes
○ online	**online** / on-line (informatique)	connecté, en ligne
○ opener	**opener**	ouvre-bouteille, ouvre-boîte
○ opera	**soap opera, soap**	feuilleton, téléroman
❏ opérateur	un **opérateur** de machinerie / operator	conducteur, conductrice
	tour __ / tour operator (tourisme)	voyagiste
❏ opération	budget d'**opération** / operating budget	d'exploitation, de fonctionnement
	coûts d'__ d'une entreprise / operating costs	frais d'exploitation, de fonctionnement
	dépenses d'__ / operating expenses, expenditures	d'exploitation (entreprise), de fonctionnement (organisme)
	directrice des __ / operations manager	de l'exploitation
	en __ / in operation	en exploitation (usine, mine), en activité (entreprise, usine), en service (ligne d'autobus), en application, en vigueur (plan, programme), en marche (machine)
	mode d'__ d'un appareil / operation mode	notice d'utilisation, notice technique
	le travail en __ **continue** se poursuit même les jours fériés / continuous operation	marche continue, fonctionnement continu, travail en continu, travail continu

235

	EXEMPLES DE FORMES ET D'EMPLOIS FAUTIFS	**FORMES CORRECTES**
❏ opération	profit d'__ / operating profit	profit, bénéfice d'exploitation
	revenu d'__ / operating income	bénéfice d'exploitation
❏ opérer	commerce qui **opère** depuis deux mois / that operates	est ouvert, est en activité
	entreprise qui __ au Québec	fait affaire, traite des affaires
	société qui __ des bureaux, des usines au Québec	a des bureaux, exploite des usines
	__ un commerce / to operate	tenir
	__ une entreprise	exploiter
	__ un dispositif	actionner
	__ un instrument de mesure	utiliser, se servir de
	__ une machine	faire fonctionner, manœuvrer, conduire
❏ opinion	**opinion légale** / legal opinion	avis juridique, consultation juridique
	dans l'__ de / in the opinion of	de l'avis
	dans mon __ / in my opinion	selon moi
❏ opportunité	profiter de l'**opportunité** / opportunity	occasion favorable (opportunité : caractère de ce qui est à propos, convenable)
	créer des __ d'emploi / opportunities	possibilités d'emploi, emplois
	dans une grande ville, il y a plus d'__	occasions, chances, possibilités, débouchés

	Exemples de formes et d'emplois fautifs	Formes correctes
❏ opposant	le champion poids lourd tend la main à son **opposant** / his opponent	adversaire
⭕ opting	le gouvernement désire avoir recours à un **opting out**	option de retrait
❏ optionnel	matière **optionnelle** dans le programme / optional subject	à option, facultative
⭕ order	commande en **back order**	commande en souffrance, en retard (non livrée à la date prévue)
		reste de commande (partie d'une commande non encore livrée)
		livraison différée (livraison du reste d'une commande)
	out of __	en panne, en dérangement, défectueux, hors d'usage, en mauvais état
❏ ordre	la pizzeria n'a pas encore livré l'**ordre** / the order	commande
	affaires, papiers **en __** / in order	en règle
	appareil **hors d'__** / out of order	en panne, en dérangement, défectueux, hors d'usage, en mauvais état
	devoir faire quelque chose par __ **de la Cour** / by order of the Court	par autorité de justice, en vertu d'une ordonnance judiciaire, d'un jugement, d'une injonction du tribunal

	EXEMPLES DE FORMES ET D'EMPLOIS FAUTIFS	FORMES CORRECTES
❏ ordre	__ **en conseil** / Order in Council	arrêté ministériel (d'un ministre), décret gouvernemental (Conseil des ministres)
	être hors d' __ / to be out of order (assemblée délibérante)	faire un accroc au règlement, déroger au règlement, faire une intervention antiréglementaire, enfreindre les règlements
	la motion, la proposition, l'amendement était **dans l'**__ / in order (assemblée délibérante)	dans les règles, recevable, réglementaire
	la motion, la proposition, l'amendement était **hors d'**__ / out of order (assemblée délibérante)	non recevable, irrecevable, antiréglementaire, contraire au règlement
	marchandise, moteur, appareil **en bon** __ / in order	en bon état, en état de marche
	moteur, appareil **en mauvais** __ / in bad order	en mauvais état, déréglé, détraqué
	rappeler à l'__ un député / to call to order	rappeler au règlement
	soulever un point d'__ / to raise a point of order	invoquer le règlement, faire appel au règlement, en appeler au règlement
○ orégano	**orégano** (aromate alimentaire)	origan
❏ original	la mission **originale** de cet organisme	première, initiale
❏ originalement	les coûts ont dépassé le budget prévu **originalement** / originally	initialement, à l'origine

	EXEMPLES DE FORMES ET D'EMPLOIS FAUTIFS	FORMES CORRECTES
❏ origine	être d'**origine ethnique** / to be of ethnic origin	d'origine étrangère (nous avons tous une origine ethnique)
○ originer	le fait, le phénomène **origine** de / originates	provient de
	coutume qui **a** __ au XIXe siècle / that originated during	remonte au
	le feu a __ **de** / originated from	a pris naissance dans
❏ ou	le temps prévu pour ce soir : pluie **et/ou** neige / and/or	pluie ou neige, ou les deux à la fois, soit pluie ou neige, soit pluie et neige
❏ oublier	une personne dont **j'oublie** le nom / of whom I forgot the name	dont le nom m'échappe
○ out	**out**	en dehors (ballon ou balle en dehors de la ligne), hors jeu (joueur), éliminé (concurrent)
	c'est __	dépassé, démodé
	cash __	indemnité pour départ volontaire, indemnité de cessation d'emploi
	cet article est **sold** __	en rupture de stock
	les subventions, les services sont en **phasing** __	retrait progressif, suppression progressive
	time __ ! (au jeu)	pause

	EXEMPLES DE FORMES ET D'EMPLOIS FAUTIFS	FORMES CORRECTES
○ out	__ of order	en panne, en dérangement, défectueux, hors d'usage, en mauvais état
○ outfit	outfit	équipement, outillage
○ outlet	factory outlet (commerce)	magasin d'usine
○ output	input/output	entrée/sortie (électronique), intrants/extrants, entrée/sortie (informatique)
❏ outrageux	l'équipe a remporté une victoire outrageuse / outrageous	éclatante, décisive, écrasante
❏ ouvert	ouvert 24 heures, 24 heures par jour / 24-hr service	ouvert jour et nuit, jour et nuit (les deux expressions conviennent aux textes imprimés), 24 heures sur 24 (langue familière)
	ligne __ / open line (radiotélévision)	tribune téléphonique
	vote __ / open vote	scrutin découvert
❏ ouverture	l'entreprise annonce des ouvertures / openings	emplois, postes vacants, perspectives d'emploi, débouchés, possibilités (en général)
	les __ sur les marchés étrangers sont énormes	débouchés, pistes
❏ ouvrier	force ouvrière / labor force	population active

	EXEMPLES DE FORMES ET D'EMPLOIS FAUTIFS	FORMES CORRECTES
❏ ouvrier	__ **général** / general worker, helper, handyman	homme, femme à tout faire, travailleur toutes mains, homme, femme à toutes mains
❏ ouvrir	**ouvrir** la conversation / to open a conversation	engager
	__, **fermer la ligne** / to open, to close the line	décrocher, raccrocher
	__ les négociations / to open negotiations	entamer
	__ son discours / to open one's speech	commencer
❍ ovation	**standing ovation**	ovation
❍ over	**cash over** (comptabilité)	excédent de caisse
	c'est __	terminé, assez
❍ overbooking	l'**overbooking** est une pratique généralisée dans le transport aérien	surréservation, surlocation, réservation en surnombre
❍ overdose	**overdose**	surdose, dose excessive
❍ overdraft	il y a un **overdraft** dans votre compte	découvert
❍ overflow	**overflow**	dépassement de capacité, trop-plein, débordement
❍ overhead	**overhead** (comptabilité)	frais généraux, coûts, charges, frais indirects

	Exemples de formes et d'emplois fautifs	Formes correctes
○ overpass	**overpass**	passage supérieur, passage surélevé, saut-de-mouton, viaduc
○ overtime	**overtime**	heures supplémentaires

P

○ pacemaker — **pacemaker** — stimulateur cardiaque

○ pack — **pack** de boisson gazeuse, de bière — carton

○ package — **package** — forfait,
tout-compris,
vente à forfait

— **___ deal** — accord global,
entente globale

○ packaging — le **packaging** d'un produit est primordial — conditionnement

○ packsack — **packsack** — sac à dos

○ pad — **pad** — amortisseur,
tampon amortisseur
(auto, mécanique)

bloc,
bloc-notes
(papier à écrire)

bourrelet,
genouillère,
plastron,
protège-tibia (sport)

butée,
patin (ressort, frein)

butoir (pare-chocs)

	EXEMPLES DE FORMES ET D'EMPLOIS FAUTIFS	FORMES CORRECTES
○ pad		clavier, pavé numérique
		coussin chauffant (soins)
		coussinet (divers)
		épaulettes (vêtements)
		tampon encreur (article de bureau)
○ paddé	**paddé** / padded	rembourrées (épaules)
		matelassé (manteau)
		capitonné, rembourré (meuble)
○ page	la touche **Page down** sur le clavier	Page suivante, P. suiv. (abr.)
	la touche __ **up** sur le clavier	Page précédente, P. préc. (abr.)
	monter sa propre **home** __ dans Internet	page d'accueil
○ pagette	**pagette** (marque déposée)	téléavertisseur
❏ paiemaître	**paiemaître** / paymaster	payeur, payeuse
❏ paiement	**reçu paiement** / received payment (sur une facture)	paiement reçu, pour acquit, payé
	__ **d'annuités** / payment of annuity, annuity payment	service de la rente
	plan de __ / payment plan	mode de paiement
	prime à __ **limités** / limited payment premium (assurances)	prime temporaire, prime limitée

	EXEMPLES DE FORMES ET D'EMPLOIS FAUTIFS	FORMES CORRECTES
❏ paire	une **paire de pantalons** / a pair of pants	un pantalon
⭘ paisley	un **paisley** (vêtement)	dessin cachemire, cachemire
❏ pamphlet	**pamphlet** touristique	prospectus, dépliant, brochure, documentation (pamphlet : écrit satirique)
⭘ pan	**pan**	sauteuse (restauration), bac, évaporateur (industrie du sirop d'érable)
	__ **à huile** / oil pan (auto)	carter
⭘ panel	être au **panel**	à la tribune
	__ d'examinateurs	jury
	__ d'un congrès, d'un symposium	invités, experts, table ronde
	__ de consommateurs, de téléspectateurs, etc.	échantillon, groupe témoin
⭘ panéliste	**panéliste** / panelist	participant, membre, congressiste, invité
❏ panique	appuyer sur le **bouton panique** / panic button	bouton d'alarme
❏ pantalon	une **paire de pantalons** / a pair of pants	un pantalon
■ pantalon	mets **tes pantalons** noirs / pants	ton pantalon

	EXEMPLES DE FORMES ET D'EMPLOIS FAUTIFS	FORMES CORRECTES
○ paper	as-tu du **liquid paper** ?	correcteur, liquide correcteur
❏ papier	**argent de papier** / paper money	billet de banque
	__ **brun** / brown paper	papier d'emballage
	__ **de toilette** / toilet paper	papier hygiénique
	__ **oignon** / onion skin paper	papier pelure
	__ **sablé** / sandpaper	papier émeri, de verre, abrasif
○ paqueté	salle, avion **paqueté** / packed	bondé
	assemblée __	faite, noyautée
	jeu de cartes, scrutin __	truqué
○ paqueter	on a commencé à **paqueter** / to pack	faire ses bagages, ses valises
	être __, se __ / to get packed	être ivre, se soûler, s'enivrer
	se __ un jeu en battant les cartes / to pack	se faire un jeu
○ par	un **par** 3 (golf)	une normale 3
❏ par	**par affaires** / on business	pour affaires
	le pays est quatrième au classement international du revenu __ **tête de population** / per head of population	par habitant, par tête d'habitant
	livraison spéciale, __ livraison spéciale / by special delivery	livraison par exprès (se prononce comme « presse »), par exprès, exprès

	EXEMPLES DE FORMES ET D'EMPLOIS FAUTIFS	FORMES CORRECTES
❏ par	**ouvert 24 heures, 24 heures __ jour** / 24-hr service	ouvert jour et nuit, jour et nuit (les deux expressions conviennent aux textes imprimés), 24 heures sur 24 (langue familière)
	prendre __ surprise / to take by surprise	surprendre, prendre à l'improviste, prendre au dépourvu
◆ par	la table mesure 1 mètre **par** 2 mètres, 1 mètre __ 2, 1 m __ 2 m / 1 by 2	sur
	elle joue du piano __ oreille / by ear	d'oreille, à l'oreille, d'instinct
	si __ **suite de** sa soumission le ministère lui accorde un contrat / if as a result of his tender a contract is awarded	si sa soumission est agréée et lui vaut un contrat
❏ parade	**parade de mode** / fashion show	défilé, présentation de mode, de collections
❏ paragraphe	**paragraphe** / paragraph (mot énoncé à la lecture d'une dictée)	aller à la ligne, à la ligne
	__ 15(1)(a) de la loi	alinéa
❏ parc	**parc d'amusement** / amusement park	parc d'attractions
❏ pareil	**trois cartes pareilles** ou **trois __** / three of a kind (jeu de trois cartes de même valeur, au poker)	un brelan
	quatre cartes __ ou **quatre __** / four of a kind (jeu de quatre cartes de même valeur, au poker)	un carré

	Exemples de formes et d'emplois fautifs	Formes correctes
○ parker	**parker** son auto / to park	stationner, garer, parquer
○ parking	**parking**	stationnement, parc de stationnement
	les **lumières de __** / parking lights	feux de position
◆ parlant	**parlant** de politique, on nous confirme que le premier ministre donnera une conférence de presse / speaking of	à propos de (un participe, présent ou passé, placé en début de phrase, doit se rapporter au sujet du verbe de la proposition principale)
❏ parlement	**membre du Parlement, de l'Assemblée** / member of Parliament, of Assembly	député, députée
❏ parler	**parler à travers son chapeau** / to talk through one's hat	parler sans connaissance de cause, parler à tort et à travers
	c'est Paul Fortin **qui __** / this is Paul Fortin speaking	Paul Fortin à l'appareil, ici Paul Fortin
	qui __ ? / who is speaking ? (téléphone)	qui est à l'appareil ?, de la part de qui ?
❏ parole	**prendre la parole** de qqn / to take sb's word	se fier, s'en rapporter à la parole de
❏ part	avoir des **parts** / shares (dans une entreprise, à la Bourse)	actions
	faire sa __ / to do one's part	collaborer à, contribuer à, appuyer, participer à, fournir sa part

	Exemples de formes et d'emplois fautifs	Formes correctes
❏ part	**prendre la ___** de qqn / to take sb's part	prendre la défense de, le parti de, fait et cause pour
❏ participant	**police participante** / participating policy	police avec participation
	police non ___ / non-participating policy	police sans participation
◆ participer	participer **dans** le débat, la décision, la discussion / to participate in	au débat, à la décision, à la discussion
❏ particulier	**particulier** / particular	soigneux, propre, méticuleux
		capricieux, exigeant, difficile
❏ partie	ces chiffres ne révèlent qu'**une partie de l'histoire** / only a part of the story	aspect de la question, de la situation
	les ___ d'une machine / the parts	pièces
◯ partir	**partir une business** / to start a business	fonder, lancer un commerce, une entreprise, une affaire
❏ partir	**partir** à son compte / to start	se lancer, s'établir, se mettre à son compte
	___ un commerce, une garderie	ouvrir
	___ une discussion, une bataille	lancer, engager, commencer

	EXEMPLES DE FORMES ET D'EMPLOIS FAUTIFS	FORMES CORRECTES
❏ partir	___ une entreprise, une association	lancer, former, créer, fonder
	___ une mode, une actrice, une idée, une rumeur, un mouvement, un moteur	lancer
	___ une voiture, une machine, un moteur	mettre en marche, démarrer, faire partir
❏ partition	les **partitions** de nos nouveaux locaux	cloisons
❍ partner	**partner** dans une entreprise	associée, associé, partenaire d'affaires, commercial
	___ au jeu, dans une danse	partenaire
❍ partnership	**partnership** (administration)	société de personnes
❍ party	**party**	fête, soirée, réception
❍ pas	**pas de cover charge** / no cover charge	entrée libre
❏ pas	**pas d'admission** / no admittance	entrée interdite, défense d'entrer
	___ **d'admission sans affaires** / no admittance without business	interdit au public, entrée interdite sans autorisation, défense d'entrer sauf pour affaires, entrée réservée
❏ passager	**bateau de passagers** / passenger boat	paquebot

	Exemples de formes et d'emplois fautifs	Formes correctes
❏ passe	**passe** pour entrer dans un édifice, pour visiter une exposition (anglicisme et archaïsme) / pass	laissez-passer, carte d'entrée
	__ d'autobus, de métro	carte
	__ de saison	abonnement, carte d'abonnement
	__ pour un spectacle	billet de faveur
❏ passé	un passeport, un billet d'avion **passé date** / past due	périmé
	le compte est __ **dû** / past due, overdue	en souffrance, échu
❏ passer	**passer** une loi (anglicisme et archaïsme) / to pass (domaine public)	voter, adopter
	__ des remarques, des commentaires / to pass remarks	faire
	la joueuse s'est blessée, on devrait savoir aujourd'hui ce qui **se __ avec** elle / what is going on with her	ce qu'il lui arrive, on aura de ses nouvelles aujourd'hui
	__ **le chapeau** / to pass the hat	faire une collecte
	__ un billet, une traite / to pass	souscrire (mais : passer une commande, passer un acte, un contrat)
	__ un règlement (direction d'établissement)	établir, faire
○ password	**password** (informatique)	mot de passe
❏ pastille	**pastilles pour la toux** / cough drops	pastilles pour la gorge
○ patate	**stand de patates** / potato stand	friterie
❏ patate	on les laisse se débrouiller avec **la patate chaude** / hot potato	ce problème épineux, cette affaire embarrassante
	__ **sucrée** / sweet potato	patate douce

	EXEMPLES DE FORMES ET D'EMPLOIS FAUTIFS	FORMES CORRECTES
○ patch	**patch** (sur chambre à air, ballon)	pièce
	__ antitabagique	disque, timbre transdermique, antitabac, antitabagique
	__ (informatique)	rustine
○ patchage	les mesures prises par l'administration, c'est du **patchage** / patching	rafistolage, replâtrage
○ patcher	**patcher** / to patch	poser une pièce, mettre une pièce, rapiécer
❏ pâte	**pâte à dents** / toothpaste	pâte dentifrice, dentifrice
	soda à __ / baking soda	bicarbonate de sodium, de soude
○ patent	cuir **patent** / patent leather	cuir verni
○ patente	voici une de ses **patentes** / patent	inventions
	comment fonctionne cette __?	dispositif, instrument, truc
○ patenté	**patenté** / patented	breveté
❏ patio	**porte patio** / patio door	porte-fenêtre, porte panoramique
❏ patron	**patron** fleuri (robe, jupe) / pattern	dessin, motif
❏ patronage	certains élus s'adonnent au **patronage**	favoritisme (faveurs exercées envers des citoyens, des électeurs en général), népotisme (faveurs envers la famille, les amis)

	Exemples de formes et d'emplois fautifs	Formes correctes
○ patroniser	**patroniser** une entreprise, une candidature / to patronize	patronner
○ pattern	**pattern**	modèle, schéma, configuration, processus, cheminement, déroulement, structure
❏ paver	**paver la voie** aux discussions, aux négociations / to pave the way to	préparer, ouvrir la voie
	allée __ / paved driveway	allée bitumée (une allée pavée doit être faite de petits blocs de pierre)
○ pawnshop	**pawnshop**	maison de prêt sur gages, bureau de prêteur sur gages
○ pay-per-view	**pay-per-view** (télévision)	télévision à la carte
❏ payable	**billets payables** / bills payable	effets à payer
	__ sur livraison / cash on delivery (c.o.d.)	contre remboursement (pour un envoi)
		payable à la livraison (pour une commande)
	compte __, comptes __ / account payable, accounts payable	compte fournisseur, comptes fournisseurs, compte créditeur, comptes créditeurs
❏ payant	**charge payante** d'un véhicule / payload	charge utile
❏ paye	**paye, prime de séparation** / separation pay, severance pay, separation allowance	indemnité de cessation d'emploi, de départ, de licenciement, de fin d'emploi

	Exemples de formes et d'emplois fautifs	Formes correctes
❏ paye	__ **de vacances** / vacation pay	indemnité de congé payé, indemnité de congé
❏ payé	Noël est un **congé payé** / paid holiday	jour férié payé
▲ payement	**payement** / payment	paiement
❏ payer	**payer** une visite à qqn (en général) / to pay	rendre, faire une visite
	le receveur __ **une visite** au lanceur / pays a visit	va parler, va voir, va s'entretenir
	pour __ **ou charger** ? / to pay or charge ?	comptant ou crédit ?, comptant ou au compte ?
	__ **un compliment** / to pay a compliment	faire un compliment, complimenter, féliciter, rendre hommage
◆ payer	svp, **payer la** serveuse (l'absence de mot-lien forme l'anglicisme) / please pay the waitress	payer à la
	combien as-tu __ **pour** ça ? / how much did you pay for that ?	combien as-tu payé cela ?
❏ payeur	**payeur de taxes** / taxpayer	contribuable
○ peanut	beurre de **peanut** / peanut butter	beurre d'arachide
	ça vaut pas des __	ne vaut rien, pas grand-chose
❏ peau	**l'échapper par la peau des dents** / to escape by the skin of one's teeth	l'échapper belle, de justesse
○ pécane	**pécane** / pecan	pacane
❏ pédale	**pédale à gaz** / gas pedal	pédale d'accélérateur, accélérateur

	EXEMPLES DE FORMES ET D'EMPLOIS FAUTIFS	FORMES CORRECTES
○ pedigree	**pedigree**	portrait, description, biographie, curriculum vitae
	__ (animal de race)	généalogie
	donner le __ (personne)	décrire, dépeindre
○ peeling	**peeling**	dermabrasion
❑ peine	**peines et souffrances** subies par le plaignant / pains and sufferings (procès)	douleurs physiques et morales
❑ pelouse	terrain de **piste et pelouse** / track and field	d'athlétisme
❑ pendant	**cause pendante** / pending case (droit)	procédure en cours
❑ pension	**plan de pension** / pension plan (offert par une entreprise à son personnel)	régime de retraite
○ penthouse	**penthouse**	appartement terrasse, de terrasse
○ people	**boat people**	réfugiés de la mer
○ pep	**pep**	fougue, entrain, élan, dynamisme, allant, vie
○ pepper	**pepper** / to pep	donner de l'entrain, de l'enthousiasme, mettre en train
○ per	les revenus **per capita** sont très bas	par habitant, par tête

	EXEMPLES DE FORMES ET D'EMPLOIS FAUTIFS	FORMES CORRECTES
○ per	un __ **diem** / per diem allowance	indemnité quotidienne, forfait quotidien (pour frais de déplacement, de séjour, de représentation), prix de journée (assurance-hospitalisation)
❏ perdre	l'automobiliste doit veiller à ne pas **perdre de points de démérite** / demerit marks	accumuler des points d'inaptitude (on ne peut pas perdre des points d'inaptitude)
❏ père	père **légal** / legal father	juridique
❏ performance	la **performance** du marché boursier et des cours	comportement, rendement, résultat
○ performer	ce joueur a très bien **performé** / has performed	a bien joué, a joué avec brio, s'est surpassé, a joué un match exceptionnel
	au travail, on veut nous voir __ sans cesse / perform	être compétitifs, compétitives
❏ période	avoir deux **périodes** de français le lundi / periods	cours, heures
	__ **d'entraînement** / training period	période de formation, stage d'apprentissage, de formation, d'initiation
	les nouveaux employés doivent effectuer une __ **de probation** / probation, probationary period	période d'essai
○ permanent	cycle **permanent press** (appareils ménagers)	cycle apprêt permanent
	tissu, vêtement __ **press**	infroissable

	Exemples de formes et d'emplois fautifs	Formes correctes
○ permanent	se faire donner **un __** / a permanent	une permanente
◆ permettre	**permettre qqn** de faire qqch (l'absence de mot-lien forme l'anglicisme) / to permit sb to do sth	permettre à qqn de faire qqch
❏ personne	**personne en charge** / person in charge	le ou la responsable
❏ personnel	**faire une application personnelle** / personal application	se présenter en personne
	histoire __ / personal history	dossier personnel, individuel
❏ perte	accident entraînant **perte de temps** / injury involving loss of time	absence du travail
	__ de pouvoir / power failure	panne de courant, d'électricité
	les **__ encourues** / incurred losses	pertes subies
○ pet	**pet shop**	animalerie
❏ petit	ils sont partis aux **petites heures du matin** / they left in the small hours of the morning	au petit matin
	cet appareil fonctionne sur le **__ filage** / light wiring	courant-éclairage, circuit-éclairage
❏ peu	nous vous le laissons **pour aussi peu que** 20 $ / for as little as	pour la modique somme de, pour seulement
▲ p.h.	100 **p.h.** (per hour)	100/h (100 à l'heure)
◆ pharmacie	**Lemieux Pharmacie** / Lemieux Pharmacy	Pharmacie Lemieux
○ phasing	les subventions, les services sont en **phasing out**	retrait progressif, suppression progressive

	EXEMPLES DE FORMES ET D'EMPLOIS FAUTIFS	FORMES CORRECTES
❏ physique	inventaire **physique** / physical inventory (des biens d'une entreprise)	matériel, extracomptable
	abus __ sur les enfants / physical abuses	mauvais traitements, sévices
○ pickle	**pickles, dill** __	cornichons marinés, à l'aneth
○ pick-up	**pick-up**	enlèvement (marchandises)
	__ (camion léger à caisse de transport ou à plateau découvert)	camionnette
❏ pilote	**pilote** (appareil de chauffage, cuisinière au gaz) / pilot	veilleuse
	lampe __ (installation électrique, machine) / pilot light	lampe témoin, témoin de contrôle
○ pimp	**pimp**	souteneur
○ pin	**pin**	ardillon (ceinture, courroie)
		broche, épinglette (bijouterie)
		broche (machine-outil)
		cheville (tige de bois ou de métal pour boucher, assembler, accrocher)
		clavette (sorte de coin pour blocage)
		fiche (électricité)
		goujon (charnière)
		goupille (mécanisme)
	bobby __	pince, épingle à cheveux
	full __	à plein régime

	Exemples de formes et d'emplois fautifs	Formes correctes
❏ piquetage	être **sur la ligne de piquetage** / to be on picket lines	être aux piquets de grève
❏ piste	terrain de **piste et pelouse** / track and field	d'athlétisme
○ pit	**pit**	carrière de gravier, gravière, carrière de sable, sablière
	__ (d'une mine)	puits
	__ (gradins d'un stade)	haut, sommet, galerie supérieure
○ pitch	**pitch de présentation** (publicité)	présentation
○ pitcher	**pitcher** une balle, un objet quelconque / to pitch	lancer, envoyer
❏ place	je préfère vivre dans une grosse **place**	ville
	Saint-Gervais est une bien belle __	localité, endroit, lieu, village
	nous avons une autre __ **d'affaires** à Québec / business place	succursale, établissement
	l'exposition doit **prendre** __ le 2 mars / is to take place	avoir lieu, se tenir
	prendre __ dans une voiture / to take place	monter, se trouver
	principale __ **d'affaires** / main business place	siège social
❏ placement	**vente de placements** / sale of investments (finance)	vente de valeurs de portefeuille

	EXEMPLES DE FORMES ET D'EMPLOIS FAUTIFS	FORMES CORRECTES
❏ placer	**placer** un appel téléphonique / to place	faire
	__ une commande	passer
	__ une question à l'ordre du jour	mettre, inscrire
	ne pas __ qqn déjà vu	remettre, situer qqn
	les faits __ **devant** les membres du conseil / facts put before	soumis aux
◆ plaider	**plaider folie** (l'absence de mot-lien forme l'anglicisme) / to plead insanity	plaider la folie (mais on dit plaider coupable, plaider non coupable)
○ plain	sandwich **plain** ou **toasté** ?	nature ou grillé ?
	cigarette __	à bout uni
	étoffe, chemise, tricot __	uni
	pizza, omelette __	simple, ordinaire
❏ plainte	**loger** une plainte / to lodge	déposer une plainte, porter plainte
❏ plaisir	**c'était mon plaisir** / it was my pleasure (formule qui suit un remerciement)	le plaisir est, était pour moi, tout le plaisir a été pour moi
❏ plan	**plan conjoint** / joint plan (entre deux gouvernements)	programme à frais partagés, programme mixte
	__ d'assurance / insurance plan	police, contrat
	__ d'indemnisation, d'allocations, d'épargne-retraite / plan	régime
	__ **de contigence** / contingency plan (informatique)	plan de secours

	Exemples de formes et d'emplois fautifs	Formes correctes
❏ plan	__ de crédit / credit plan	contrat
	__ de paiement / payment plan	mode de paiement
	__ de pension / pension plan (offert par une entreprise à son personnel)	régime de retraite
❏ plancher	**avoir, prendre le plancher** / to have, to take the floor	monopoliser l'attention
	1ᵉʳ __ / first floor	rez-de-chaussée, premier étage
	3ᵉ __ / 3rd floor	3ᵉ étage
	tout le __ est consacré à l'informatique / floor	étage
	échantillon de __ / floor sample (marchandise exposée dans une salle de montre)	article en montre
	gérante de __ / floor manager	chef d'étage
	inventaire de __ / floor inventory	stocks courants
	lampe de __ / floor lamp	lampadaire, lampe à pied
○ planer	**planer** une exposition / to plan	projeter, organiser, planifier
○ planning	**planning**	plan, planification, programme
○ plant	tous les employés sont sortis du **plant**	de l'usine
○ plaster	**plaster**	pansement adhésif, diachylon
○ plastic	**plastic wood**	bois en pâte malléable
○ plasticine	**plasticine** (marque déposée)	pâte à modeler
○ plate	**plate**	marbre (baseball)

	Exemples de formes et d'emplois fautifs	Formes correctes
○ plate		plateau (de diverses machines)
		plaque (de métal)
❏ plateforme	**plateforme** du métro / platform	quai
	un véhicule à ___ pour remorquer une automobile / platform body, platform	plateau, carrosserie-plateau
○ play	**play-back**	présonorisation, surjeu
	___-**off** (sport)	éliminatoires, séries éliminatoires, séries de fin de saison
❏ pleine	moteur lancé à **pleine capacité** / at full capacity	à plein rendement
❏ plomb	crayon de **plomb** / lead pencil	à mine, à mine de plomb
○ plug	la **plug** est sur le grand mur	prise de courant, prise électrique
	la ___ du fil de la lampe est brisée	fiche (de connexion)
	une **free** ___ à la télévision	publicité gratuite, dissimulée, non autorisée, illicite
○ plugger	**plugger** un appareil	brancher
	se ___	se mettre en valeur, se faire de la publicité, vanter ses propres mérites
○ plug-in	un **plug-in** (informatique)	greffon
❏ plume	**plume-fontaine** / fountain pen	stylo à plume, stylo plume

	EXEMPLES DE FORMES ET D'EMPLOIS FAUTIFS	FORMES CORRECTES
❏ plus	traction avant, moteur longitudinal, suspension indépendante aux quatre roues **et beaucoup plus** ! / and much more	et bien d'autres choses encore !
	la deuxième __ **grande** ville du Québec / the second largest	la deuxième ville en superficie, en importance
	la troisième __ **importante** industrie / the third most important	la troisième industrie en importance
	la dixième __ **populeuse** ville au monde / the tenth most populous city	la dixième ville au monde pour la population, la ville qui vient au dixième rang, dans le monde, au point de vue de la population
	il est absent __ **souvent qu'autrement** / more often than not	la plupart du temps
❏ plusieurs	**avoir plusieurs chapeaux** / to wear several hats	avoir plusieurs casquettes
○ plywood	**plywood**	contreplaqué
▲ p.m.	défense de stationner - 7 à 9 **A.M.**, 4 à 6 **P.M.** / no parking - 7 to 9 A.M., 4 to 6 P.M. (les expressions *ante meridiem* et *post meridiem* empruntées au latin ne s'emploient pas en français)	7 h à 9 h, 16 h à 18 h
○ poff	**poff d'une cigarette**	touche, bouffée
❏ poinçon	**carte de poinçon** / punch card	carte de pointage
❏ poinçonnage	**poinçonnage** / punch (travail)	pointage
❏ poinçonner	il faut **poinçonner** avant 8 h / to punch	pointer
❏ point	à ce **point**, il n'y a plus rien à faire / at this point	stade

	Exemples de formes et d'emplois fautifs	Formes correctes
❏ point	__ **aveugle** / blind spot	angle mort
	l'automobiliste doit veiller à ne pas **perdre de __ de démérite** / demerit marks	accumuler des points d'inaptitude (on ne peut pas perdre des points d'inaptitude)
	les futures élections sont le __ **focal** / focal point	point de mire
	__ **tournant** / turning point	tournant, moment décisif
	faire son __ / to make one's point (dans un débat)	faire prévaloir son point de vue, convaincre son public, ses interlocuteurs
	gagner son __ / to win one's point	avoir gain de cause
	soulever un __ d'ordre / to raise a point of order	invoquer le règlement, faire appel au règlement, en appeler au règlement
▲ point	**100,000** $ / $100,000 **2,000.95** $ / $2,000.95 **0.75** $ / $0.75 **8.15** / 8.15 (ponctuation décimale)	100 000 $ (ni virgule, ni point) 2 000,95 $ (virgule) 0,75 $ (virgule) 8,15 (virgule)
	31 mai 2005. (en tête d'une lettre, le point à la fin de la date forme l'anglicisme) / May 31, 2005.	31 mai 2005 (sans point)

	Exemples de formes et d'emplois fautifs	Formes correctes
▲ point	**Monsieur Joseph Fox,** **Produits Fusion ltée,** **112 rue Star Ouest,** **St-Félix.** / Mr. J. Fox, Fusion Products Ltd., 112 Star Street West, St. Felix. (ponctuation dans la suscription d'une lettre)	Monsieur Joseph Fox Produits Fusion ltée 112, rue Star Ouest Saint-Félix (une virgule entre le numéro et le nom de la rue est la seule ponctuation requise)
❏ pointer	**pointer** du doigt / to point at sb	montrer, désigner, indiquer
❏ poisson	être le **poisson** dans une affaire / fish	dindon de la farce, poire, dupe
○ pole	**pole** à rideaux	tringle
	___ avec laquelle on pousse un objet éloigné	perche
	___ d'une tente	montant
	___ de ski	bâton de ski
❏ poli	**poli** à ongles / nail polish	vernis
	___ à chaussures / shoe polish	cirage
❏ police	**détenteur de police** / policeholder (assurances)	souscripteur, contractant, titulaire de la police, du contrat, porteur de la police
	officier de ___ / police officer	policier (officier : dans l'armée seulement)
	___ montée / mounted police	Gendarmerie royale du Canada

	Exemples de formes et d'emplois fautifs	Formes correctes
❏ police	__ **non participante** / non-participating policy	police sans participation
	__ **participante** / participating policy	police avec participation
❏ politique	**se faire du capital politique** / to make capital of a political situation	favoriser ses intérêts politiques, exploiter à des fins politiques, se gagner des faveurs, des avantages politiques
		tirer parti d'une situation (général)
■ politique	**science** __ / political science	sciences politiques (plur.)
	les __ économiques du gouvernement / the economic policies	la politique économique
○ poll	**poll**	bureau de vote, de scrutin
❏ pomme	**pomme grenade** / pomegranate	grenade
	sauce aux __ / apple sauce	compote de pommes, purée de pommes
▲ ponctuation	**31 mai 2005.** (en tête d'une lettre, le point à la fin de la date forme l'anglicisme) / May 31, 2005.	31 mai 2005 (sans point)
	vendredi**, le** 31 mai 2005 / Friday, the 31st of May	le vendredi 31 mai 2005 (sans virgule)
	408 rue Leblanc / 408 Leblanc St. (l'absence de ponctuation forme l'anglicisme)	408, rue Leblanc

	EXEMPLES DE FORMES ET D'EMPLOIS FAUTIFS	FORMES CORRECTES
▲ ponctuation	**Monsieur Joseph Fox,** **Produits Fusion ltée,** **112 rue Star Ouest,** **Saint-Félix.** / Mr. J. Fox, Fusion Products Ltd., 112 Star Street West, St. Felix. (ponctuation dans la suscription d'une lettre)	Monsieur Joseph Fox Produits Fusion ltée 112, rue Star Ouest Saint-Félix (une virgule entre le numéro et le nom de la rue est la seule ponctuation requise)
	100,000 $ / $100,000 **2,000.95** $ / $2,000.95 **0.75** $ / $0.75 **8.15** / 8.15 (ponctuation décimale)	100 000 $ (ni virgule, ni point) 2 000,95 $ (virgule) 0,75 $ (virgule) 8,15 (virgule)
	1,234,567 (ponctuation dans les nombres entiers)	1 234 567 (sans virgule)
○ pool	**pool** (la mise ou l'enjeu déposé par des amateurs de sport avant un match ou une compétition)	poule, enjeu, cagnotte
	faire partie d'un **car** __	faire du covoiturage, faire partie d'un groupe de covoiturage
	table de __	billard
○ popcorn	**popcorn**	maïs soufflé, maïs éclaté
❑ populaire	voici la répartition du **vote populaire** / popular vote	suffrage exprimé
❑ population	le pays est quatrième au classement international du revenu **par tête de population** / per head of population	par habitant, par tête d'habitant

	EXEMPLES DE FORMES ET D'EMPLOIS FAUTIFS	FORMES CORRECTES
❏ populeux	la dixième **plus populeuse** ville au monde / the tenth most populous city	la dixième ville au monde pour la population, la ville qui vient au dixième rang, dans le monde, au point de vue de la population
❏ port	**port** d'accès (informatique)	porte
❏ porte	**porte patio** / patio door	porte-fenêtre, porte panoramique
◯ porterhouse	**porterhouse** (steak)	gros filet
◆ positif	il **a testé positif** au contrôle de dopage / has tested positive (sport)	le test est positif, confirme le dopage
❏ positif	être **positif** qu'une chose existe, que les faits sont tels / to be positive	certain, convaincu, absolument sûr, catégorique
	l'**action** __ permet d'éliminer la discrimination en entreprise / affirmative action	mesures de rattrapage, de redressement
❏ position	perdre sa **position**	poste, emploi, situation, place (mais : position s'emploie au sens de position sociale)
	jouer **les deux** __ / to play both positions (hockey)	à l'aile gauche et à l'aile droite, aux deux ailes
❏ positionner	il cherche à **se positionner** pour les cent derniers mètres / to position	se placer, se poster (mais on peut positionner une pièce de machine, un produit sur le marché)

	EXEMPLES DE FORMES ET D'EMPLOIS FAUTIFS	FORMES CORRECTES
❏ positivement	il est **positivement** interdit d'entrer sans lunettes de protection / positively	formellement, rigoureusement
	elle a __ refusé de participer	catégoriquement
❏ possession	les **possessions** du défendeur / belongings	effets, affaires
○ post	faire le **post mortem** d'un événement	autopsie, analyse, examen
❏ postal	**charges postales** / postal charges	frais de port
	livraison __ / postal delivery	distribution du courrier
❏ poste	**combler un poste** / to fill a post, a vacancy	pourvoir un poste, à un poste
	coupures de __ / staff cutbacks	réduction des effectifs, compressions du, de personnel
○ poster	**poster**	affiche
○ postgradué	études **postgraduées** / postgraduate studies	postuniversitaires
○ pot	**pot** (jeu)	cagnotte
○ pouding	**pouding** à la vanille, au chocolat / pudding	crème
❏ pour	fermé **pour altérations** / closed for alterations	pendant les transformations, la réfection, les rénovations
	__ aucune considération / on no consideration	à aucun prix, pour quelque motif que ce soit, pour rien au monde, sous aucun prétexte

	Exemples de formes et d'emplois fautifs	Formes correctes
❏ pour	nous vous le laissons __ **aussi peu que** 20 $ / for as little as	pour la modique somme de, pour seulement
	congédiement __ **cause** / dismissal for cause	motivé
	__ **couper court** / to cut short	en bref, pour être bref, pour résumer (couper court à qqch : interrompre au plus vite)
	les contenants ne peuvent être retournés __ **crédit** / are not returnable for credit	contenants non consignés, non repris
	__ **faire l'histoire courte** / to make the story short	pour être bref
	l'entreprise paie __ les repas et l'**accommodation** pendant les déplacements / for accommodation	paie les repas et le logement, les repas et la chambre
	une pension __ **la vie**, être condamné __ **la vie** / for life	à vie
	collecte __ **le bénéfice** des enfants défavorisés / for the benefit of	au profit, à l'intention, au bénéfice, en faveur
	__ **les fins de** / for the purpose of	aux fins de, pour les besoins de
	__ **payer ou charger** ? / to pay or charge ?	comptant ou crédit ?, comptant ou au compte ?
	je vous envoie un texte __ **publication** / for publication	à publier

EXEMPLES DE FORMES ET D'EMPLOIS FAUTIFS	FORMES CORRECTES
❏ pour	ces faits ont été soumis aux membres __ **réflexion** / were submitted for reflection	ont été soumis aux membres, à l'attention des membres, afin qu'ils y réfléchissent
	__ **une chose**, ils n'ont pas montré d'intérêt, puis ils voulaient des personnes d'expérience / for one thing	tout d'abord, entre autres raisons, facteurs
	nous vous faisons parvenir, __ **votre information** / for your information	à titre indicatif, d'information, de renseignement
	appliquer, faire application __, sur un emploi / to apply, to make an application for a job	postuler, solliciter un emploi, faire une demande d'emploi, offrir ses services, poser sa candidature à un emploi, remplir un formulaire de demande d'emploi
	appliquer __ une subvention / to apply for a grant	demander, faire une demande de, adresser une demande de, présenter une demande de
	avec comme, avec __ résultat que / with the result that	de sorte que, de telle sorte que, en conséquence
	espérer __ le mieux / hope for the best	être optimiste, avoir confiance que tout va s'arranger
	plusieurs pensent que la taxe supplémentaire **est là __ rester** / is there to stay	est là pour de bon, est une chose acquise

	EXEMPLES DE FORMES ET D'EMPLOIS FAUTIFS	FORMES CORRECTES
❏ pour	**moi __ un** / I for one	quant à moi, pour ma part, à mon avis, personnellement
	elle **regarde __** son foulard / is looking for	regarde pour trouver, cherche, regarde si son foulard est là
	avoir **un goût __** / to have a taste for	un penchant vers, du goût pour, un faible pour
	l'équipe y **va __** un autre match / goes for	jouera un autre match
	vôtre __ 20 $ / yours for $20	prix : 20 $
◆ pour	les demandes **pour du** matériel / requisitions for	demandes de
	attendez __ une caisse libre / wait for (banque)	attendez qu'une caisse soit libre
	c'est un patron **que** je n'aime pas travailler __ / that I do not like to work for	pour lequel, pour qui
	combien as-tu payé __ ça ? / how much did you pay for that ?	combien as-tu payé cela ?
	composez 791-4251 __ le garage / dial for	pour atteindre le, pour communiquer avec le
	faire mijoter __ 20 minutes / for 20 minutes	pendant
	il est impossible __ la compagnie d'accorder cela à son personnel / impossible for the company	à

	EXEMPLES DE FORMES ET D'EMPLOIS FAUTIFS	FORMES CORRECTES
◆ pour	il y a un besoin ⎯ de nouvelles installations / a need for	un besoin de
	les articles endommagés ne peuvent être retournés ⎯ remboursement / are not returnable for refund	ne seront pas remboursés
	nos meilleurs vœux ⎯ une bonne année / our best wishes for a happy new year	de bonne année
	on a fait une commande ⎯ 100 tubes / an order for	commande de
	réservé ⎯ la présidente-directrice générale / reserved for	réservé à
	soumissionner ⎯ des travaux / to tender for	soumissionner des travaux
	appeler, écrire ⎯ des renseignements / to call, write for	appeler, écrire pour obtenir, demander des renseignements au téléphone, par écrit
	compenser les producteurs ⎯ leurs pertes / to compensate the producers for their losses	compenser les pertes des producteurs, dédommager, indemniser les producteurs de leurs pertes
	veuillez trouver ci-joint notre chèque de 50 $, **étant** ⎯ le paiement de / enclosed... $50, being for the payment of	ci-inclus un chèque de 50 $ représentant le montant de notre dette
	dix étudiants **ont qualifié** ⎯ la maîtrise / have qualified for	se sont qualifiés pour, ont été admis à
◆ pourcentage	un demi **de un** pour cent (« de un » forme l'anglicisme) / one half of 1 %	un demi pour cent

	EXEMPLES DE FORMES ET D'EMPLOIS FAUTIFS	FORMES CORRECTES
◆ pourquoi	c'est la raison **pourquoi** j'agis ainsi / the reason why	pour laquelle, c'est pourquoi
❑ poursuite	poursuites **légales** / legal action	judiciaires
❑ poussette	**poussette-parapluie** / umbrella stroller	poussette-canne
❑ pouvoir	le **pouvoir** consommé par une machine / the power consumption of	énergie
	le __ développé par une machine / the power delivered	puissance
	le __ de Beauharnois / the power station	centrale hydroélectrique, centrale électrique
	en autant que je __ / as far as I can	dans la mesure du possible
	perte de __ / power failure	panne de courant, d'électricité
○ powder	un **powder room** ne comprend ni baignoire, ni douche	cabinet de toilette
○ power	**power-brakes** (auto)	freins assistés, servofreins
	__ **steering** (auto)	direction assistée, servodirection
❑ pratique	**à toutes fins pratiques** l'heure de pointe est terminée / for all practical purposes	en pratique, pratiquement, en définitive, en fait
	une heure de __ / practice	répétition, exercice, entraînement
	__ **légale** / legal practice	pratique du droit, exercice du droit
	vert de __ / practice putting green	vert d'exercice

	EXEMPLES DE FORMES ET D'EMPLOIS FAUTIFS	FORMES CORRECTES
❏ pratiquer	**pratiquer** une pièce de théâtre, un numéro de chant / to practice	répéter
	___ la danse, son piano, son revers (tennis)	s'exercer à, travailler
	___ le judo, la natation	s'entraîner à, s'exercer à
○ preacher	**preacher**	télévangéliste, prédicateur
❏ préadressé	**enveloppe préadressée** / preaddressed envelope	enveloppe-réponse
○ précondition	**précondition**	condition préalable, préalable
❏ préférentiel	**action préférentielle** / preferred share (finance)	action privilégiée
	dette ___ / preferential debt	créance privilégiée
❏ préjudice	avoir un **préjudice** contre qqn, qqch / to have a prejudice against sb, sth	préjugé, parti pris
	sans ___ **à** / without prejudice to (droit)	sous toutes réserves, sans aveu de responsabilité
❏ préjugé	être **préjugé** contre qqch / to be prejudiced	être prévenu, prédisposé, avoir des préjugés, des idées préconçues
❏ préliminaire	**projet préliminaire** / preliminary project	avant-projet
❏ prémarital	rencontres **prémaritales**	préconjugales
◆ premier	les **premiers cinq** mois / the first five months	les cinq premiers mois (l'adjectif numéral accompagné du mot premier se place toujours avant celui-ci)

	Exemples de formes et d'emplois fautifs	Formes correctes
❏ premier	**premier nom** / first name	prénom
	__ **plancher** / first floor	rez-de-chaussée, premier étage
○ prendre	**prendre un break** / to take a break	faire une pause
❏ prendre	**avoir, prendre le plancher** / to have, to take the floor	monopoliser l'attention
	__ **action** / to take action	passer à l'action, prendre une initiative, des mesures, intervenir
	__ **avantage** de ce droit, de cette possibilité / to take advantage of	profiter, se prévaloir, tirer parti
	__ **ça aisé** / to take it easy	ne pas s'en faire, en prendre à son aise, prendre son temps, se la couler douce
	__ des démarches / to take steps	faire
	__ **force** / to come into force	entrer en vigueur, prendre effet
	l'exposition doit __ **place** le 2 mars / is to take place	avoir lieu, se tenir
	__ **la, des chances** / to take a chance, to take chances	courir la chance, le risque, prendre le risque, courir, prendre des risques
	__ **la parole** de qqn / to take sb's word	se fier, s'en rapporter à la parole de
	__ **la part** de qqn / to take sb's part	prendre la défense de, le parti de, fait et cause pour

EXEMPLES DE FORMES ET D'EMPLOIS FAUTIFS	FORMES CORRECTES
❏ prendre __ **offense** d'une remarque, d'un reproche / to take offence	se formaliser, se froisser, se choquer
__ **par surprise** / to take by surprise	surprendre, prendre à l'improviste, au dépourvu
__ **place** dans une voiture / to take place	monter, se trouver
__ **qqch pour acquis** / to take sth for granted	tenir qqch pour acquis, pour certain, présupposer, admettre au départ, poser en principe, admettre sans discussion
__ **qqn pour acquis** / to take sb for granted	traiter qqn en quantité négligeable, ne tenir aucun compte de qqn
__ **un cours** / to take a course	suivre un cours
__ **un vote** / to take a vote	procéder à un vote, à un scrutin, voter, tenir un vote
__ **une action, des procédures contre** qqn / to take action, proceedings against	actionner qqn, intenter un procès à, des poursuites contre, poursuivre, citer en justice, engager, exercer des poursuites, engager, entamer, intenter une procédure contre, aller en justice

	EXEMPLES DE FORMES ET D'EMPLOIS FAUTIFS	FORMES CORRECTES
❏ prendre	___ une assurance / to take out an insurance	contracter, souscrire une assurance, s'assurer
	___ **une marche** / to take a walk	faire un tour, une promenade, se promener
	veuillez ___ **avis** de la nouvelle version du règlement / take notice of	prendre connaissance, acte
◆ prendre	___ **charge de** qqn ou de qqch / to take charge of	prendre qqn ou qqch en charge ou à sa charge, se charger de
◆ préparer	brochure **à être préparée, à être distribuée** / to be prepared, to be distributed	à préparer, à distribuer (on emploie l'auxiliaire être avec les verbes passifs, réfléchis et plusieurs verbes intransitifs)
❏ prépondérant	le conseiller a été élu grâce au **vote prépondérant** du directeur de scrutin / casting vote	voix prépondérante
○ prérequis	**prérequis** / prerequisites	préalables, conditions d'admissibilité, qualifications préalables
❏ prescription	donner la **prescription** du médecin à la pharmacienne	ordonnance
❏ présentation	**présentation formelle** / formal presentation	exposé didactique
	pitch de ___ (publicité)	présentation
❏ préservatif	ne contient aucun **préservatif** / preservative	agent de conservation
○ press	cycle **permanent press** (appareils ménagers)	cycle apprêt permanent

	Exemples de formes et d'emplois fautifs	Formes correctes
○ press	tissu, vêtement **permanent** __	infroissable
	__-**book**	dossier de presse
❏ presse	**aller sous presse** / to go to press	mettre sous presse
	coupures de __ / press clippings	coupures de journaux
	l'opinion de la __ **ethnique** / ethnic press	des journaux des minorités ethniques, des journaux allophones
❏ presser	**presser** son costume / to press	repasser
❏ pression	**basse pression** / low pressure (tension artérielle)	hypotension
	haute __ / high pressure (tension artérielle)	hypertension
	__, tension **sanguine** / blood pressure	artérielle
❏ prestation	prestation **supplémentaire** de chômage / supplementary unemployment benefit	complémentaire
○ prestone	**prestone** (marque déposée)	antigel
❏ prêt	**ratio prêt valeur** / ratio of loan value	quotité de financement
❏ prétexte	se présenter **sous de fausses représentations, de faux prétextes** / under false pretences	frauduleusement, sous le prétexte de, sous le faux motif
❏ preuve	preuve de **réclamation** / proof of claim (assurances)	sinistre
❏ prévaloir	la lune de miel qui **prévaut** entre les gouvernements fédéral et provinciaux / that prevails	a cours, existe, règne (prévaloir : l'emporter sur)

	EXEMPLES DE FORMES ET D'EMPLOIS FAUTIFS	FORMES CORRECTES
❏ prévaloir	le tarif **prévalant**	actuel, courant, pratiqué, en vigueur
○ preview	je n'ai pas vu le film, seulement les **previews**	bandes-annonces
○ prime	**prime rate** (finance)	taux préférentiel, de base
	__ **time** (radiotélévision)	heures de pointe, de grande écoute
❏ prime	**prime à paiements limités** / limited payment premium (assurances)	prime temporaire, prime limitée
	__ **à vie** / whole life premium (assurances)	prime viagère
	__ **additionnelle** / additional premium (assurances)	surprime, complément de prime
	__ **de service** / long service pay	prime d'ancienneté
	__**, paye de séparation** / separation allowance, separation pay, severance pay	indemnité de cessation d'emploi, de départ, de licenciement, de fin d'emploi
○ primer	**primer** (peinture)	apprêt, couche de fond
❏ principale	**principale place d'affaires** / main business place	siège social
○ printer	**printer** (informatique)	imprimante
	laser __ (informatique)	imprimante laser, à laser
○ printout	**printout** (informatique)	sortie sur imprimante, imprimé

	EXEMPLES DE FORMES ET D'EMPLOIS FAUTIFS	FORMES CORRECTES
○ priority	**top priority** (mention sur des documents)	priorité absolue
○ privé	**bill privé** / private bill	projet de loi d'intérêt particulier, d'intérêt privé
❑ privé	cours **privé** / private lessons	particulier
	chambre __ / private room	à un lit, individuelle
	endroit __ / private place	retiré, isolé
	marque __ / private brand, label	de distributeur, de détaillant
	société __ / private corporation	fermée
❑ privilège	**privilège** que vaut la garantie / privilege provided by the benefit (assurances)	avantage
	__ **d'assurance libérée** / reduced paid-up insurance privilege	droit de réduction
	__ **d'assurance temporaire prolongée** / extended term insurance privilege	droit de prolongation
	__ **de conversion** / conversion privilege (assurances)	droit de transformation
	__ **de remboursement anticipé** / prepayment privilege	droit de remboursement anticipé, par anticipation
❑ privilégié	formes et coupes **privilégiées** : longues et droites / privileged (haute couture)	sélectionnées, retenues
❑ prix	**prix coupé** / cut price	prix réduit
	__ **d'admission** à un spectacle / price of admission	prix d'entrée, entrée, droit d'entrée

	EXEMPLES DE FORMES ET D'EMPLOIS FAUTIFS	FORMES CORRECTES
❏ prix	ces marchandises vous sont offertes à __ **d'épargne** / at savings price	prix économique
	__ **d'escompte** / discount price	prix minimarge
	__ **de liste** / list price	prix courant, de catalogue
	__ **demandé** / asked price (finance)	offre, cours vendeur, cours de vente
	__ **par unité** / unit price	prix unitaire
	__ **régulier** / regular price	prix courant, de catalogue
	__ **spécial** / special price	prix de solde, réduit
❏ probation	employée en **probation** / in probation	période d'essai
	les nouveaux employés doivent effectuer une **période de** __ / probation, probationary period	période d'essai
	vous pouvez commander cet article **en** __	à l'essai, sous condition
	officier de __ / probation officer	agent de probation
	système de la __ / probation system	régime de la mise en liberté surveillée, de la liberté surveillée

	EXEMPLES DE FORMES ET D'EMPLOIS FAUTIFS	FORMES CORRECTES
❏ procédure	**prendre une action,** **des procédures contre** qqn / to take action, proceedings against	actionner qqn, intenter un procès à, des poursuites contre, poursuivre, citer en justice, engager, exercer des poursuites, engager, entamer, intenter une procédure contre, aller en justice
❏ procès	**envoyer** qqn **à son procès** / to send sb to trial	inculper, mettre en accusation, renvoyer devant les tribunaux
	minutes d'un __ / minutes of a lawsuit	transcription des témoignages
❏ processus	c'est en **processus** de construction / in the process	en voie, en cours
◆ prochain	au cours des **prochaines 12** années / during the next 12 years	au cours des 12 prochaines années
◆ proclamé	il est le deuxième à **être proclamé** le joueur le plus utile à son équipe / to be proclaimed	qu'on proclame, à recevoir le titre de
❏ production	l'entreprise rémunère ses employés à la **production**	rendement
❏ professionnel	un ou une **professionnelle** / professional	membre d'une profession libérale, spécialiste
	champ __ / professional, vocational field	secteur professionnel
	corporation __ / professional corporation	ordre professionnel
○ profile	être **low profile** / to keep a low profile	s'effacer, rester dans l'ombre

	EXEMPLES DE FORMES ET D'EMPLOIS FAUTIFS	**FORMES CORRECTES**
❏ profitable	le magazine est très **profitable** depuis quelques années	rentable, payant
❏ programme	**programme** de radio, de télévision / program	émission
❏ progrès	le recensement est **en progrès** / in progress	en cours, en marche
	rapporter __ / to report progress	exposer l'état de la question, conclure, résumer, clore les débats, lever la séance
❏ progressif	**avances progressives** versées pendant des travaux de construction / progress advances, payments	avances échelonnées
❏ projet	**projet préliminaire** / preliminary project	avant-projet
❏ prolongé	**privilège d'assurance temporaire prolongée** / extended term insurance privilege	droit de prolongation
❏ pro-maire	**pro-maire** / pro-mayor	maire suppléant, mairesse suppléante
■ promissoire	billet **promissoire** / promissory note	billet à ordre, au porteur, à vue
❏ promotion	**promotion** par matière / subject promotion, promotion by subject (éducation)	passage, progression
❏ promouvoir	**promouvoir** un article / to promote	faire de la publicité à, faire de la réclame pour
❏ proposition	**proposition alternative** / alternative proposal	contre-proposition

	EXEMPLES DE FORMES ET D'EMPLOIS FAUTIFS	FORMES CORRECTES
○ prospect	**prospect**	client potentiel
■ protéinique	une substance à forte teneur **protéinique** / proteinic	protéique
❏ provision	**provision** (droit)	disposition, prescription (loi), clause, stipulation (acte)
	___ (assurances)	garantie
○ proxy	serveur **proxy** / proxy server (Internet)	serveur mandataire, mandataire
❏ public	société **publique** / public corporation	ouverte
❏ publication	je vous envoie un texte **pour publication** / for publication	à publier
○ publishing	**desktop publishing, editing** (informatique)	éditique, édition assistée par ordinateur, micro-édition
○ puck	**puck** (hockey)	rondelle, disque
○ puff	une **puff** de cigarette	touche, bouffée
❏ pulpe	**pulpe, ___ de bois** (industrie papetière) / woodpulp	pâte à papier, de bois
	bois de ___ / pulpwood	bois à pâte, bois de papeterie
○ punch	**punch**	emporte-pièce (outil à découper)
		perçoir (outil à percer)
		poinçon (outil pointu)
		pointeau (poinçon en acier)

	EXEMPLES DE FORMES ET D'EMPLOIS FAUTIFS	FORMES CORRECTES
○ punch		pointeuse (à l'entrée d'une usine, d'un bureau)
	une annonce publicitaire qui a du __	qui frappe, a du mordant
○ puncher	**puncher** qqn / to punch	flanquer un coup de poing
	__ à l'emporte-pièce	percer
	__ une feuille	perforer
	__ à l'usine, au bureau	pointer (la carte de présence), se pointer (à l'usine, au bureau)
▲ punches	**punches** (boissons)	punchs
○ punching	**punching bag** (pour l'entraînement des boxeurs)	sac de sable
	__ **ball**	ballon de boxe
○ push	**push-button**	bouton-poussoir
	faire des __-**up**	tractions au sol, tractions, pompes
○ pushing	il faut du **pushing** pour obtenir cet emploi	relations, influences, piston
○ put	**put** (golf)	roulé
● pyjama	**pyjama**	pyjama (se prononce « pijama » et non « pidjama » et s'emploie au sing.)
■ pyromaniaque	**pyromaniaque** / pyromaniac	pyromane

Q

EXEMPLES DE FORMES ET D'EMPLOIS FAUTIFS	FORMES CORRECTES
○ Q-tip	**Q-tip** (marque déposée)	cure-oreille, coton-tige
❏ qualification	**qualifications** requises pour occuper un emploi	qualités, formation, compétence
	il y a une période de __ pour l'assurance-emploi / qualifying period	référence
	les __ linguistiques requises / language qualifications	connaissances
◆ qualifier	dix étudiants **ont qualifié pour** la maîtrise / have qualified for	se sont qualifiés pour, ont été admis à
◆ quand	il est arrivé à Québec **quand il avait dix ans** / when he was ten	à l'âge de
	trois personnes furent tuées __ un réservoir a explosé / when a tank blew up	à la suite de l'explosion d'un réservoir, par l'explosion d'un réservoir
	ne pas dépasser ce véhicule __ **arrêté** / do not pass when stopped	quand il est arrêté, à l'arrêt
■ quartier	les **quartiers généraux** de l'armée, de la police / headquarters	quartier général (sing.)
❏ quatre	camionnette, jeep **quatre par** __ / four by four, 4 x 4	à quatre roues motrices, quatre-quatre

	EXEMPLES DE FORMES ET D'EMPLOIS FAUTIFS	FORMES CORRECTES
◆ que	le contrat **que** je t'ai parlé / the contract that I told you about	dont
	une recommandation du bureau des commissaires ___ le gouvernement soit prié d'adopter cet emblème / a recommendation that	voulant que
	nous publierons un répertoire des membres **alors** ___ nous aurons compilé tous les noms / when	au moment où (alors que exprime la simultanéité ou l'opposition)
	la personne ___ j'ai parlé **avec** / the person I talked with	avec qui j'ai parlé
	le stylo ___ j'écris **avec** / the pen I am writing with	avec lequel j'écris
	c'est un principe ___ je n'ai rien **contre** / that I have nothing against	contre lequel je n'ai rien
	c'est un patron ___ je n'aime pas travailler **pour** / that I do not like to work for	pour lequel, pour qui
▲ Qué.	**Qué.** (Québec) / Que (Quebec)	QC (on peut abréger les noms de pays ou de provinces dans un tableau statistique. Dans une adresse, ces noms s'écrivent au long)
○ queen	lit **queen size**	grand format
❑ quel	**quelle est l'idée** d'un pareil projet ? / what is the idea ?	à quoi rime un pareil projet ?, à quoi veut-on en venir ?
❑ quelque	**quelque temps** à l'automne, il faudra reparler du projet / sometime	au cours de
❑ question	**demander une question** / to ask a question	poser une question, demander qqch

	EXEMPLES DE FORMES ET D'EMPLOIS FAUTIFS	FORMES CORRECTES
■ questionnable	ce point est **questionnable** / questionable	discutable, contestable, douteux, incertain
❑ questionner	**questionner** un compte, une déclaration, une décision / to question	poser des questions au sujet de, vérifier, critiquer, examiner, mettre en doute, douter, contester, remettre en question
○ queue	**coat à queue** / tail coat	tenue de gala, costume de cérémonie, habit
❑ qui	**c'est** Paul Fortin **qui parle** / this is Paul Fortin speaking	Paul Fortin à l'appareil, ici Paul Fortin
	__ **appelle** ? / who is calling ?	puis-je lui dire qui l'appelle ?, qui dois-je annoncer ?, puis-je lui dire votre nom ?
○ quick	**quick lunch**	casse-croûte, restaurant-minute
❑ quilles	**allée de quilles** / bowling alley	piste de quilles, piste de jeu
○ quit	**quit** (informatique)	cessation
❑ quitter	je ne travaille plus pour cette entreprise, j'ai **quitté** / I have quit	démissionné, quitté mon poste

	EXEMPLES DE FORMES ET D'EMPLOIS FAUTIFS	FORMES CORRECTES
○ quiz	**quiz**	jeu-questionnaire (télévision), questionnaire (magazine), examen pratique (université)
❏ quoi	je ne sais pas si je l'achèterai, ou **quoi** / or what	ou si je prendrai une autre décision, je ne sais pas trop si je l'achèterai
○ quotation	**quotation**	devis (estimatif), proposition de prix
❏ quoter	**quoter, coter** / to quote for (assurances)	tarifer

R

○ rack   **rack**   cadre (structure métallique)

claie,
clayon,
clayette (fruits,
bouteilles)

casier,
étagère à bouteilles
(vin)

égouttoir (vaisselle)

galerie (sur le toit),
porte-bagages,
porte-skis (auto)

panier (lave-vaisselle)

panier à couverts
(couteaux, fourchettes,
cuillers)

porte-bagages
(autobus, avion)

portemanteau
(vêtements)

ridelle (camion)

support à claire-voie,
claie (caisse, cageot)

	EXEMPLES DE FORMES ET D'EMPLOIS FAUTIFS	FORMES CORRECTES
○ racket	**racket**	vol, escroquerie
○ rafting	**rafting**	descente de rivière, descente en eau vive, en eaux vives
		radeau pneumatique, radeau
○ raid	**raid** de police	descente, rafle (comportant arrestation massive)
◆ raison	c'est la raison **pourquoi** j'agis ainsi / the reason why	pour laquelle, c'est pourquoi
❏ raison	**raisons** du jugement / reasons (droit)	motifs du jugement (dans les textes de procès, le mot motif est toujours plur.)
❏ ralliement	l'équipe a fait un beau **ralliement** / achieved a rally	a fait un effort de dernière heure
❏ rappeler	**rappeler** une loi / to repeal an act	abroger
	__ **à l'ordre** un député / to call to order	rappeler au règlement
❏ rapport	j'ai reçu un appel **en rapport, en relation avec** l'accident / in connection with, in relation with	relativement à, au sujet de, à propos de
❏ rapporter	**rapporter** un accident à la police / to report	signaler
	__ des blessés	compter
	__ **progrès** / to report progress	exposer l'état de la question, conclure, résumer, clore les débats, lever la séance

	EXEMPLES DE FORMES ET D'EMPLOIS FAUTIFS	FORMES CORRECTES
❏ rapporter	__ qqn à la police	dénoncer, déclarer
	les employés doivent **se** __ à leur supérieur	se présenter, rendre des comptes, rendre compte, communiquer avec
	se __ malade	se porter
❏ rapporteur	**officier rapporteur d'élection** / returning officer	directeur, directrice du scrutin
	sous-officier __ / deputy returning-officer	scrutateur
○ raqué	**être raqué** / to be racked	courbaturé, fatigué, moulu, éreinté
○ rate	**prime rate** (finance)	taux préférentiel, de base
○ rating	**rating**	classement, évaluation, indice de performance
❏ ratio	**ratio maître-élèves** / student-teacher ratio	rapport élèves-maître, rapport élèves-enseignant
	__ **prêt valeur** / ratio of loan value	quotité de financement
❏ rationnel	le **rationnel** est le fondement de notre pensée / rational	logique, raisonnement
❏ rayon	passer un **rayon X** / an X-ray	radiographie, radio
	magasin à __ / department store	grand magasin, magasin à grande surface (rayon : section de magasin)
▲ razoir	**razoir** / razor	rasoir

	EXEMPLES DE FORMES ET D'EMPLOIS FAUTIFS	FORMES CORRECTES
○ re	**re :** (dans une lettre, une note)	objet :
○ readership	le périodique peut se vanter d'avoir un **readership** fidèle	lectorat
○ ready mix	**ready mix**	béton préfabriqué, liquide, camion-mélangeur
❏ réalignement	**réalignement** / realignment (sens figuré)	rajustement, reconsidération, révision (d'une politique)
○ rebooter	**rebooter, booter** (informatique)	redémarrer, initialiser, réinitialiser
○ recall	les entreprises effectuent des **recalls** pour corriger des défauts de fabrication	rappels
❏ récent	au cours des **récentes** années / during the recent years	dernières
❏ réception	la **réception** est bonne (télévision)	image
❏ recevable	**billets recevables** / bills receivable	effets à recevoir
	compte __, comptes __ / account receivable, accounts receivable	compte client, comptes clients, compte débiteur, comptes débiteurs
❏ recevoir	recevoir un **téléphone** / to receive a phone call	appel, coup de téléphone
❏ réclamation	faire une **réclamation** / to make a claim (assurances)	demande de règlement, demande d'indemnité
	admission de la __ / admission of claim	prise en charge du sinistre
	agent de __ / claim adjuster	régleur, expert d'assurances, expert en sinistres

	EXEMPLES DE FORMES ET D'EMPLOIS FAUTIFS	FORMES CORRECTES
❏ réclamation	le décès constitue une __ / a claim	sinistre
	note de __ / notice of claim	avis de sinistre, déclaration de sinistre
	paiement de la __ / payment of claim	sommes assurées, prestations, indemnités
	preuve de __ / proof of claim	sinistre
	s'il n'y a pas de __ / if there is no claim	si le risque ne se réalise pas
◆ réclamé	**si non réclamé**, retourner à l'expéditeur / if not claimed	en cas de non-livraison
❏ réclamer	les factions ennemies **réclament** la chute d'un avion gouvernemental / claim	s'attribuent, revendiquent, prétendent, affirment avoir abattu
▲ recommendation	**recommendation**	recommandation
❏ recomptage	**recomptage** / recount (élections)	second dépouillement, nouveau dépouillement, dépouillement judiciaire
○ reconditionné	machine, voiture **reconditionnée** / reconditionned	remise en état, à neuf
○ record	**record**	archives (société)
		casier judiciaire
		dossier
		enregistrement (informatique)
		fiche (santé, performance)
		livres (services financiers)

	Exemples de formes et d'emplois fautifs	Formes correctes
○ record		minutes (acte notarié)
		registre (comptabilité, présence)
	confier une information **off-the-__**	confidentielle, sans caractère officiel
○ recorder	**tape recorder**	magnétophone
❏ reçu	**reçu paiement** / received payment (sur une facture)	paiement reçu, pour acquit, payé
	votre __ / your receipt (sur une facture)	reçu du client
❏ récupération	classe de **récupération** / remedial class	d'appoint, d'orthopédagogie
○ red	le règlement de mon dossier retarde à cause du **red tape**	formalités, chinoiseries administratives, paperasserie
○ reel	**reel**	moulinet (de canne à pêche)
		dévidoir (de tuyau d'arrosage)
○ réengineering	**réengineering** des processus	réingénierie
❏ référant	**référant à** votre lettre du 5 août, nous vous informons que / referring to your letter	en réponse à, comme suite à
❏ référence	lettre de **référence** / reference letter	de recommandation (mais : avoir des références, servir de référence)
	termes de __ / terms of reference (d'une commission)	attributions, mandat, compétence

	EXEMPLES DE FORMES ET D'EMPLOIS FAUTIFS	FORMES CORRECTES
◆ référer	elle doit **référer** à son supérieur / to refer to	en référer à
❏ référer	veuillez vous **référer** à la lettre du 10 février / refer to the letter	reporter
	__-vous aux instructions, au catalogue / refer to	consultez
	cela __ à ce que vous disiez / refers to	se rapporte, a trait
	je vais voir qui je pourrais vous __ dans ce dossier / to refer to	recommander
	la responsable a __ la lettre à son adjoint / referred the letter to	transmis, confié
	cette lettre __ à la commande d'il y a deux ans / refers to	concerne, traite de
	il n'a pas __ à ce qui s'était passé / he did not refer to	fait allusion à, parlé de
	cette note __ à tel dossier / refers to	renvoie
	__ qqn à la personne responsable / to refer sb to	diriger
	__ un différend, un litige, une proposition au comité / to refer the point at issue	soumettre, renvoyer
	__ un patient à une clinique / to refer the patient	diriger vers, adresser à, envoyer à
	__ une affaire à son avocat / to refer the matter	confier

297

	EXEMPLES DE FORMES ET D'EMPLOIS FAUTIFS	FORMES CORRECTES
○ refill	**refill**	cartouche (de stylo à encre), recharge (de stylo à bille, de mines de plomb, de feuilles, de produits de consommation)
❏ réflexion	ces faits ont été soumis aux membres **pour réflexion** / were submitted for reflection	ont été soumis aux membres, à l'attention des membres, afin qu'ils y réfléchissent
❏ réfrigérant	camion **réfrigérant** / refrigerator van body	frigorifique, réfrigéré
◆ refuser	nous **avons été refusés** de le faire / we were refused to do it	on nous a refusé la permission de le faire
❏ regarder	il **regarde** mieux / he looks better	semble mieux, a l'air mieux, a meilleure mine
	ça __ bien / it looks well	les choses s'annoncent bien, la perspective est bonne
	ça __ mal / it looks bad	les choses s'annoncent mal, la perspective est mauvaise, désolante, la situation est inquiétante
	elle __ **pour** son foulard / is looking for	regarde pour trouver, cherche, regarde si son foulard est là
❏ régulier	**régulier** / regular	courant, ordinaire (prix, modèle) de base (salaire)

	EXEMPLES DE FORMES ET D'EMPLOIS FAUTIFS	FORMES CORRECTES
❏ régulier		habituel, attitré (professeur, surveillant)
		normal (horaire, tarif, conditions, salaire)
		ordinaire (café, essence, format, menu, séance)
		permanent (personnel)
		table d'hôte, menu à prix fixe, repas complet
		titulaire, en titre (membre, par opposition à membre suppléant)
		usuelles, courantes (pratiques)
❏ réhabilitation	**réhabilitation** d'un accidenté	réadaption, rééducation
	___ des délinquants, des criminels	redressement, réadaptation
❏ réhabiliter	**réhabiliter** les communications, un circuit, un courant, un contact / to rehabilitate	rétablir
❏ relation	j'ai reçu un appel **en relation, en rapport avec** l'accident / in relation with, in connection with	relativement à, au sujet de, à propos de
○ relax	**relax**	décontracté, détendu, reposant

	EXEMPLES DE FORMES ET D'EMPLOIS FAUTIFS	FORMES CORRECTES
❏ relocaliser	**relocaliser** / to relocate	déménager, réimplanter (établissement), muter, reclasser (employé), reloger (une personne)
○ remake	le **remake** d'un film	nouvelle version, deuxième mouture
❏ remboursement	**privilège de remboursement anticipé** / prepayment privilege	droit de remboursement anticipé, par anticipation
○ remover	**remover**	décapant (pour peintures et vernis)
		dissolvant (pour vernis à ongles)
		détachant (pour taches)
❏ remplir	**remplir** une ordonnance, un ordre / to fill a prescription, an order	exécuter
	la salle était __ **à capacité** / filled to capacity	pleine, comble, bondée
❏ rencontrer	**rencontre** Jean Tremblay / meet Jean Tremblay	je te présente
	__ des dépenses / to meet	faire face à, régler
	__ des difficultés	affronter, éprouver (mais : rencontrer un obstacle)
	__ des exigences, des besoins, la demande	répondre à, satisfaire à
	__ des objectifs	atteindre
	__ l'approbation de	recevoir
	__ l'opposition de	se heurter à

	EXEMPLES DE FORMES ET D'EMPLOIS FAUTIFS	FORMES CORRECTES
❏ rencontrer	__ les conditions	satisfaire aux, remplir, acquiescer aux, souscrire aux
	__ les normes	être conforme à
	__ les prévisions de	confirmer, concorder avec
	__ les vues, les idées de	tomber d'accord avec
	__ ses engagements, ses obligations	tenir, respecter, remplir
	__ ses paiements	faire, acquitter ses dettes
	__ un billet, un effet de commerce	payer
	__ un déficit	couvrir
	__ une date limite, une échéance	respecter, observer
	je suis heureux de vous __ / glad to meet you	de vous connaître, de faire votre connaissance (mais : heureux de vous rencontrer ici)
❏ renforcer	**renforcer** les liens / to strengthen bonds	resserrer
◯ rent	**rent-a-car**	location de voitures, voitures de location
❏ rentrer	CVCV ne **rentre** pas / does not come in	on ne capte pas cette station
❏ renverse	**renverse** des automobiles / reverse	marche arrière

	EXEMPLES DE FORMES ET D'EMPLOIS FAUTIFS	FORMES CORRECTES
❏ renverser	**renverser** un jugement / to reverse a judgment	casser, réformer, infirmer (mais : renverser un gouvernement)
	appel à **charges** __ / reverse-charge call	à frais virés
	__ une loi, un règlement, un acte / to reverse a law	invalider
❏ réparation	envoyer une pièce à l'atelier **pour réparation** / send the part to the shop for repair	envoyer réparer la pièce à l'atelier
❏ repas	**repas régulier** / regular meal	table d'hôte, menu à prix fixe, repas complet
◆ répondre	avez-vous été **répondu** ? / have you been answered ?	vous a-t-on répondu ?, est-ce qu'on vous a répondu ?
	les besoins ont été __ / have been answered	on a répondu aux besoins
❏ repos	**salle de repos** / rest room	toilettes
◆ représentant	plus d'une vingtaine de films ont été coproduits au Québec, **représentant** un investissement de 53 millions de dollars / representing	ce qui représente un investissement de (le participe présent doit se rapporter non à une proposition mais au sujet de celle-ci, ou à un autre élément non séparé du participe présent par une virgule)
❏ représentant	**représentant des ventes** / sales representative	représentant commercial, représentant

	EXEMPLES DE FORMES ET D'EMPLOIS FAUTIFS	FORMES CORRECTES
❏ représentant	__ **légal** / legal representative (droit)	ayant cause, ayant droit (ayant prend un « s » au plur.), mandataire
❏ représentation	être accusé de **fausse représentation** / false pretence	fraude, abus de confiance
	faire de fausses __ / to make false representations, false pretences	faire des déclarations mensongères, déguiser la vérité, tromper
	se présenter **sous de fausses __, de faux prétextes** / under false pretences	frauduleusement, sous le prétexte de, sous le faux motif
❏ requête	les résidants du quartier ont présenté aux autorités municipales une requête **conjointe** / joint petition	collective
◆ requis	si des textes sont **requis** avec le devis / should descriptive literature be required with the specifications	lorsque le devis doit être accompagné de textes descriptifs
	l'entreprise exporte des surplus **qui ne sont pas __** par ses clients / that are not required	dont ses clients n'ont pas besoin
❏ requis	les passagers sont **requis** d'attacher leur ceinture / the passengers are requested	priés
❏ réquisition	**réquisition** de matériel / requisition for materials, for supplies (demande d'un service à celui des approvisionnements, des achats)	commande
	__ d'achat / purchase requisition	ordre, commande, demande d'achat, demande d'approvisionnement

	EXEMPLES DE FORMES ET D'EMPLOIS FAUTIFS	FORMES CORRECTES
❏ réquisition	__ de travail / work requisition	demande, ordre
❏ réserve	réserves **statutaires** / statutory reserves	réglementaires
○ reset	**reset**	réinitialisation, remise à zéro, remise à l'état initial
❏ résidence	adresse et téléphone **à votre résidence** svp ?	du domicile
	__ **funéraire** / funeral home	salon mortuaire, funéraire, funérarium
❏ résidentielle	**hypothèque résidentielle** / residential mortgage loan	prêt hypothécaire à l'habitation
❏ résignation	**résignation** du président	démission
	lettre de __ / resignation letter	démission
❏ résistant	**résistant au feu** / fire-resisting	ignifuge, réfractaire
❏ résolution	**haute résolution** / high resolution	haute définition
❏ responsable	il a été **trouvé responsable** de l'accident / has been found responsible	tenu responsable
❏ ressources	il a été ministre des **Ressources naturelles** / Natural Resources	Richesses naturelles
◆ restaurant	**Le Citron bleu Restaurant**	restaurant Le Citron bleu
❏ rester	**rester sur la clôture** / to sit on the fence	ne pas prendre position, réserver son opinion, rester neutre
	plusieurs pensent que la taxe supplémentaire **est là pour __** / is there to stay	est là pour de bon, est une chose acquise

	EXEMPLES DE FORMES ET D'EMPLOIS FAUTIFS	FORMES CORRECTES
❏ résultat	**avec comme, avec pour résultat que** / with the result that	de sorte que, de telle sorte que, en conséquence
	avec la conséquence, le __ que	de sorte que, de telle sorte que, en conséquence
❏ résulter	l'entente **résulterait** en perte d'emplois, dit-on / could result in	entraînerait, causerait, provoquerait la perte
	ça devait __ **en** un échec, un conflit ouvert / to result in	ça devait aboutir à, se solder par, il devait en résulter un
❏ résumé	**résumé**	curriculum vitae, notice biographique (est plus courte que le c.v.)
◆ retard	la municipalité **est** 20 ans **en retard** / is 20 years late	est en retard de 20 ans (par contre, avec le verbe avoir, la durée du retard se place entre le verbe et la locution : elle a cinq ans de retard)
❏ retirer	**retirer** sa paye le jeudi / to draw one's pay	toucher, recevoir
❏ retour	les soldes du **retour à l'école** / back to school	rentrée des classes, rentrée
	nos investissements ont rapporté un bon __ / return	rendement
	on a beaucoup de __ / returns	articles rendus, invendus
	pas de dépôt ni __ / no deposit no return (inscription sur des contenants à jeter)	non consigné, non repris, contenant non retournable

	EXEMPLES DE FORMES ET D'EMPLOIS FAUTIFS	FORMES CORRECTES
❏ retourner	je lui **retourne** son appel / I am returning his call	je lui rends son appel, je le rappelle
❏ retracer	**retracer** un document égaré / to retrace	retrouver, mettre la main sur
	___ les voleurs, les coupables	trouver, découvrir, dépister
❏ retraiter	**retraiter** / to retreat	battre en retraite, reculer, céder, capituler, se retirer
❏ rétroactivité	recevoir une **rétroactivité** à la suite d'une augmentation salariale / retroactivity pay	rappel de salaire
○ return	la touche **Return** sur le clavier	Retour, Ret. (abr.), Entrée
○ revamper	la chanteuse a **revampé** son spectacle / revamped	renouvelé, retouché, remodelé, remanié, rajeuni
	___ l'image d'une entreprise / to revamp	refaire l'image, redorer le blason
○ revenger	se **revenger** / to revenge	se venger
❏ revenu	immeuble, propriété **à revenu** / income property	immeuble de rapport
	___ **d'opération** / operating income	bénéfice d'exploitation
❏ révolution	un moteur tourne à un certain nombre de **révolutions** par minute / revolutions per minute	tours par minute, tours-minute

	EXEMPLES DE FORMES ET D'EMPLOIS FAUTIFS	FORMES CORRECTES
● revolver	**revolver**	revolver (ne se prononce pas « revolveur » mais « révolvère » comme dans « mère »)
○ rewriting	**rewriting**	réécriture, adaptation
○ rib	**rib** (steak)	bifteck de côte, steak d'entrecôte
	spare __	côtes levées
○ ride	**ride**	trajet, course, randonnée, balade, promenade
○ rider	**rider** / to ride	rouler longtemps, faire de la route, rouler vite, foncer
❑ rien	**rien moins que** mesquin / nothing less than	rien de moins que, absolument
○ rim	**rim** de roue (bicyclette, auto)	jante
❑ rince	**rince-crème** / cream rinse	revitalisant
▲ rinser	**rinser** / to rinse	rincer
○ road	**road show**	tournée (spectacles), tournée promotionnelle, de présentation (produits, services)
	__ trip (sport)	série de matchs, de parties à l'étranger
○ roast	**roast beef**	rôti de bœuf, rosbif

	EXEMPLES DE FORMES ET D'EMPLOIS FAUTIFS	FORMES CORRECTES
○ robine	la **robine** que boivent les clochards / rubbing alcohol	alcool à friction et produits comparables, succédanés d'alcool éthylique
○ roll	**roll**	petit pain, gâteau roulé
○ rolling blade	faire du **rolling blade**	du patin à roues alignées
❏ roman	**roman-savon** / soap opera	feuilleton, téléroman
❏ romance	une **romance** secrète	amour, idylle, passion
❏ ronde	gagner, perdre la première **ronde** / to win, loose the first round	manche
	___ de négociations / bargaining round	séance
	la deuxième ___ de l'omnium canadien / round of the omnium	deuxième partie, 2e parcours, 2e tour
	plusieurs championnats sportifs se disputent par **tournoi à la ___** / round-robin	poule
○ room	**living room**	salle de séjour, vivoir
❏ rose (nuage)	être **sur un nuage rose** / to be on pink cloud (s'emploie surtout dans les mouvements anonymes : les Alcooliques anonymes, etc.)	être euphorique
❏ rotative	grève **rotative** / rotating strike	tournante
❏ rouage	**rouage d'entraînement** / power train (véhicule moteur)	groupe motopropulseur, ensemble motopropulseur
❏ roue	Lise est à la **roue** / wheel	volant

	EXEMPLES DE FORMES ET D'EMPLOIS FAUTIFS	FORMES CORRECTES
❏ roue	**mettre l'épaule à la __ /** to put one's shoulder to the wheel	pousser à la roue, mettre la main à la pâte, donner un coup de main
❏ rouge	**être dans le rouge /** to be in the red	être en déficit, à découvert, avoir une balance déficitaire
○ rough	**rough**	approximatif (calcul, chiffre)
		brut (minerai, montant d'argent)
		brutal, rude, revêche (air, caractère, comportement)
		brutal, dur, brusque (coup, mouvement, réponse)
		crue (farce, remarque)
		raboteux (chemin)
		rude (hiver, joueur, métier, tâche)
		rugueux, raboteux, râpeux (bois, brique, ciment)
○ round	**round steak**	steak de ronde
❏ route	les poids lourds doivent emprunter la **route alternative /** alternative route	déviation recommandée, itinéraire de délestage

	EXEMPLES DE FORMES ET D'EMPLOIS FAUTIFS	FORMES CORRECTES
❑ routine	**routine** libre ou imposée (sport)	programme
❑ royal	**commission royale d'enquête** / Royal Commission of Inquiry	commission officielle d'enquête, commission d'enquête
❑ royauté	**royauté** payée par un concessionnaire pour l'exploitation d'un bien-fonds / royalty	redevance
	__ dues en vertu de la propriété d'une œuvre littéraire, artistique / royalties	droits d'auteur
○ run	**run**	clientèle (acheteurs)
		course (piston de machine)
		parcours, circuit, service (autobus)
		ronde (gardien de sécurité)
		tournée (facteur)
		trajet, randonnée (en auto)
○ runner	**runner** / to run	circuler, rouler (auto)
		conduire (camion, machine industrielle)
		diriger, mener, gérer, administrer, exploiter (affaires)

Exemples de formes et d'emplois fautifs	Formes correctes
○ runner	fonctionner, tourner, être en activité, en marche (usine)
	mener, conduire, régenter, avoir la main haute sur, commander à (personne)
○ running **running shoes, runnings**	chaussures de sport, d'entraînement, baskets, tennis
○ runway **runway**	piste
○ rush **rush**	épreuves de tournage (cinéma)
	période de pointe, d'affluence (métro, autobus)
	ruée, affluence (restaurant)
	urgent (note sur un document)
○ rust un chandail **rust**	rouille

S

	Exemples de formes et d'emplois fautifs	Formes correctes
❏ sable	**trappe de sable** / sand trap (golf)	fosse de sable
❏ sablé	**papier sablé** / sandpaper	papier émeri, de verre, abrasif
❏ sabler	**sabler** un meuble / to sand, to sandpaper	poncer
❏ sabot	**sabot** de frein sur une automobile / brake shoe	segment
○ safe	ils ont vidé le **safe**	coffre-fort
	c'est pas __	sûr
	le joueur est __ (baseball)	sauf
❏ saison	**Compliments, Souhaits de la saison** / Compliments of the Season, Season's Greetings	Nos meilleurs souhaits, Joyeuses fêtes, Nos vœux de bonne et heureuse année
	billets de __ pour assister aux matchs de hockey / season tickets	abonnement
○ salade	**bar à salades** / salad bar	buffet de salades, comptoir à salades
❏ salle	**salle à dîner** / dining room	salle à manger
	__ de repos / rest room	toilettes

	EXEMPLES DE FORMES ET D'EMPLOIS FAUTIFS	FORMES CORRECTES
❏ salle	une **bonne** ___ / a good house	assistance nombreuse, satisfaisante
■ salopette	porter **des salopettes** / overalls	salopette (sing.)
❏ sanctuaire	**sanctuaire** d'oiseaux, de gibier / bird, game sanctuary	réserve naturelle, réserve, refuge
○ sandwich	**club sandwich**	sandwich club
	hot chicken ___	sandwich chaud au poulet
❏ sang	**clinique de sang** / blood donor clinic	collecte de sang
❏ sanguin	tension, pression **sanguine** / blood pressure	artérielle
❏ sanitaire	serviette **sanitaire** / sanitary napkin	hygiénique
❏ sans	**sans charges additionnelles** / no extra charge	tout compris, tous frais compris, net, sans supplément
	___ **préjudice à** / without prejudice to (droit)	sous toutes réserves, sans aveu de responsabilité
❏ santé	**aliments de santé** / health food	aliments naturels
	résultat **de** ___ / health outcome	clinique
◆ satisfait	êtes-vous satisfait **avec** lui ? / with	satisfait, content de lui
❏ satisfait	je suis **satisfait** que vous serez heureux dans votre nouveau travail / I am satisfied that you will be happy	convaincu, certain, j'ai la conviction que
❏ sauce	**sauce aux pommes** / apple sauce	compote de pommes, purée de pommes
❏ sauver	**sauver** de l'argent, du travail / to save	épargner, économiser

	EXEMPLES DE FORMES ET D'EMPLOIS FAUTIFS	**FORMES CORRECTES**
❏ sauver	__ des démarches, du travail à qqn	éviter
	__ du temps, de l'espace	gagner, économiser
	__ ses forces	ménager, épargner
	__ un but (sport)	empêcher
	__ un fichier	sauvegarder, enregistrer
○ saver	**screen saver**	écran de veille
❏ savoir	voudriez-vous me le **laisser savoir** ? / let me know	faire savoir ?, m'en avertir ?
○ scab	**scab**	briseur de grève
○ scallop	**scallop**	pétoncle
❏ sceau	**sceau** de sécurité / security seal	fermeture
❏ scellant	**scellant** / sealant	enduit protecteur, étanche
❏ sceller	**sceller** une enveloppe / to seal	cacheter
○ scheduling	**scheduling** de la production	ordonnancement
❏ scie	**banc de scie** / bench saw	scie d'établi
■ science	**science politique** / political science	sciences politiques (plur.)
○ scientiste	des **scientistes** ont découvert une nouvelle façon de lutter contre ce virus / scientists	scientifiques
○ scoop	c'est un **scoop**	exclusivité, primeur, information de dernière heure
○ scorer	**scorer** un but / to score	marquer, compter

	EXEMPLES DE FORMES ET D'EMPLOIS FAUTIFS	FORMES CORRECTES
○ scotch	**scotch tape**	ruban adhésif, papier collant
○ scrap	de la **scrap** de fer, de cuivre	mitraille, débris de, ferraille
	acheter à la __	chez le marchand de ferraille, chez le ferrailleur, au dépôt de ferraille
	cour à __ / scrap yard	chantier de ferraille, dépotoir, cimetière d'autos
	envoyer son auto à la __	à la ferraille, à la casse
	vendre de la __	marchandise de mauvaise qualité
○ scrapbook	**scrapbook**	album
○ scraper	**scraper** à meubles	racloir
	__ utilisé pour enlever le givre d'un pare-brise	grattoir
○ scrapper	**scrapper** / to scrap	démolir (auto)
		mettre au rebut (marchandises, matériel industriel et autres)
○ scratcher	**scratcher** (voiture, surface quelconque) / to scratch	érafler, égratigner
○ screen	**screen**	moustiquaire, grillage, écran (cinéma, télé)
	__ **saver**	écran de veille

	EXEMPLES DE FORMES ET D'EMPLOIS FAUTIFS	FORMES CORRECTES
○ screen	porte de __ / screen door	porte grillagée
○ screening	**screening** de candidats à un poste, de curriculum vitae	tri, présélection, sélection préliminaire
	__ de différentes matières	criblage
	__ médical	test de dépistage
○ script	**script**	scénario
○ scrum	le premier ministre a défendu sa position auprès des journalistes lors d'un **scrum**	mêlée, point de presse
○ seadoo	**seadoo** (marque déposée)	motomarine
○ seafood	**seafood**	poissons et fruits de mer (seuls les mollusques et les crustacés sont des fruits de mer)
❏ sécher	**sécher à froid** / to freeze-dry	lyophyliser, cryo-dessécher
❏ second	voiture de **seconde main** / secondhand car	d'occasion (mais : renseignements, documents obtenus de seconde main, c.-à-d. d'une personne interposée)
	jouer **les __ violons** (auprès de qqn) / to play second fiddle (to sb)	un rôle secondaire, de second plan
❏ seconder	**seconder** une motion, une proposition / to second	appuyer (mais on seconde qqn)
○ secret	**top secret** (mention sur des documents)	ultrasecret, strictement confidentiel
❏ section	**section** 15 de la loi	article

	EXEMPLES DE FORMES ET D'EMPLOIS FAUTIFS	FORMES CORRECTES
○ sécure	là, elle se sent **sécure**	sécurisée, en sécurité, tranquille
	un moyen __	sûr, sécuritaire, solide
❏ sécurité	notre entreprise donne toutes les **sécurités** / securities	garanties (sécurité : état que peut procurer une garantie)
○ sécuritisation	**sécuritisation** / securitization (finance)	titralisation
○ sédan	**sédan** (auto)	berline
○ see	**wait and see**	voir venir
○ self	avoir **du self-control**	avoir la maîtrise de soi
	il y a de plus en plus de __-**serve** / self-service	libres-services
	__-**made man**, __-**made woman**	autodidacte
○ selling	**hard selling**	vente à l'arrachée, vente forcée
❏ semaine	**à la journée, à la semaine, à l'année longue** / all day, week, year long	à longueur de journée, de semaine, d'année
❏ semi	**vente semi-annuelle** / semi-annual sale	solde semestriel
	chambre __-**privée** / semi-private room	à deux lits
	__-**finale** / semifinal (sport)	demi-finale
	maison __-**détachée** / semidetached house	jumelée

	EXEMPLES DE FORMES ET D'EMPLOIS FAUTIFS	FORMES CORRECTES
❏ séminaire	**séminaire** / seminar	colloque, congrès, forum (séminaire : cours universitaire donné aux cycles supérieurs, réunion de spécialistes ou symposium, session dans un organisme de formation)
❏ séminal	un principe **séminal** / a seminal principle	qui fait école, original
○ sénior	cadre **sénior**	dirigeant, cadre supérieur
	commis __	premier commis, commis principal
	contremaître __	en chef
	fonctionnaire, technicien __	supérieur
	secrétaire __	secrétaire principale ou principal
○ séniorité	**séniorité** dans un emploi / seniority	ancienneté
❏ sens	cela **fait du sens** / it makes sense	a du sens, est logique
❏ senseur	**senseur** / sensor	capteur
❏ sensible	la question **sensible** du bilinguisme / sensible issue	délicate, épineuse, controversée
❏ sentence	demander une réduction de la **sentence** / reduction of sentence	réduction de la peine
	purger sa __ / to serve one's sentence	purger sa peine

	EXEMPLES DE FORMES ET D'EMPLOIS FAUTIFS	FORMES CORRECTES
❏ sentence	recevoir une __ à vie / get a life sentence	écoper d'une condamnation à vie (sentence ne désigne pas la peine elle-même, mais le jugement)
	__ **concurrentes** / concurrence of sentences	confusion des peines
	__ **suspendue** / suspended sentence	condamnation avec sursis
❏ séparation	avis de **séparation** / separation notice	avis de cessation d'emploi
	paye, prime de __ / separation pay, severance pay, separation allowance	indemnité de cessation d'emploi, de départ, de licenciement, de fin d'emploi
❏ série	une **série** de livres pour enfants / series	collection (mais : publication en série)
❏ service	six mois de **service** gratuit / free service	d'entretien
	__, **département légal** / legal service, department	service juridique, du contentieux, contentieux
	manuel de __ / service manual (machine, outillage, auto)	guide d'entretien
	prime de __ / long service pay	prime d'ancienneté
	voie de __ / service road	voie de desserte
❏ serviette	l'adversaire a **jeté la serviette** / threw in the towel	jeté l'éponge, abandonné la partie, baissé pavillon, les bras, déclaré forfait
	__ **sanitaire** / sanitary napkin	hygiénique

	EXEMPLES DE FORMES ET D'EMPLOIS FAUTIFS	FORMES CORRECTES
❏ servir	**servir** un avertissement / to serve a warning	donner
	___ une ordonnance, un acte judiciaire / to serve a writ	signifier, délivrer, notifier
	___ une peine de dix ans de prison / to serve a sentence	purger, subir
	___ une pénalité / to serve a penalty	purger, subir
	les avis de départ seront ___ / will be served	signifiés, remis
❏ session	le congrès doit comporter quatre **sessions**	séances
	___ d'information / information session	séance, rencontre
	une ___ de la Bourse	séance
	être en ___ / to be in session (conseil, commission)	tenir séance, siéger
○ set	**set**	assortiment, éventail, choix (bibelots, bijoux, couleurs)
		batterie (ustensiles de cuisine)
		jeu (cartes, clés, cuillers à mesurer, formules, outils)
		manche (tennis)
		mobilier, ensemble (chambre, cuisine, salon)

	EXEMPLES DE FORMES ET D'EMPLOIS FAUTIFS	FORMES CORRECTES
○ set		service (café, vaisselle)
		train (pneus, roues)
○ settler	**settler** une affaire, un problème, une querelle / to settle	régler
	__ un appareil, une machine, un moteur	régler, mettre au point
○ set-up	faire le **set-up** d'une activité	mise en place, installation
❏ seul	maison **seule** / detached house	individuelle, isolée
❏ sévère	un **sévère** problème d'argent	important, grave, inquiétant, terrible, gros
	placage __ (sport)	dur placage, mise en échcc brutale
	un climat __	rigoureux, rude, dur
	une perte financière __	considérable
	une réduction __ du nombre d'étudiants	importante, majeure
❏ sévèrement	l'image de la société s'est **sévèrement** modifiée / severely	radicalement
	il est __ handicapé par sa timidité	lourdement, gravement, grandement
○ shack	**shack**	cabane, bicoque

	Exemples de formes et d'emplois fautifs	Formes correctes
○ shaft	un **shaft** autour duquel une pièce tournante effectue sa rotation	axe
	___ de transmission / drive, propeller shaft (auto)	arbre de transmission
	___ **du steering** (auto)	arbre de direction
○ shaker	**shaker** de froid, de peur, sous l'effet d'un choc / to shake	trembler
	___ (objet subissant des secousses rapides)	vibrer
○ shampoo	**shampoo**	shampoing
○ shape	**shape**	taille (personne), forme (objet)
○ shareware	**shareware** (Internet)	partagiciel, logiciel à contribution volontaire
○ sharp	je termine à 17 h **sharp**	précises, pile
○ shed	**shed**	bûcher (bois)
		dépôt (machines)
		hangar (marchandises)
		resserre (jardin)
○ shellac	**shellac**	vernis à la gomme laque, laque
○ shift	la touche **Shift** sur le clavier	Majuscule, Maj. (abr.)
	être **sur le ___, le chiffre** de nuit / shift	du quart de nuit, de l'équipe de nuit, avec l'équipe de nuit
	travailler **sur les ___, les chiffres**	par roulement, par équipe, en rotation

	Exemples de formes et d'emplois fautifs	Formes correctes
○ shifter	il faut **shifter** dans les côtes / to shift	changer de vitesse
○ shiner	**shiner** / to shine	cirer, astiquer, faire briller
○ shipment	on a fait un **shipment** hier	envoi, expédition
	on attend un autre __	livraison, lot
○ shipper	**shipper** de la marchandise / to ship	expédier
○ shock	**shock absorbers** (auto)	amortisseurs
○ shockproof	**shockproof**	antichoc
○ shoe	**running shoes, runnings**	chaussures de sport, d'entraînement, baskets, tennis
○ shooter	**shooter** / to shoot (sport)	tirer, lancer
	se __ / to shoot oneself (stupéfiants)	se piquer, s'injecter
	__ un objet à qqn	lancer
	__ une automobile	peindre au pistolet
○ shop	arriver à la **shop**	usine, atelier
	ça va mal **à la** __	les choses ne vont décidément pas bien
	parler de la __	du travail, du boulot
	tenir une __	boutique

	EXEMPLES DE FORMES ET D'EMPLOIS FAUTIFS	FORMES CORRECTES
○ shop	**body** __	atelier de carrosserie
	machine __	atelier de construction mécanique, d'usinage
	pet __	animalerie
○ shopping	faire du **shopping**	du magasinage, des courses
	__ **bag**	sac, filet à provisions
○ short	arriver **short**	être à court
● short	**short** (vêtement)	short (se prononce « chorte » et s'emploie au sing.)
○ shortage	**cash shortage** (comptabilité)	déficit de caisse
○ shortening	**shortening**	graisse alimentaire, végétale
○ shot	une **shot** de gin	un coup, un verre
	100 $ de la __	de la fois, du coup, le coup
	au stade, c'est la section des **big** __	grosses légumes, huiles
	on en a pelleté une __	un coup
	slap __ (hockey)	tir frappé, lancer frappé
○ shotgun	dans un contrat d'association il est important de prévoir une clause **shotgun** / shotgun provision	de rachat forcé, ultimatum
○ show	un bon **show**	spectacle

	EXEMPLES DE FORMES ET D'EMPLOIS FAUTIFS	FORMES CORRECTES
○ show	voler le __ à qqn	vedette
	faire son __ pour attirer l'attention	numéro
	__ **business**	industrie du spectacle
	assister au **fashion** __ annuel des grands couturiers québécois	défilé, présentation de mode, de collections
	one-man __, **one-woman** __	spectacle solo, solo
	road __	tournée (spectacles), tournée promotionnelle, de présentation (produits, services)
○ showcase	un **showcase** bien présenté	montre, vitrine
○ show-off	faire du **show-off**	faire de l'étalage, de l'épate, de l'esbroufe
○ showroom	**showroom**	salle d'exposition, de démonstration
○ shutdown	**shutdown** (informatique)	arrêt
○ shuttle	**shuttle** entre l'hôtel et l'aéroport	navette
○ shylock	**shylock**	usurier
◆ si	donner la suite voulue, **si approuvé** / if approved	si le projet, le rapport est approuvé, moyennant approbation, après approbation
❏ si	**glissant si humide** / slippery when wet (signalisation routière)	risque de dérapage, chaussée glissante par temps pluvieux
	__ **non réclamé**, retourner à l'expéditeur / if not claimed	en cas de non-livraison

	Exemples de formes et d'emplois fautifs	**Formes correctes**
○ sideline	avoir un **sideline**	deuxième travail, emploi, travail complémentaire, emploi, travail secondaire
❏ siège	**siège de première classe** / first class seat (transport)	place de première, première
	veuillez **garder vos __** s'il vous plaît / please keep seated	veuillez rester assis
◆ siéger	**siéger sur** un comité / to sit on a committee	faire partie de, siéger à
❏ signaler	**signaler** un numéro / to dial (téléphone)	composer, faire le
❏ signer	on a **signé** un joueur / we have signed a player	fait signer un contrat, mis sous contrat
❏ significatif	sans frais **significatifs** / significant costs	importants, considérables
❏ sincèrement	**Bien vôtre, Bien à vous, Sincèrement vôtre** / Truly yours, Sincerely yours (avant la signature dans une lettre)	Nous vous prions d'agréer, Madame, Monsieur, l'expression de nos sentiments distingués, ou encore : Je vous prie d'agréer, Madame, Monsieur, l'assurance de mes sentiments les meilleurs
○ single	veston **single-breast** / single-breasted	droit
○ sirloin	**sirloin** (steak)	surlonge
○ sitcom	la télé présente un nouveau **sitcom**	comédie de situation
❏ site	ils n'étaient pas d'accord avec le **site** choisi pour le congrès	endroit, ville

	EXEMPLES DE FORMES ET D'EMPLOIS FAUTIFS	FORMES CORRECTES
❏ site	la région de Québec devrait être choisie comme __ des Jeux d'hiver	lieu
	on n'a pas encore décidé du __ exact de l'hôpital	emplacement
	un __ de construction / building site	terrain à bâtir, terrain
◯ sit-up	faire des **sit-up**	redressements assis
◯ size	boîte **king size**	format géant
	cigarettes **king** __	de longues cigarettes, des longues
	lit **king** __	très grand format
	lit **queen** __	grand format
◯ sizer	**sizer** une longueur, un prix / to size	estimer
	__ qqn / to size sb	jauger, classer, prendre la mesure de
◯ skateboard	**skateboard**	planche à roulettes
◯ sketch	des **sketchs** au fusain	esquisses, croquis
◯ skid	**skid** avec lequel on lève un fardeau pour le déplacer	planche de glissement
◯ skider	les roues de l'auto **skident** dans la neige / the wheels skid	glissent de côté, dérapent
◯ skidoo	**skidoo** (marque déposée)	motoneige
◯ slack	corde, courroie, ficelle, câble **slack**	mou, lâche, relâché, détendu

	EXEMPLES DE FORMES ET D'EMPLOIS FAUTIFS	FORMES CORRECTES
◯ slack	les affaires sont ___	calmes, au ralenti, en période creuse
	roue, couvercle, écrou ___	dévissé
	un grand ___	un échalas
◯ slap	**slap shot** (hockey)	tir frappé, lancer frappé
◯ slash	**slash** (typographie)	barre oblique, oblique
◯ sleeping bag	**sleeping bag**	sac de couchage
◯ slide	les **slides** des dernières vacances	diapositives, diapos
◯ slim	**slim**	élancé, mince, svelte
◯ slip	**slip** d'expédition, de livraison	bordereau d'expédition, bon de livraison
	___ bordé de dentelle	jupon
	___ de paye	feuille de paye
◯ sloppy	une personne **sloppy**	négligée, débraillée
◯ slot	les **slot machines** du casino	machines à sous
◯ slotch	il y a de la **slotch, slush** dans les rues / slush	névasse
◯ slow	une personne **slow**	lente, lente à agir, à réagir, à comprendre, à se mouvoir
	les affaires, les ventes sont ___	au ralenti

	EXEMPLES DE FORMES ET D'EMPLOIS FAUTIFS	FORMES CORRECTES
○ slow	projection en __-**motion** (cinéma, caméscope)	en ralenti, au ralenti
○ slush	il y a de la **slush, slotch** dans les rues / slush	névasse
○ sly	**sur la sly**	en cachette, sous le manteau, au noir, en contrebande
○ small	**small**, moyen ou grand / small, medium or large	petit
○ smatte	être **smatte** / smart	aimable, gentil, serviable, habile
	chercher à **faire le __**	briller, se montrer drôle, spirituel, se faire valoir
	jouer au plus __	au plus fin, au plus rusé
○ smoked	**smoked meat**	bœuf mariné fumé
○ snack	se payer un bon **snack**	gueuleton
	__ bar, __	casse-croûte
○ snap	**snap** d'un vêtement	bouton-pression
	__ d'un sac à main	fermoir à pression
○ sneaker	**sneaker** / to sneak	fouiner
○ snorkel	**snorkel** (sport)	tuba (désigne non seulement le sport mais aussi le tube recourbé qui permet au nageur de respirer à la surface)

	Exemples de formes et d'emplois fautifs	Formes correctes
○ snowboard	**snowboard** (sport)	planche de surf des neiges
○ snowboarding	**snowboarding** (sport)	surf des neiges, surf sur neige
○ soap	**soap opera**, __	feuilleton, téléroman
❑ sobre	il est **sobre** / sober	à jeun, n'a pas bu, n'est pas ivre, n'est pas sous l'effet de l'alcool
❑ société	**société incorporée** / incorporated society	entreprise constituée en société par actions, en société de capitaux
	__ **publique** / public corporation	ouverte
○ socket	**socket** d'ampoule électrique	douille
❑ soda	**soda à pâte** / baking soda	bicarbonate de sodium, de soude
❑ soi	cuisiner des plats **chez soi** / home made cooking	plats maison
	faire un fou de __ / to make a fool of oneself	faire l'imbécile, se couvrir de ridicule
○ sold	cet article est **sold out**	en rupture de stock
❑ solide	en caoutchouc **solide** / solid rubber	plein
	en or __ / solid gold	massif
	__ **du lait** / milk solids	extrait sec du lait
❑ son	**système de son** / sound system	chaîne stéréophonique, chaîne stéréo
❑ sonore	**effets sonores** / sound effects (cinéma, télévision)	bruitage

330

	EXEMPLES DE FORMES ET D'EMPLOIS FAUTIFS	FORMES CORRECTES
❏ sortie	**sortie d'urgence** / emergency exit, door	issue de secours (autobus, métro), sortie de secours (immeubles)
❏ sortir	les photos **ont mal sorti** / did not come out well	sont mal réussies
○ so so	**c'est so so**	c'est tel que tel, ce n'est pas très bon
○ souffler	souffler dans la **balloune** / balloon	alcoomètre, ballon d'alcootest, ballon, passer l'alcootest
❏ souffrance	**peines et souffrances** subies par le plaignant / pains and sufferings (procès)	douleurs physiques et morales
❏ soufre	**dioxyde de soufre** / sulfur dioxide	anhydride sulfureux
❏ souhait	**Souhaits, Compliments de la saison** / Season's Greetings, Compliments of the Season	Nos meilleurs souhaits, Joyeuses fêtes, Nos vœux de bonne et heureuse année
❏ soulever	**soulever un point d'ordre** / to raise a point of order	invoquer le règlement, faire appel au règlement, en appeler au règlement
❏ soulier	**être dans les souliers de** qqn / to be in sb's shoes	être à la place de, dans la peau de
	__ de course / running shoes	chaussures de sport, d'entraînement, baskets, tennis
❏ soumettre	le comité a **soumis** que la question demandait une étude sérieuse / submitted that	a allégué, est d'avis

	EXEMPLES DE FORMES ET D'EMPLOIS FAUTIFS	FORMES CORRECTES
❏ soumettre	je ___ qu'elle a raison / I submit that	prétends, soutiens, affirme
❏ soumission	**jour de fermeture de la soumission** / the day the tender closes	dernier jour de la présentation des soumissions, date limite de présentation des soumissions
❏ soumissionnaire	le **soumissionnaire le plus bas** / lowest tenderer	l'entrepreneur moins-disant, le moins-disant
◆ soumissionner	**soumissionner pour** des travaux / to tender for	soumissionner des travaux
○ sound	**sound track**	bande son, bande sonore, piste sonore
❏ souriant	**souriant** / smiley face, smiley (Internet)	binette
❏ sous	**sous-contracteur** / subcontractor	sous-traitant, sous-entrepreneur
	___-contrat / subcontract	sous-traitance
	l'incendie est ___ **contrôle** / under control	maîtrisé, circonscrit
	tout est ___ **contrôle**	se déroule, marche bien, nous avons la situation en main, nous avons vu à tout (mais : avoir le contrôle de soi-même)
	se présenter ___ **de fausses représentations, de faux prétextes** / under false pretences	frauduleusement, sous le prétexte de, sous le faux motif

	EXEMPLES DE FORMES ET D'EMPLOIS FAUTIFS	FORMES CORRECTES
❏ sous	études __-graduées / undergraduate studies	de premier cycle (à l'université)
	les secteurs __ la juridiction de la convention collective / under the jurisdiction	relevant du champ d'application
	cette question est __ la juridiction de la Régie	relève de
	cette institution n'est pas __ la juridiction du ministère	sous l'autorité
	__-mentionné / undermentioned	ci-dessous, plus bas
	__-officier rapporteur / deputy returning-officer	scrutateur
	__-total / subtotal (comptabilité)	total, somme partielle
	course __ harnais / harness race	course attelée
	être __ arrêt / to be under arrest	être en état d'arrestation, être arrêté
	être __ l'impression que / to be under the impression that	avoir l'impression que, avoir idée que, garder l'impression que
	être __ l'influence de l'alcool / to be under the influence of alcohol	être en état d'ébriété
	mettre __ arrêt / to put under arrest	mettre en état d'arrestation, arrêter
◆ sous	il fait 15° sous zéro / 15° under	au-dessous de
	la proposition est __ examen / under examination	à l'examen
	le malade est __ traitement / under treatment	en traitement
	le plan __ étude / under study	à l'étude

	EXEMPLES DE FORMES ET D'EMPLOIS FAUTIFS	FORMES CORRECTES
◆ sous	le projet est __ discussion / under discussion	en discussion
	__ les circonstances / under the circumstances	dans les circonstances, dans ces conditions, en ce cas
	un patient __ observation / under observation	en observation
❑ souscrire	**souscrire** à un groupe de discussion sur Internet / to subscribe	s'inscrire, s'abonner
❑ souvenir	le **Jour du Souvenir** / Remembrance Day	l'Armistice
❑ souvent	il est absent **plus souvent qu'autrement** / more often than not	la plupart du temps
○ space	la **space bar** (informatique)	barre d'espacement, esp. (abr.)
■ spaghetti	manger **du spaghetti**	des spaghettis
○ spare	poser le **spare** sur l'auto	roue de rechange, de secours
	un objet de __	de rechange
	__ **ribs**	côtes levées
○ spark	**spark plugs**	bougies d'allumage, bougies
○ speaker	**speakers** (chaîne stéréo)	haut-parleurs
❑ spécial	c'est un **spécial** (commerce)	un solde, article-réclame
	__ **d'introduction** / special introductory offer	offre de lancement
	en __ cette semaine	en promotion, rabais de la semaine

	EXEMPLES DE FORMES ET D'EMPLOIS FAUTIFS	FORMES CORRECTES
❏ spécial	**livraison __, par livraison __ /** by special delivery	livraison par exprès (se prononce comme « presse »), par exprès, exprès
	prix __ / special price	prix de solde, réduit
	réunion, assemblée __ / special meeting	extraordinaire
	__ du jour (restauration)	plat, menu du jour
	__ non annoncé	rabais surprise
	les __ du mois au magasin	soldes, réclames, rabais, promotions
❏ spécialisation	cours de **spécialisation** / specialization course	du champ d'études
❏ spécification	les **spécifications** d'un contrat	stipulations, termes, clauses
	les __ d'une loi, d'un règlement	prescriptions, dispositions
	les __ des fabricants	recommandations
	les __ relatives à des travaux à forfait, de construction	cahier des charges, devis
❏ spécifique	témoignage **spécifique** / specific testimony	explicite
	être très __ sur un sujet / to be very specific	précis
❏ spéculation	**spéculations** sur l'objet d'une visite	conjectures, hypothèses, suppositions

	EXEMPLES DE FORMES ET D'EMPLOIS FAUTIFS	FORMES CORRECTES
○ speech	donner un **speech**	allocution
	on m'a fait un __	des remontrances
○ speed	du **speed dating**	drague éclair
○ speedé	être **speedé** / speedy	nerveux, excité
○ spencer	**spencer** (steak)	bifteck de faux-filet, steak de faux-filet
○ spidomètre	**spidomètre** / speedometer	compteur, indicateur de vitesse
○ spike	**spikes** de chaussures de football	crampons
○ spinner	faire **spinner** du linge / to spin	essorer
	un objet qui __	tourne
○ spin-off	le **spin-off** permet la création de nouvelles entreprises (finance)	essaimage, transfert technologique
❏ spirale	**escalier en spirale**	escalier en colimaçon
○ split	**split** (gymnastique)	grand écart
	__ **level**	maison à paliers, à mi-étage, mi-étage, à demi-niveaux
○ spliter	**spliter** (dépenses, tâches, argent) / to split	partager
○ sponsor	un **sponsor**	commanditaire
○ sponsoriser	événement **sponsorisé** / sponsored by	commandité, parrainé (secteur privé)
		subventionné (secteur public, organisme sans but lucratif)
○ sponsorship	le **sponsorship** d'une conférence	parrainage

	EXEMPLES DE FORMES ET D'EMPLOIS FAUTIFS	FORMES CORRECTES
❑ sport	magasin de **sports** / sports shop	d'articles de sport
○ sport	une attitude **sport**	chic
○ spot	**spot**	cercle (lumière, liquide, couleur)
		emplacement choisi (vente)
		endroit, lieu (rencontre)
		message publicitaire, réclame-éclair
		mouche (table de billard)
		place désignée (sport)
	faire des __ **checks**	vérifications sporadiques
○ spotlight	**spotlight**	projecteur
○ spotter	**spotter** qqch ou qqn / to spot sth or sb	repérer, détecter, déceler (qqch)
○ spray	**spray**	aérosol, vaporisateur, atomiseur
	__ à cheveux	fixatif
	peindre au __	pistolet, bombe
○ spread	**spread** au chocolat, au caramel	tartinade
	un __ aux pages 12 et 13 / double-page spread, double spread	double page
○ spring	**spring** d'un canapé, d'un appareil, d'un jouet	ressorts

	EXEMPLES DE FORMES ET D'EMPLOIS FAUTIFS	FORMES CORRECTES
○ spring	**box** __	sommier tapissier, sommier à ressorts
○ springboard	**springboard**	tremplin
○ sprinkler	**sprinkler**	gicleur
○ squeeze	de la moutarde en **squeeze bottle**	contenant souple
○ staff	**staff**	personnel
	__ (par opposition à line) (administration)	hiérarchie de conseil, ligne conseil, liaisons fonctionnelles, cadres-conseils
○ stage	**stage**	estrade (orateur, invité d'honneur, jury)
		plateau (cinéma, télévision)
		scène (théâtre, salle de spectacle)
		tribune (conférencier, animateur)
❏ stage	chaque **stage** de la rédaction	phase, étape
	à ce __ de l'évolution	stade
○ stainless	**stainless steel**	acier inoxydable, inox
○ stakeholder	**stakeholders**	décideurs, intéressés, parties prenantes
○ stallé	**stallé** / to be stalled	être accroché, collé (chez qqn)

	Exemples de formes et d'emplois fautifs	Formes correctes
○ stallé		être arrêté, calé, tombé en panne (moteur)
		être enlisé, embourbé, pris, calé (véhicule)
		être immobilisé, paralysé (en cours de route)
○ stamina	les joueurs ont du **stamina**	endurance, résistance
○ stand	**stand**	béquille, support (bicyclette)
		étal (boucherie, marché)
		éventaire (fleurs, fruits, journaux)
		étalage (mais : stand pour désigner l'espace réservé à un participant dans une exposition)
		pied (appareil-photo)
		présentoir (pâtisseries, bijoux)
		station (taxis)
		support (téléviseur)
		tourniquet (cartes postales, lunettes de soleil)
	___ de patates	friterie

	EXEMPLES DE FORMES ET D'EMPLOIS FAUTIFS	FORMES CORRECTES
❏ standard	atteindre un **standard** élevé de fabrication	niveau
	viser à un haut __ d'excellence	degré
	__ d'un métal	titre
○ stand-by	être **en stand-by**	de garde, prêt à intervenir (travailleur)
		en attente (voyageur)
		sans garantie (billet)
○ standing	**standing ovation**	ovation
	un certain __	niveau de vie, luxe
○ stand-up	**stand-up comic** (seul en scène ou devant la caméra)	humoriste, fantaisiste
○ star	**star**	vedette, actrice, acteur
○ starter	**starter** / to start	partir, démarrer, mettre en marche
	__ (auto)	démarreur
○ starting	**starting block** (sport)	bloc de départ
	__ **gate** (sport)	barrière de départ
○ station	une **station wagon**	familiale
❏ station	**station** A (postes)	succursale
	le train arrive à la __ à 14 h	en gare (mais : station de métro, de taxis)
	__ **de gaz** / gas station	poste d'essence (mais : station-service)

	EXEMPLES DE FORMES ET D'EMPLOIS FAUTIFS	FORMES CORRECTES
❏ statique	éliminer la **statique** / static	électricité statique
	__ (téléphone)	friture, parasites
▲ status	**status quo**	*statu quo*
❏ statut	**statut** civil / civil status	état civil
	barre de __ / status bar (informatique)	barre d'état
	__ **marital** / marital status	état, statut matrimonial, situation de famille
	en réclamation de __ / status	en réclamation d'état
	les __ du Québec / the statutes	les lois, la législation
❏ statutaire	**augmentation statutaire** / wage progression	avancement d'échelon
	congé __ / statutory holiday	fête légale, jour férié
	réserves __ / statutory reserves	réglementaires
	subvention __ / statutory grant	légale, réglementaire, régulière
○ steak	**steak de saumon, de flétan** / salmon, halibut steak	darne de saumon, de flétan
	__ **house**	grilladerie
	broiled __	steak grillé, steak sur le gril
	charcoal broiled __	steak grillé sur charbon de bois, steak sur barbecue
○ steamé	hot dogs **steamés** / steamed	à la vapeur
○ steel	**stainless steel**	acier inoxydable, inox

	Exemples de formes et d'emplois fautifs	Formes correctes
○ steel	__ **band**	orchestre de bidons
○ steering	**steering** / steering wheel (auto)	volant
	shaft du __ (auto)	arbre de direction
○ step	**step**	bond, saut (sous l'effet de la surprise), pas (de danse)
○ stepper	**stepper** / to step	sauter, bondir
○ stew	**stew** (viande)	ragoût
○ sticker	un **sticker**	autocollant
○ stock	avoir du **stock**	de la drogue
	du beau __ en magasin	de la belle marchandise
	vendre ses __	actions
○ stool	**stool**	rapporteur, délateur, mouchard
		tabouret
○ stooler	**stooler** qqn / to stool sb	dénoncer
○ stopper	des **stoppers** fermant la route aux automobiles	blocs
	des __ pour les portes	butoirs
○ storage	**storage**	entreposage, garde-meuble
○ story	son entreprise est un **success story**	réussite, modèle à suivre

	Exemples de formes et d'emplois fautifs	Formes correctes
○ straight	être **straight** en affaires	honnête, droit, franc, juste, loyal
	être ___ quant à l'observation ou à l'application des règlements	strict
	pleuvoir trois jours ___	de suite, sans arrêt, sans interruption, consécutifs
	prendre une verre d'alcool ___	sans eau, sec
	un homme ou une femme ___	un hétérosexuel, un hétéro, une hétérosexuelle, une hétéro
	une ___ aux cartes	séquence (terme général), tierce, quatrième, quinte (noms précis suivant le nombre de cartes qui compose la séquence)
○ strap	**strap**	bandoulière (sac, sac à main) courroie, courroie de transmission, d'entraînement (ventilateur d'auto, humidificateur, machine)

	EXEMPLES DE FORMES ET D'EMPLOIS FAUTIFS	FORMES CORRECTES
○ strap		lanière, courroie (de retenue ou de suspension d'un objet)
		sangle (pour transport d'un fardeau)
○ stretché	des chaussettes **stretchées** / stretchy	extensibles
	pantalon __	pantalon fuseau, fuseau
○ strike	**strike** (baseball)	prise
○ styrofoam	**styrofoam**	mousse de polystyrène, styromousse
○ subpoena	**subpoena**	citation à comparaître
❏ subsidiaire	une **subsidiaire** de la compagnie / a subsidiary	filiale
○ success	son entreprise est un **success story**	réussite, modèle à suivre
❏ succursale	**gérant de succursale** / branch manager	directeur régional
❏ sucre	**sucre brun** / brown sugar	cassonade
❏ sucré	**patate sucrée** / sweet potato	patate douce
❏ suggérer	êtes-vous en train de nous **suggérer** que personne n'est intéressé / are you suggesting that	insinuez-vous que, êtes-vous en train de nous dire que, vous semblez dire que
○ suit	porter un **suit**	complet, costume
	un __ de neige	combinaison (d'une seule pièce pour skieur, motoneigiste), costume de neige (d'une ou de deux pièces)

	EXEMPLES DE FORMES ET D'EMPLOIS FAUTIFS	FORMES CORRECTES
❏ suite	**suite** (dans un immeuble à bureaux)	bureau, salle
◆ suite	si **par suite de** sa soumission le ministère lui accorde un contrat / if as a result of his tender a contract is awarded	si sa soumission est agréée et lui vaut un contrat
❏ suivant	**suivant** la réunion des actionnaires / following the shareholders meeting	à la suite de, après
❏ sujet	les partis politiques seront **sujets** à cette loi / will be subject to	seront soumis à, seront assujettis à
	ces articles **seront le __** d'une autre commande / these items will be the subject of another order	feront l'objet
	__ : dictionnaire des anglicismes / Subject :	Objet : (dans une lettre, une note)
	__ **à** l'acceptation du tiers, **à** l'approbation du conseil / subject to	sous réserve de, moyennant
○ sundae	**sundae** au chocolat	coupe glacée
○ sundeck	**sundeck**	terrasse (d'un immeuble d'habitation), pont promenade (paquebot)
○ suntan	**suntan**	hâle, bronzage
❏ supplémentaire	prestation **supplémentaire** de chômage / supplementary unemployment benefit	complémentaire
○ supplémenter	**supplémenter** des indemnités, des informations / to supplement	ajouter un supplément à, ajouter à

	EXEMPLES DE FORMES ET D'EMPLOIS FAUTIFS	FORMES CORRECTES
❏ support	**support**	appoint, appui, complément, supplément
	avoir le ___ de la direction	soutien, appui, aide, collaboration
❏ supporter	**supporter** un candidat, une mesure / to support	appuyer, soutenir, encourager, donner son appui à
	___ des réfugiés	subvenir aux besoins
	___ un programme	financer
○ supporter	il est **supporter** du parti au pouvoir	partisan (supporter et supporteur sont des termes courants en France dans le domaine du sport)
■ supposément	**supposément** / supposedly	hypothétiquement, prétendument, soi-disant
❏ supposer	je suis **supposé** y aller / I am supposed to	je suis censé y aller, je dois y aller, il est convenu que j'irai
	c'est ___ avoir lieu / it is supposed to	cela devrait
❏ sur	être **sur appel** / to be on call	en disponibilité, de permanence
	proposition adoptée ___ **division** / on division	à la majorité (par opposition à « à l'unanimité »), avec dissidence

EXEMPLES DE FORMES ET D'EMPLOIS FAUTIFS	FORMES CORRECTES
❏ sur	achat __ **la finance** / on finance	à crédit
	__ **l'air** / on the air (à la porte d'un studio)	sur les ondes, en ondes, à l'antenne, émission en cours
	être __ **la ligne de piquetage** / to be on picket lines	être aux piquets de grève
	jugement rendu __ **le banc** / on the bench	sans délibéré, séance tenante
	vivre __ **le bien-être social,** __ **le BS** / on social welfare, welfare	de l'assistance sociale, toucher des prestations d'aide sociale, recevoir de l'aide sociale
	voyager __ **le budget** de l'entreprise / on the company's budget	aux frais
	__ **le temps de** l'entreprise / on the company's time (activité personnelle)	pendant les heures de travail, aux dépens de l'entreprise
	le gouvernement est __ **son dernier mille** / on its last mile	près de la fin, à l'extrémité, au bout de son rouleau
	la Cour devra **adjuger** __ ce litige / adjudicate upon	statuer sur, se prononcer sur, trancher, décider de
	être **au,** __ **le neutre** / to be in neutral (auto)	au point mort

	EXEMPLES DE FORMES ET D'EMPLOIS FAUTIFS	FORMES CORRECTES
❏ sur	**appliquer, faire application pour, __** un emploi / to apply, to make an application for a job	postuler, solliciter un emploi, faire une demande d'emploi, offrir ses services, poser sa candidature à un emploi, remplir un formulaire de demande d'emploi
	avoir le meilleur __ / to have the better on, the best on	l'emporter sur, avoir l'avantage sur, vaincre, triompher de
	capitaliser __ l'expérience / to capitalize on	mettre à profit, exploiter, tirer parti de, tirer profit de
	être __ la ligne / to be on the line (téléphone)	occuper la ligne, être à l'écoute
	être __ le banc / to be on the bench	être magistrat ou magistrate, siéger au tribunal
	garder un œil __ / to keep an eye on	surveiller, avoir l'œil sur, avoir, tenir à l'œil
	monter __ le banc / to be raised to the bench	accéder à la magistrature, être nommé juge
	payable __ livraison / cash on delivery (c.o.d.)	contre remboursement (pour un envoi) payable à la livraison (pour une commande)
	se fier __ les renseignements obtenus / to rely on	se fier aux

	EXEMPLES DE FORMES ET D'EMPLOIS FAUTIFS	FORMES CORRECTES
❑ sur	**se lever** ___ un point d'ordre / to rise to (assemblée délibérante)	demander le rappel à l'ordre
	se lever ___ une question de privilège / to rise to	poser
◆ sur	surfer, naviguer **sur** Internet / on Internet	dans
	travailler ___ la construction / on construction	dans la construction, le bâtiment
	figurer ___ la liste / to be on the list	dans
	la radio est ___ l'AM / on the AM	à l'AM
	il y a trop de monde ___ la rue / on the street	dans (mais : sur la route)
	habiter ___ la rue Parc / on Park St.	habiter rue Parc
	commenter ___ l'attitude du président / to comment on	commenter l'attitude, faire des commentaires sur l'attitude
	je vais lire ___ l'avion, ___ l'autobus, ___ le train / on the plane, the bus, the train	dans, à bord de
	être ___ le chômage / to be on unemployment benefit	au
	passer ___ le feu rouge / on the red light	au, griller le
	elle est ___ le jury, le comité des finances / on the jury, the finance committee	membre du, fait partie du
	elle ne sera pas ___ l'émission ce soir / on the program	à, ne participera pas à
	accrocher ___ le mur / on the wall	au
	il a été choisi ___ l'équipe des étoiles / on the star team	comme membre de

	Exemples de formes et d'emplois fautifs	Formes correctes
◆ sur	c'est tout ce qu'on a ___ l'étage / on this floor	à
	il est occupé ___ le téléphone / busy on the phone	au
	on n'a pas eu une seule goutte de pluie ___ le voyage / on the trip	pendant le, durant le, au cours du
	notre émission est changée de place ___ l'horaire / on the schedule	dans
	il est ___ l'ouvrage en ce moment / on the job	à
	les bibliothèques sont ouvertes le soir ___ semaine / on weekdays	en
	regarder ___ son agenda / on one's agenda	dans
	être ___ une diète / to be on a diet (régime alimentaire prescrit)	être à la diète, suivre une diète
	travailler ___ une ferme / to work on a farm	à, dans
	vivre ___ une réserve / to live on a reservation	dans
	blâmer qqch ___ qqn / to blame sth on sb	blâmer qqn de qqch, imputer qqch à qqn, rejeter la faute, la responsabilité de qqch sur qqn
	être ___ l'aide sociale / to be on social welfare	vivre de
	être ___ l'horaire variable / to be on a flexible schedule	avoir un
	siéger ___ un comité / to sit on a committee	faire partie de, siéger à

	EXEMPLES DE FORMES ET D'EMPLOIS FAUTIFS	FORMES CORRECTES
○ sur	**sur la sly** / on the sly	en cachette, sous le manteau, au noir, en contrebande
	être toujours __ **la go** / on the go	à trotter, à courir
	être __ **le chiffre, le shift** de nuit / shift	du quart de nuit, de l'équipe de nuit, avec l'équipe de nuit
	travailler __ **les chiffres, les shifts**	par roulement, par équipe, en rotation
	être __ **un call**	être en service, être allé à une demande, à un appel
❑ sur	**sur et sucré** / sweet-and-sour	aigre-doux
❑ sûr	**être sûr que** la vanne est bien fermée / to be sure that	s'assurer que
	faire __ que la porte est verrouillée / to make sure	s'assurer que
❑ sûreté	raisons de **sûreté** / safety reasons	sécurité
	coffret de __ / safety box	compartiment de coffre-fort, coffre bancaire
❑ surintendant	**surintendant** de la fabrication, de l'entretien / superintendant	chef
	__ d'un immeuble d'habitation	concierge, gérant
❑ surprime	**surprime attribuable à l'occupation** / occupational rating (assurances)	surprime professionnelle

	EXEMPLES DE FORMES ET D'EMPLOIS FAUTIFS	FORMES CORRECTES
❏ surprise	**prendre par surprise** / to take by surprise	surprendre, prendre à l'improviste, prendre au dépourvu
	on lui prépare un **__-party**	fête-surprise, soirée-surprise, réception-surprise
■ surtemps	faire du **surtemps** / overtime	des heures supplémentaires
❏ suspecter	elle **suspecte** qu'un clou est la cause de la crevaison / she suspects	présume
○ swamp	il y a une **swamp** à côté du lac	marais, marécage
○ swap	accord de **swap** entre institutions financières (finance)	crédit croisé
○ sweat	**sweat shirt**	survêtement
○ sweater	**sweater**	lainage (terme général), chandail, tricot, cardigan
○ sweatshop	**sweatshop**	atelier de misère
○ sweat suit	**sweat suit**	costume sudabsorbant
○ swing	**ça swing là**	ils s'envoient en l'air, ils s'amusent comme des fous
○ swing	l'auto a fait un **swing**	virage brusque, crochet
	se donner un bon __	élan
○ swinger	**swinger** / to swing	se balancer, virer brusquement, tourner sur soi, pivoter

	Exemples de formes et d'emplois fautifs	Formes correctes
○ switch	**switch** (pour modifier un circuit électrique)	commutateur
	__ (appareil d'éclairage, machine)	interrupteur, bouton
	__ (auto)	interrupteur d'allumage, contact
○ switchboard	**switchboard** (téléphone)	standard
○ switcher	on va **switcher** / to switch	changer
	__ sur un autre sujet de conversation	passer à
❏ syllabus	fournir le **syllabus** du cours	plan de cours, sommaire
❏ sympathie	offrir ses **sympathies** / one's sympathy	condoléances
❏ sympathique	les membres de l'association sont tous **sympathiques** à cette cause / sympathetic	favorables, bien disposés
	les gens sont __ à mon malheur	compatissants
❏ système	vitamines qui aident tout le **système** / the system	organisme
	__ **de la probation** / probation system	régime de la mise en liberté surveillée, de la liberté surveillée
	__ **de son** / sound system	chaîne stéréophonique, chaîne stéréo

T

	Exemples de formes et d'emplois fautifs	Formes correctes
❏ table	table **à cartes** / card table	de jeu, à jouer
	__ à extension / extension table	à rallonge
	crème **de __,** crème **à café** / table cream, coffee cream	à ... % MG
	cuiller à __ / tablespoon	à soupe
❏ tablette	posologie : une **tablette** avant chaque repas / tablet	comprimé
■ tachomètre	**tachomètre** / tachometer	tachymètre, compte-tours
○ tacker	**tacker** / to tack	agrafer (feuilles) (brocher : relier un livre)
		clouer (tapis)
		fixer, punaiser (affiche, dessin)
○ tag	**tag**	étiquette
	jouer à la __	au chat
○ takeover	**takeover** (commerce)	acquisition, prise de participation, de contrôle, absorption

	Exemples de formes et d'emplois fautifs	Formes correctes
❏ tangible	**actif tangible** / tangible asset	bien corporel, élément d'actif corporel
	actifs __ / tangible assets	actif corporel, immobilisations corporelles
◯ tanker	**tanker**	avion-citerne (bateau, camion, wagon)
◯ tape	**tape**	ruban isolant (pour les fils), ruban (en général)
	masking __	ruban-cache, papier-cache adhésif
	red __	formalités, chinoiseries administratives, paperasserie
	scotch __	ruban adhésif, papier collant
	__ à mesurer	mesure, mètre à ruban, galon à mesurer
	__ recorder	magnétophone
❏ taper	**taper** un écrou / to taper	tarauder, fileter
	__ une ligne téléphonique / to tap	mettre sur écoute
❏ tapis	**tapis mur à mur** / wall-to-wall carpeting	moquette
■ tarif	**tarifs** : 1 heure, 4 $ / rates	tarif (sing.)
◯ tarmac	l'avion attend sur le **tarmac** (de l'anglais tar et macadam)	aire de trafic, aire de stationnement

355

	EXEMPLES DE FORMES ET D'EMPLOIS FAUTIFS	FORMES CORRECTES
○ tarpaulin	**tarpaulin**	bâche (imperméabilisée), toile, canevas (non imperméabilisés)
○ task	**task force**	groupe de travail, d'étude
○ tatoo	un **tatoo** bien en évidence	tatouage
❑ taux	**taux, bureau d'échange** / exchange rate, office (finance)	taux, bureau de change
	__ **de vacance** / vacancy rate	taux d'inoccupation
❑ taxe	**payeur de taxes** / taxpayer	contribuable
	__ **d'affaires** / business tax	taxe professionnelle
	__ **d'amusement** / amusement tax	taxe sur les spectacles
	__ **foncières** / property tax	impôt foncier
❑ taxer	**taxer** son énergie, sa patience / to tax	exiger un grand effort de, mettre à l'épreuve, à dure épreuve
○ t-bone	**t-bone** (steak)	aloyau
○ teach-in	**teach-in**	séance d'étude
○ teachware	**teachware** (informatique)	didacticiel
○ technicalité	**technicalité** / technicality	détail technique, d'ordre pratique, formalité, question de forme, point de détail, subtilité
❑ tel	à l'entrée en vigueur de **tel** régime, à la réalisation de __ entente / such	ce, cette
	dans __ cas / in such event	ce
	dans __ circonstances / such circumstances	ces

EXEMPLES DE FORMES ET D'EMPLOIS FAUTIFS	FORMES CORRECTES

○ télémarketing | **télémarketing** | télévente

❏ téléphone | recevoir un **téléphone** / to receive a phone call | appel, coup de téléphone

◆ téléphoner | tous les membres ont-ils **été téléphonés** ? / were all members phoned up ? | a-t-on téléphoné à tous les membres ?, tous les membres ont-ils été appelés ?

❏ témoin | **boîte aux témoins** / witness box | barre des témoins

◆ température | **c'est** 20° en ce moment / it is 20° now | il fait

❏ temporaire | **privilège d'assurance temporaire prolongée** / extended term insurance privilege | droit de prolongation

❏ temps | être **avant son temps** / ahead of one's time | innovateur, avant-gardiste, en avance sur son époque

| **carte de** __ / time card | fiche, feuille de présence

| venez **en aucun** __ / at any time | n'importe quand, en tout temps

| arriver **en avant de son** __ / ahead of time | en avance, d'avance, avant l'heure prévue ou fixée

| **faire du** __ à cause d'un vol / to serve time, to do time | faire de la prison

| **feuille de** __ / time sheet | feuille de présence

| accident entraînant **perte de** __ / injury involving loss of time | absence du travail

| **quelque** __ à l'automne, il faudra reparler du projet / sometime | au cours de

	EXEMPLES DE FORMES ET D'EMPLOIS FAUTIFS	**FORMES CORRECTES**
❏ temps	**sur le __ de** l'entreprise / on the company's time (activité personnelle)	pendant les heures de travail, aux dépens de l'entreprise
	__ double, __ et demi / double time, time and a half	heures, salaire, taux majoré de 100 %, de 50 %
○ tenderisé	viande **tenderisée** / tenderized	attendrie
○ tenderloin	**tenderloin** (steak)	filet
❏ tenir	**tenez, gardez la ligne** / hold, keep the line (téléphone)	ne quittez pas, un instant s'il vous plaît
	__ les prix / to keep prices up	maintenir
❏ tension	tension, pression **sanguine** / blood pressure	artérielle
■ tentativement	nous utiliserons ce nouveau produit **tentativement** / tentatively	à titre d'essai, expérimentalement
❏ terme	durant le **terme** de la présente convention / term	durée, période de validité
	le président en est à son 2ᵉ __	mandat
	le prochain __ de la cour civile	session
	recevoir un rapport d'évaluation à chaque __ (éducation)	étape
	__ de livraison / delivery term	délai
	__ de référence / terms of reference (d'une commission)	attributions, mandat, compétence
	__ d'office / term of office (d'une conseillère, d'un maire)	durée des fonctions, du mandat, période d'exercice

	Exemples de formes et d'emplois fautifs	Formes correctes
❑ terme	__ **et conditions** / terms and conditions (contrat, accord, marché, opérations commerciales)	conditions, dispositions, clauses, stipulations, modalités
	__ **faciles** / easy terms (réclame)	facilités de paiement
	__ **légal** / legal term	terme de pratique
○ test	effectuer un **blind test**	test à l'aveugle
◆ testé	il **a testé positif** au contrôle de dopage / has tested positive (sport)	le test est positif, confirme le dopage
❑ tête	c'est un vrai **mal de tête** que de démêler ça / it is a headache	casse-tête, problème ardu
	__ **de violon** / fiddleheads	crosses de fougère
	le pays est quatrième au classement international du revenu **par __ de population** / per head of population	par habitant, par tête d'habitant
○ thanker	**thanker**	boire à l'excès
○ that's it that's all	**that's it that's all**	ça finit là, l'affaire est réglée
❑ thème	le **thème** musical, la **musique** __ d'une émission, d'un film / musical theme	indicatif musical
● thermostat	**thermostat**	thermostat (le « t » final ne se prononce pas)
○ thinking	faire du **wishful thinking**	prendre ses désirs pour des réalités
○ thrill	ça donne un **thrill**	frisson, sensation spéciale
	on fait ça pour le __ de frôler le danger	plaisir

	EXEMPLES DE FORMES ET D'EMPLOIS FAUTIFS	FORMES CORRECTES
○ thriller	**thriller** (roman, film)	d'aventures, policier, fantastique, à suspense
○ ticket	recevoir un **ticket** pour excès de vitesse	contravention
○ tie	**tie** de voie ferrée	traverse
	___ (construction)	entretoise
	être ___ (dans un match, un jeu)	à égalité, égaux
○ time	**prime time** (radiotélévision)	heures de pointe, de grande écoute
	___ **out** ! (au jeu)	pause
○ timer	**timer** / to time	chronométrer (compétition sportive, action, opération quelconque)
		faire coïncider (événements)
		minuter (cérémonie, spectacle, travail, emploi du temps)
		régler, ajuster, caler (allumage) (auto)
○ timing	**timing**	calage (allumage) (auto)
		distribution (fluide moteur) (auto)
		moment propice, bon moment (pour faire une action)

	Exemples de formes et d'emplois fautifs	Formes correctes
○ timing		rythme (spectacle, émission)
○ tinque	**tinque** d'eau chaude / tank	chauffe-eau
	__ **à eau** d'une municipalité / water tank	réservoir, château d'eau
	__ **à gaz** / gas tank	réservoir à essence
○ tip	**tip**	pourboire
○ tipper	**tipper**	donner un pourboire
○ tire	**tire**	pneu
❏ tirer	**tirer** l'agresseur / to shoot	abattre, atteindre, toucher
❏ titre	**titres défensifs** / defensive securities (finance)	valeurs sûres
○ toasté	sandwich **plain** ou **toasté** ?	nature ou grillé ?
○ toaster	**toaster**	grille-pain
❏ toilette	**papier de toilette** / toilet paper	papier hygiénique
○ toilette	**flusher les toilettes** / to flush	tirer la chasse d'eau
○ token	**token**	jeton
❏ tomber	**tomber dû** / to fall due (billet)	échoir, arriver à échéance
	__ **en amour** / to fall in love	tomber amoureux, devenir amoureuse, s'éprendre de qqn
○ top	**top**	capote (auto décapotable)
		dessus (caisse, boîte d'emballage)

	EXEMPLES DE FORMES ET D'EMPLOIS FAUTIFS	FORMES CORRECTES
○ top		le maximum, le comble, le bouquet
		toit (auto)
	un **lap __** (informatique)	ordinateur portatif
	__ notch	de premier niveau
	__ priority (mention sur des documents)	priorité absolue
	__ secret (mention sur des documents)	ultrasecret, strictement confidentiel
	un **__ de cigarette** (synonyme de botche)	mégot
○ topper	**topper** un arbre / to top	étêter, écimer
❏ tordre	**tordre le bras à** qqn / to twist sb's arm	forcer la main de, insister auprès de
❏ total	**grand total** (comptabilité)	total général, global, somme globale, totale
❏ touage	**zone de touage** / tow zone	zone de remorquage, d'enlèvement des véhicules en infraction
○ touch	**finishing touch** à un travail	dernière main
	téléphone **__-tone** (marque déposée)	à clavier
○ touer	**touer** un véhicule / to tow	remorquer
○ tough	**tough**	difficile, pénible, dur (effort, hiver, travail)
		endurant, dur au mal (sportif)

	EXEMPLES DE FORMES ET D'EMPLOIS FAUTIFS	**FORMES CORRECTES**
○ tough		un dur à cuire, un dur
		osée, corsée, épicée (blague, histoire)
		tenace, dur, coriace (homme, femme d'affaires)
○ tougher	**tougher** (devant décision, difficulté, effort exigé) / to tough it out	persister, persévérer, tenir bon, endurer
○ toune	**toune** entendue à la radio / tune	chanson, air
	c'est toujours la même __ avec eux	même rengaine, chanson, refrain
	changer de __	de refrain, de disque
❏ tour	**tour opérateur** / tour operator (tourisme)	voyagiste
❏ tourbe	une motte de **tourbe** / peat	gazon
❏ tournant	**point tournant** / turning point	tournant, moment décisif
❏ tourner	la lumière a **tourné** jaune / the light turned yellow	le feu a passé au jaune, est devenu jaune
❏ tournoi	plusieurs championnats sportifs se disputent par **tournoi à la ronde** / round-robin	poule

363

	Exemples de formes et d'emplois fautifs	Formes correctes
❑ tous	**tous et chacun** doivent participer / all and everyone	il faudrait que tout le monde participe, tout un chacun doit participer, tous doivent participer
❑ tout	**à tout événement**, nous serons prêts / in all events	quoi qu'il arrive, dans tous les cas, peu importe
	à __ fins pratiques l'heure de pointe est terminée / for all practical purposes	en pratique, pratiquement, en définitive, en fait
❑ toux	**pastilles pour la toux** / cough drops	pastilles pour la gorge
○ towing	faire venir le **towing**	dépanneuse
○ town	**town house**	maison en rangée
○ toxédo	**toxédo** / tuxedo	smoking
❑ tracer	**tracer** un projet, un rapport / to trace	préparer, établir les grandes lignes de
○ track	être à côté de la **track**	être dans l'erreur, dérailler, divaguer, déraisonner
	traverser la __	voie ferrée
	sound __	bande son, bande sonore, piste sonore
○ trademark	l'excentricité est son **trademark**	marque de commerce
○ trade-off	un **trade-off** inacceptable	compromis
▲ traffic	**traffic**	trafic

	Exemples de formes et d'emplois fautifs	Formes correctes
❏ trafic	**trafic lourd** / heavy traffic	circulation dense, grosse circulation
○ trail	**trail** de ski de fond, de motoneige	piste, sentier
	___ laissée par les roues d'une voiture	trace
○ trailer	**trailer**	remorque, caravane, roulotte
○ training	**training**	entraînement (sport), formation (autres domaines)
❏ traite	c'est ma **traite** / this is my treat	c'est ma tournée, c'est moi qui paye, qui arrose
○ transcript	**transcript**	transcription
❏ transférable	contrat d'assurance **non transférable** / nontransferable contract	incessible
❏ transférer	être **transféré** d'un service à un autre / to be transferred	muté, affecté
	je vous ___ à la responsable / I am transfering you (téléphone)	je vous passe
	je vous ___ au service des finances	je vous mets en communication avec
❏ transfert	**transfert** d'un service à un autre / transfer	mutation
	un ___ d'autobus	correspondance
○ transformeur	**transformeur** / transformer	transformateur (de courant électrique)

	EXEMPLES DE FORMES ET D'EMPLOIS FAUTIFS	FORMES CORRECTES
❏ transmission	ligne de **transmission** / transmission line (électricité)	ligne de transport (à partir des centrales électriques jusqu'aux postes de distribution), ligne à haute tension, ligne de distribution (vers les abonnés)
❏ trappe	**trappe de sable** / sand trap (golf)	fosse de sable
❏ travail	**travail à contrat** / contract work	travail à forfait
	hommes au __ / men at work (signalisation routière)	travaux en cours, attention : travaux
❏ travailler	le moteur **travaille** bien / the engine works well	fonctionne
	ça __ bien, cet outil-là	cet outil est très commode
	cette affaire **a __** contre moi / has worked against me	a joué contre moi, m'a nui
❏ travailleur	**travailleur du métal en feuilles** / sheet-metal worker	tôlier
◯ traveller	**traveller's cheque**	chèque de voyage
◆ travers	voyager **à travers le** Québec, **le** monde / around, across	partout au Québec, aux quatre coins du Québec, autour du monde
❏ travers	**parler à travers son chapeau** / to talk through one's hat	parler sans connaissance de cause, parler à tort et à travers
❏ traverse	**traverse** / crossing	passage à niveau, pour piétons, d'écoliers, d'enfants, d'animaux
◯ tray	**tray** pour verres, pour hors-d'œuvre	plateau

	Exemples de formes et d'emplois fautifs	Formes correctes
○ tray	**___ à glace**	moule à glaçons
❏ triage	**cour de triage** / marshalling yard	centre, gare de triage
❏ triangle	**triangle d'urgence** / emergency warning triangle (transports)	triangle de présignalisation, de signalisation, de sécurité
❏ trimer	**trimer** / to trim (haie, arbre)	tailler, émonder
	___ (cheveux, barbe, ongles)	couper
◆ triompher	l'équipe **a triomphé** de ses adversaires **10 à 7** (l'absence de mot-lien forme l'anglicisme) / overwhelmed 10 to 7	a triomphé par la marque de 10 à 7
○ trip	**road trip** (sport)	série de matchs, de parties à l'étranger
❏ triple	essieu **triple** / triple axle	essieu trideur, trideur
○ tripper	**tripper** / to trip	se passionner pour
❏ trivial	un fait **trivial**	banal, de peu d'importance, insignifiant (trivial : vulgaire, grossier)
○ troller	**troller** / to troll	pêcher à la cuiller
❏ trottoir	**vente de trottoir** / sidewalk sale	braderie
❏ trou	être dans le **trou** / to be in a hole	embarras, pétrin
	sortir qqn du **___** / to get sb out of a hole	de la dèche (financièrement)
❏ trouble	faire du **trouble**	des histoires, des difficultés

	Exemples de formes et d'emplois fautifs	Formes correctes
❏ trouble	c'est bien trop de __ de procéder ainsi	de travail, c'est trop long, trop compliqué
	cette affaire-là nous a causé bien du __	tracas, ennuis, embêtements
	__ d'auto	ennuis
	elle se donne bien du __ pour organiser la fête	mal
	il y a du __ sur la ligne (téléphone)	la ligne est en dérangement
❏ trouver	être **trouvé coupable** d'homicide / to be found guilty	déclaré, reconnu coupable
	il a été __ **responsable** de l'accident / has been found responsible	tenu responsable
◆ trouver	il **s'est** __ un emploi **comme** gestionnaire / he has found himself a job as	a trouvé un emploi de
❏ truc	**truc du chapeau** / hat trick	tour du chapeau
○ truck	**lift truck** (manutention)	chariot élévateur
○ trucker	**trucker** / truck driver	camionneur, routier
○ trust	un **trust**	société de gestion, de fiducie
	in __ (comptabilité)	en fiducie, en fidéicommis
○ trustable	**trustable**	digne de confiance, fiable
○ truster	**truster** qqn / to trust sb	faire confiance à, se fier à

	EXEMPLES DE FORMES ET D'EMPLOIS FAUTIFS	FORMES CORRECTES
❏ tube	le **tube** d'un pneu	chambre à air
◯ tubeless	pneu **tubeless**	sans chambre à air, increvable
❏ tuile	il y a une **tuile** à remplacer sur le plancher de la cuisine / tile	carreau
	__ de céramique / ceramic tile	carreau
◯ tune-up	**tune-up** du moteur (véhicule)	mise au point
◯ turnover	**turnover**	chiffre d'affaires, fonds de roulement (administration)
		mouvement d'effectifs, mobilité du personnel, roulement de la main-d'œuvre, renouvellement, rotation (personnel)
		rotation des stocks (marchandise)
◯ turnup	**turnup** de pantalon	revers
◯ tuxédo	**tuxédo**	smoking
● T.V.	**T.V.**	télévision, télé, téléviseur, appareil de télévision
◯ twist	avoir la **twist**	façon de s'y prendre, truc, tour de main
◯ twister	**twister** / to twist	tordre, tortiller, entortiller
◯ typer	**typer** / to type	taper (machine à écrire), saisir (ordinateur)

U

	EXEMPLES DE FORMES ET D'EMPLOIS FAUTIFS	FORMES CORRECTES
❏ U	**pas de virage en U** / no U-turn	demi-tour interdit
○ ultra	**ultra vires**	antistatutaire, au-delà des pouvoirs dévolus
❏ un	la Fondation versera **un autre** 10 000 $ à l'Université / another	10 000 $ supplémentaires, ajoutera une somme de 10 000 $
	avoir ⎽ **goût pour** / to have a taste for	un penchant vers, du goût pour, un faible pour
	moi pour ⎽ / I for one	quant à moi, pour ma part, à mon avis, personnellement
◆ un	un demi **de un** pour cent (« de un » forme l'anglicisme) / one half of 1 %	un demi pour cent
	le défilé, ⎽ tradition annuelle, s'est terminé par un spectacle grandiose / the parade, an annual tradition	le défilé, tradition annuelle (contrairement à l'anglais, le français omet l'article devant le nom mis en apposition)
	sa sœur est ⎽ ingénieure / his sister is an engineer	sa sœur est ingénieure

	EXEMPLES DE FORMES ET D'EMPLOIS FAUTIFS	FORMES CORRECTES
◆ un	notre attitude **en est __ de** collaboration / is one of	est celle de la, est basée sur la, nous désirons collaborer
	ils entrevoient **comme __** solution intermédiaire de fusionner les deux organismes / as an intermediate solution	comme solution intermédiaire
	l'équipe a **comme __ de** ses tâches principales / as one of its main assignments	parmi
○ union	**union**	syndicat
❏ unité	à l'hôpital, on ferme des **unités** entières / units	services
	motel, hôtel de 200 __	chambres
	__ murale / wall unit	meuble de rangement mural, meuble à éléments
	on prévoit construire 5 000 __ **de logement** / units, dwelling units	appartements, logements, maisons
	prix par __ / unit price	prix unitaire
○ up	être **up to date** (dossiers, documents)	à jour
○ update	**update**	mise à jour
○ upgrader	**upgrader** / to upgrade	augmenter la puissance (ordinateur)
		faire une mise à niveau (logiciel)
		surclasser (transport)
○ urgence	mettre les **flashers d'urgence** / emergency flashers	le signal de détresse

	EXEMPLES DE FORMES ET D'EMPLOIS FAUTIFS	FORMES CORRECTES
❑ urgence	**sortie d'urgence** / emergency exit, door	issue de secours (autobus, métro), sortie de secours (immeubles)
	triangle d'__ / emergency warning triangle (transports)	triangle de présignalisation, de signalisation, de sécurité
○ U.S.	1 000 dollars **U.S.** / U.S. dollars	dollars américains
○ U.S.A.	**U.S.A.**	É.-U.
❑ usage	**usage** critiqué par certains / usage questioned by some	emploi
❑ usagé	des biens **usagés** / used	d'occasion
○ user	**user-friendly** (informatique)	convivial, facile d'utilisation
❑ utilitaire	un véhicule **utilitaire** sert à l'entretien des villes / utility vehicle	de collectivité
❑ utilité	**utilités** publiques / public utilities (eau, électricité, etc.)	services
○ U-turn	faire un **U-turn**	faire demi-tour

V

	EXEMPLES DE FORMES ET D'EMPLOIS FAUTIFS	FORMES CORRECTES
■ vacance	je prends une **vacance** / a vacation	des vacances, un congé
❏ vacance	**paie de vacances** / vacation pay	indemnité de congé payé, indemnité de congé
	taux de __ / vacancy rate	taux d'inoccupation
○ vacancy	**no vacancy** (affiche de motel, d'hôtel)	complet
○ vacuum	**vacuum**	aspirateur
	la démission du premier ministre a créé un __	vide (vacuum : terme technique et scientifique seulement)
○ valance	une **valance** dans une fenêtre	cantonnière
❏ valeur	**distribution de valeurs** / distribution of securities (finance)	placement, opération de placement, mise en circulation
	__ au comptant / cash surrender value (d'une police d'assurance)	valeur de rachat
	ratio prêt __ / ratio of loan value	quotité de financement
❏ valoir	**valoir** cinq millions / to be worth five millions	posséder
❏ valve	**valve**	robinet, clapet, soupape

	EXEMPLES DE FORMES ET D'EMPLOIS FAUTIFS	FORMES CORRECTES
○ van	**van** (véhicule)	semi-remorque, fourgonnette
❏ vanité	une **vanité** / vanity	coiffeuse, meuble-lavabo
❏ vapeur	**bouilloire à vapeur** / steam boiler (production d'énergie)	chaudière à vapeur, générateur de vapeur
❏ varia	**varia** (assemblée délibérante)	divers (mais s'emploie en journalisme)
❏ véhicule	**véhicule-moteur** / motor vehicle	véhicule automobile
❏ vendeur	cet ouvrage est un excellent **vendeur** / seller	succès (de librairie, de vente)
❏ vendre	**maintenant à vendre, à louer** / now for sale, now renting (affiche sur un nouvel immeuble)	prêt pour occupation
○ veneer	du **veneer** employé dans la construction	placage, contreplaqué
❏ venir	le compte-gouttes **vient** avec la bouteille / comes	est offert, se vend, est présenté
	l'équipe est __ **de l'arrière** et a remporté le match / came from behind	a rattrapé ses adversaires
❏ vente	article en **vente** / in sale	en solde, au rabais, en promotion
	balance de __ / balance of sale financing	crédit vendeur
	__ **d'écoulement** / clearance sale	liquidation
	__ **de feu** / fire sale	solde après incendie
	__ **de garage** / garage sale	vente-débarras, vente de bric-à-brac

	EXEMPLES DE FORMES ET D'EMPLOIS FAUTIFS	FORMES CORRECTES
❏ vente	__ **de placements** / sale of investments (finance)	vente de valeurs de portefeuille
	__ **de trottoir** / sidewalk sale	braderie
	__ **finale** / final sale	vente ferme
	__ **semi-annuelle** / semi-annual sale	solde semestriel
	représentant des __ / sales representative	représentant commercial, représentant
○ venture	**joint venture** (administration)	coentreprise, entreprise conjointe, commune, en copropriété, en coparticipation, opération conjointe
○ verbatim	donnez-moi le **verbatim** de la réunion	compte rendu exhaustif, mot à mot
❏ versatile	c'est un artiste **versatile** / versatile artist	aux talents variés, multiples (versatile : qui change facilement d'opinion, d'idée, de parti)
	appareil __ / versatile apparatus	universel, tout usage, polyvalent
	une employée __ / versatile employee	polyvalente, flexible
○ versus	Lavoie **versus** Fortin	contre (sport), c. (langue juridique)
❏ vert	**vert de pratique** / practice putting green	vert d'exercice
❏ veste	porter une **veste** sous son veston / vest	gilet
○ v.g.	**v.g.** (*verbi gratia*)	p. ex. (par exemple)

	EXEMPLES DE FORMES ET D'EMPLOIS FAUTIFS	FORMES CORRECTES
○ via	une lettre expédiée **via** messagerie	par (via ne s'applique qu'aux lieux)
	le gouvernement perçoit des impôts __ les retenues à la source	par
❏ vicieux	avoir un geste **vicieux** / vicious gesture (sport)	brutal, violent
	attention, le chien est __ !	méchant
■ victimiser	un tyran qui **victimise** son peuple / who victimizes	prend, transforme en victime
◆ vidéo	**vidéo-club**	club vidéo
○ vidéotape	**vidéotape**	bande vidéo, magnétoscopique
❏ vie	une pension **pour la vie**, être condamné **pour la** __ / for life	à vie
	prime à __ / whole life premium (assurances)	prime viagère
	condamné à la **prison à** __ / for life	à perpétuité, familier : à perpet
❏ ville	conseil **de ville** / city council	municipal
	maison **de** __ / town house	en rangée
❏ vin	**liste des vins** / wine list (restauration)	carte des vins
❏ vingt-quatre	**ouvert 24 heures, 24 heures par jour** / 24-hr service	ouvert jour et nuit, jour et nuit (les deux expressions conviennent aux textes imprimés), 24 heures sur 24 (langue familière)
❏ violon	jouer **les seconds violons** (auprès de qqn) / to play second fiddle (to sb)	un rôle secondaire, de second plan
	têtes de __ / fiddleheads	crosses de fougère

	EXEMPLES DE FORMES ET D'EMPLOIS FAUTIFS	**FORMES CORRECTES**
○ V.I.P.	**Very Important Persons**	personnes très importantes
❑ virage	**pas de virage en U** / no U-turn	demi-tour interdit
○ vires	**ultra vires**	antistatutaire, au-delà des pouvoirs dévolus
▲ virgule	vendredi**, le** 31 mai 2005 / Friday, the 31st of May	le vendredi 31 mai 2005 (sans virgule)
	100,000 $ / $100,000 **2,000.95** $ / $2,000.95 **0.75** $ / $0.75 **8.15** / 8.15 (ponctuation décimale)	100 000 $ (ni virgule, ni point) 2 000,95 $ (virgule) 0,75 $ (virgule) 8,15 (virgule)
	1,234,567 (ponctuation dans les nombres entiers)	1 234 567 (sans virgule)
	408 rue Leblanc / 408 Leblanc St. (l'absence de ponctuation forme l'anglicisme)	408, rue Leblanc
	Monsieur Joseph Fox, **Produits Fusion ltée,** **112 rue Star Ouest,** **St-Félix.** / Mr. J. Fox, Fusion Products Ltd., 112 Star Street West, St. Felix. (ponctuation dans la suscription d'une lettre)	Monsieur Joseph Fox Produits Fusion ltée 112, rue Star Ouest Saint-Félix (une virgule entre le numéro et le nom de la rue est la seule ponctuation requise)
❑ virtuel	il est le chef **virtuel** / virtual	le vrai chef (virtuel : probable, en puissance, en 3D)
❑ visite	le receveur **paie une visite** au lanceur / pays a visit	va parler, va voir, va s'entretenir

	EXEMPLES DE FORMES ET D'EMPLOIS FAUTIFS	FORMES CORRECTES
❏ visite	__ d'État / state visits	officielles
❏ visiter	l'équipe nationale **visite** ses adversaires / is visiting	rencontre, affronte
❏ visiteur	**centre pour visiteurs** / visitor center	pavillon, centre d'interprétation
❏ vivre	le choix est fait, il faut **vivre avec** / we have to live with it	s'en accomoder, se faire à cette idée, accepter cette situation
○ vocationnel	de l'information **vocationnelle** / vocational information	professionnelle
	enseignement __ / vocational training	enseignement professionnel, formation professionnelle
❏ voie	**voie de service** / service road	voie de desserte
	paver la __ aux discussions, aux négociations / to pave the way to	préparer, ouvrir la voie
❏ voir	c'est le service des achats qui **voit** à l'approvisionnement / that sees to	est chargé de
	il faut **attendre et** __ / wait and see	voir venir
❏ volatil	la situation politique est très **volatile** dans ce pays	très instable, explosive
● volt	**volt**	volt (ne se prononce pas « vôlt » mais « volt » comme dans « révolte »)
❏ volume	**volume accru** du courrier / increased volume of	accroissement
❏ votante	**action votante, non** __ / voting, non-voting share (finance)	action avec, sans droit de vote
❏ vote	**vote ouvert** / open vote	scrutin découvert
	voici la répartition du __ **populaire** / popular vote	suffrage exprimé

Exemples de formes et d'emplois fautifs	Formes correctes
le conseiller a été élu grâce au __ **prépondérant** du directeur de scrutin / casting vote	voix prépondérante
compte des __ / counting of the votes	dépouillement du scrutin, des votes
donner son __ / to give one's vote	voter
mettre au __ une question, une proposition / to put to the vote	mettre aux voix
prendre un __ / to take a vote	procéder à un vote, à un scrutin, voter, tenir un vote

❍ voteur

voteur / voter	électeur, votant

❑ votre

objection, **votre Honneur** / your Honor (droit)	monsieur le juge, madame la juge
nous vous saurons gré de nous faire parvenir votre réponse **à __ convenance** / at your convenience	dès que cela vous sera possible (convenance : à votre bon plaisir)
nous vous faisons parvenir, **pour __ information** / for your information	à titre indicatif, d'information, de renseignement
__ reçu / your receipt (sur une facture)	reçu du client

❑ vôtre

Bien vôtre, Bien à vous, Sincèrement __ / Truly yours, Sincerely yours (avant la signature dans une lettre)	Nous vous prions d'agréer, Madame, Monsieur, l'expression de nos sentiments distingués, ou encore : Je vous prie d'agréer, Madame, Monsieur, l'assurance de mes sentiments les meilleurs

❑ vote

	EXEMPLES DE FORMES ET D'EMPLOIS FAUTIFS	FORMES CORRECTES
❏ vôtre	__ **pour** 20 $ / yours for $20	prix : 20 $
○ voucher	présentez votre **voucher** au comptoir	bon, bon d'échange, reçu
❏ vous	**Bien vôtre, Bien à vous, Sincèrement vôtre** / Truly yours, Sincerely yours (avant la signature dans une lettre)	Nous vous prions d'agréer, Madame, Monsieur, l'expression de nos sentiments distingués, ou encore : Je vous prie d'agréer, Madame, Monsieur, l'assurance de mes sentiments les meilleurs
❏ voûte	**voûte** / vault	caveau (cimetière) centre de sauvegarde (informatique) chambre forte (banque, maison d'affaires) garde-fourrure
❏ voyage	**dépenses de voyage** / travelling expenses	frais de déplacement
❏ voyageur	chèques de **voyageur** / traveller's cheques	chèques de voyage
❏ vraie	**vraie copie** / true copy	copie conforme
○ vs	Lavoie **vs** Fortin / vs (abréviation de versus)	contre (sport), c. (langue juridique)

W

	EXEMPLES DE FORMES ET D'EMPLOIS FAUTIFS	FORMES CORRECTES
○ wait	**wait and see**	voir venir
○ waiter	**waiter**	garçon, serveur (de table), garcon ! (quand on l'appelle)
○ waitress	**waitress**	serveuse, fille de salle, madame ! (quand on l'appelle)
○ wake up	un **wake up call**	appel de réveil
○ walkie	**walkie-talkie**	émetteur-récepteur portatif
○ walk-in	un **walk-in** attenant à la chambre principale / walk-in closet	penderie
○ walkman	**walkman** (marque déposée)	baladeur
○ warm-up	faire du **warm-up** avant l'exercice	échauffement
	__ / warm-up suit	surpantalon
○ wash	**car wash**	lave-auto
	vêtement __-and-wear	infroissable, sans repassage, lavez-portez
○ washer	**washer** (boulon, écrou)	rondelle

	EXEMPLES DE FORMES ET D'EMPLOIS FAUTIFS	FORMES CORRECTES
○ watcher	**watcher** qqn / to watch sb	surveiller, guetter, observer, épier
	se __ / to watch one step	faire attention, prendre garde, se surveiller, être sur ses gardes
○ waterproof	**waterproof**	imperméable, à l'épreuve de l'eau
		étanche (montre)
		hydrofuge (peinture)
○ weird	**weird**	bizarre
○ whatever	**whatever, whatsoever**	quoi que ce soit, quelle que soit la chose dont on parle
○ wheel	déplacer une **fifth wheel**	semi-caravane
○ wheelbase	**wheelbase** (véhicule automobile)	empattement
○ white	**off white**	blanc cassé
○ willing	être **willing**	prêt à, disposé à, désireux de
○ winch	**winch**	treuil (grue ou autre appareil de levage)
○ windshield	**windshield** (auto)	pare-brise
○ wiper	**wiper**	essuie-glace
○ wire	**wire** (en général)	fil de fer, câble d'acier
	__ de commande, d'un appareil, d'une installation électrique	câble

	Exemples de formes et d'emplois fautifs	Formes correctes
○ wire	__ faisant partie du moteur d'une machine	fil électrique, fil
○ wise	**wise**	habile, malin, futé
○ wishful	faire du **wishful thinking**	prendre ses désirs pour des réalités
○ woman	**morning woman, morning man** (radiotélévision)	animatrice matinale, animateur matinal
	self-made __, self-made man	autodidacte
○ workout	faire du **workout** (exercices et musique)	séance d'entraînement
○ workshop	**workshop**	atelier, sous-groupe de travail
○ wrench	**wrench**	clé anglaise, à écrous, clé
○ WYSIWYG	**WYSIWYG** (What you see is what you get) (informatique)	tel écran, tel écrit, tel écran-tel écrit

X-Y-Z

	EXEMPLES DE FORMES ET D'EMPLOIS FAUTIFS	FORMES CORRECTES
○ yes-man	c'est un **yes-man**	courbeur d'échine, béni-oui-oui, marionnette
○ zipper	le **zipper** est brisé	fermeture éclair, fermeture à glissière
	— sa robe / to zip	remonter la fermeture éclair, la glissière
❏ zone	**zone de touage** / tow zone	zone de remorquage, d'enlèvement des véhicules en infraction
● zoo	**zoo**	zoo (ne se prononce pas « zou » mais « zo »)

Bibliographie

Actualité terminologique : bulletin d'information du Bureau de la traduction. Ottawa, Bureau de la traduction, 1990-

Beaudin, Bernard. *Lexique de la formation professionnelle et technique.* Montréal, Éditions Logiques, 1996, 167 p.

Béguin, Louis-Paul. *Lexique général des assurances.* Québec, Office de la langue française, 1990, 267 p.

Bélanger, Francine ; Duplain, Jacques. *Vocabulaire de la bureautique.* Québec, Office de la langue française, 1992, 89 p.

Bélanger, Francine. *Vocabulaire du traitement de texte.* Québec, Office de la langue française, 1992, 76 p.

Bélisle, J.-A. *Dictionnaire nord-américain de la langue française.* Montréal, Beauchemin, 1979, 1196 p.

Belle-Isle, J. Gérald. *Dictionnaire technique général.* Montréal, Beauchemin, 1977, 555 p.

Bergeron, Marcel *et al. Vocabulaire d'Internet : HTML, JAVA, VRML, Cyberculture.* Québec, Office de la langue française, 1997, 141 p.

Boivin, Gilles ; Michel, France. *Lexique du bâtiment et de quelques autres domaines apparentés.* 2ᵉ éd. Québec, Publications du Québec, 1992, 49 p.

Buendia, Laurent. *Lexique informatique.* Ottawa, Bureau de la traduction, 1990, 78 p.

Buisseret, Irène de. *Deux langues, six idiomes.* Ottawa, Carlton-Green, 1975, 480 p.

Canada. Bureau de la traduction. *Termium.* 1996. Banque de données terminologiques sur CD-ROM.

The Canadian Style Manual : a Guide to Writing and Editing. Toronto, Dundern Press, Ottawa ; Ottawa, Secrétariat d'État du Canada, 1985, 256 p.

Clas, André ; Seutin, Émile. *J'parle en tarmes : dictionnaire de locutions et d'expressions figurées au Québec.* Montréal, Sodilis, 1989, 245 p.

Clas, André ; Seutin, Émile. *Recueil de difficultés du français commercial.* Montréal, McGraw-Hill, 1980, 119 p.

Collier, Linda-P. *Vocabulaire de la bourse et du placement.* Ottawa, Secrétariat d'État, 1989, 269 p.

Colpron, Gilles. *Dictionnaire des anglicismes.* Montréal, Beauchemin, 1982, 199 p.

Colpron, Gilles. *Les anglicismes au Québec : répertoire classifié.* Montréal, Beauchemin, 1970, 247 p.

Comité consultatif de la normalisation et de la qualité du français à l'Université Laval. *Les maux des mots : recueil récapitulatif des articles parus dans le bulletin du Comité de 1968 à 1982.* Québec, Université Laval, 1982, 154 p.

Dagenais, Gérard. *Dictionnaire des difficultés de la langue française au Canada.* 2ᵉ éd. Boucherville, Éditions françaises, 1990, 538 p.

Deak, Étienne ; Deak, Simone. *Grand dictionnaire d'américanismes.* 9ᵉ éd. Paris, Éditions du Dauphin, 1993, 839 p.

Delage, Gisèle. *Lexique de la bourse et des valeurs mobilières.* 3ᵉ éd. Québec, Publications du Québec, 1992, 93 p.

Deschênes, Gaston. *L'ABC du Parlement : lexique des termes parlementaires en usage au Québec.* Québec, Assemblée nationale, 1992, 100 p.

Dictionary of Canadian French / Dictionnaire du français canadien. Toronto, Stoddart, 1990, 292 p.

Dictionnaire des néologismes officiels : tous les mots nouveaux. Paris, Franterm, 1984, 544 p.

Dictionnaire des synonymes. Paris, Le Robert, 1989, 738 p.

Dictionnaire des termes officiels de la langue française : journal officiel de la langue française. Paris, Délégation générale à la langue française, 1994, 462 p.

Dionne, Pierrette. *Guide pour la rédaction et la révision des rapports annuels et administratifs.* Québec, Ministère des Communications, Bibliothèque administrative, 1990, 40 p.

Dubé, Jacques. *Lexique analogique.* Ottawa, Bureau de la traduction, 1997, 298 p.

Dubuc, Robert. *Objectif : 200 deux cents fautes à corriger.* Montréal, Éditions Radio-Canada, Leméac, 1971, 133 p.

Dubuc, Robert. *Vocabulaire bilingue de la production télévision : anglais-français, français-anglais.* Montréal, Leméac, 1982, 402 p.

Dubuc, Robert ; Boulanger, Jean-Claude. *Régionalismes québécois usuels.* Paris, Conseil international de la langue française, 1983, 227 p.

Dupont, Antonin. *Dictionnaire pratique : difficultés linguistiques du monde municipal.* Boucherville, Proteau, 1988, 261 p.

Gémar, Jean-Claude ; Ho-Thuy, Vo. *Difficultés du langage du droit au Canada.* Cowansville, Éditions Yvon Blais, 1990, 205 p.

Guide d'écriture des imprimés administratifs. Québec, Office de la langue française, 1992, 136 p.

Guide du rédacteur. Ottawa, Bureau de la traduction, 1996, 319 p.

Guilloton, Noëlle ; Cajolet-Laganière, Hélène. *Le français au bureau.* 4ᵉ éd. Québec, Office de la langue française, 1996, 400 p.

Hanse, Joseph. *Nouveau dictionnaire des difficultés du français moderne.* 2ᵉ éd. Paris, Duculot, 1991, 1031 p.

Harrap's Shorter French and English Dictionary. London, Harrap, 1982, 1781 p.

Horguelin, Paul A. ; Clas, André. *Le français, langue des affaires.* 3ᵉ éd. Montréal, McGraw-Hill, 1991, 422 p.

Je clique en français : guide de francisation de la micro-informatique. Québec, Ministère de l'Éducation, 1997, 24 p.

Laurence, Jean-Marie. *Vagabondage linguistique.* Montréal, Guérin, 1980, 171 p.

Laurin, Jacques. *Notre français et ses pièges.* Montréal, Éditions de l'Homme, 1978, 217 p.

Legendre, Renald. *Dictionnaire actuel de l'éducation.* 2ᵉ éd. Montréal, Guérin Éditeur ; Paris, Éditions Eska, 1993, 1500 p.

Lenoble-Pinson, Michèle. *Anglicismes et substituts français.* Paris, Duculot, 1991, 173 p.

Lessard, Denys *et al. Le français quotidien : du personnel de secrétariat, des gestionnaires, des communicateurs et communicatrices.* Québec, Office de la langue française, 1990, 92 p.

Lexique des règles typographiques en usage à l'Imprimerie nationale. 3ᵉ éd. Paris, Imprimerie nationale, 1994, 197 p.

Lexique, dotation en personnel, Glossary Staffing. Ottawa, Bureau de la traduction, 1982, 28 p.

Lexique. Journal des débats. 9ᵉ éd. Québec, Assemblée nationale, 1981, 184 p.

Lexique : réunions. Ottawa, Bureau de la traduction, 1985, 68 p.

Loubier, Christiane. *Vocabulaire de l'édition et de la reliure : anglais/français.* Québec, Office de la langue française, 1987, 54 p.

Mailhot, Camille-H. *Dictionnaire des petites ignorances de la langue française au Canada.* Hull, Éditions Asticou, 1988, 288 p.

Martin, Hélène ; Pelletier, Claire. *Vocabulaire de la téléphonie.* Québec, Office de la langue française, 1984, 39 p.

Ménard, Louis *et al. Dictionnaire de la comptabilité et de la gestion financière.* Toronto, Institut canadien des comptables agréés, 1994, 994 p.

Merle, Gabriel *et al. Les mots nouveaux apparus depuis 1985.* Paris, Belfond, 1989, 231 p.

Merriam-Webster's Collegiate Dictionary. 10ᵉ éd. Springfield, Mass., Merriam-Webster, 1993, 1557 p.

Michel, France. *Vocabulaire de l'échange de documents informatisés.* Québec, Publications du Québec, 1991, 38 p.

Nouveau dictionnaire analogique. Paris, Larousse, 1991, 856 p.

Le Nouveau Petit Robert : dictionnaire alphabétique et analogique de la langue française. Paris, Le Robert, 1993, 2467 p.

Ordre des comptables agréés du Québec. *Terminologie comptable.* Montréal, 1983-1998.

Paquin, Laurent. *Vocabulaire des véhicules de transport routier.* Québec, Office de la langue française, 1990, 267 p.

Pepermans, Raymond. *Vocabulaire de l'administration publique et de la gestion.* Ottawa, Secrétariat d'État, 1990, 775 p.

Pergnier, Maurice. *Les anglicismes.* Paris, PUF, 1989, 214 p.

Pergnier, Maurice ; Darbelnet, Jean. *Le français en contact avec l'anglais.* Paris, Didier Érudition, 1988, 171 p.

Le Petit Larousse illustré : dictionnaire encyclopédique. Paris, Larousse, 1993, 1720 p.

Pétrin, Hélène. *Vocabulaire des conventions collectives.* Québec, Office de la langue française, 1991, 97 p.

Poirier, Claude. *L'anglicisme au Québec et l'héritage français, in* Boisvert, Lionel; Juneau, Marcel. *Travaux de linguistique québécoise,* v. 2. Québec, PUL, 1978.

Pollak, L. *La traduction sans peur et sans reproche.* Montréal, Guérin, 1989, 186 p.

Pour bien se comprendre : chroniques d'Hydro-Presse, 1975-1987. Montréal, Hydro-Québec, 1988, 330 p.

Pour un genre à part entière : guide pour la révision de textes non sexistes. Québec, Ministère des Communications, Bibliothèque administrative, 1988, 36 p.

Que dire ? Montréal, Société Radio-Canada, Service de linguistique, 1985-1992, 8 v.

Québec. Office de la langue française. *Le Grand Dictionnaire terminologique.* Outremont, CEDROM-SNi, 1998. Banque de données terminologiques sur CD-ROM.

Ramat, Aurel. *Le Ramat de la typographie.* Saint-Lambert, Aurel Ramat, 1994, 128 p.

Repères-T/R. Ottawa, Secrétariat d'État, 1992-

Rey-Debove, Josette; Gagnon, Gilberte. *Dictionnaire des anglicismes : les mots anglais et américains en français.* Paris, Le Robert, 1990, 1150 p.

Robert-Collins senior / dictionnaire français-anglais, anglais-français. Paris, Le Robert, Harper Collins, 1995, 1890 p.

Sauvage, Claude. *Le français au fil du temps et des mots.* Montréal, Éditions Études Vivantes, 1990, 364 p.

Sauvé, Madeleine. *Observations grammaticales et terminologiques.* Montréal, Université de Montréal, 1972-1985, 14 v.

Schwab, Wallace. *Les anglicismes dans le droit positif québécois.* Québec, Conseil de la langue française, 1984, 160 p.

Vade-mecum linguistique. Ottawa, Secrétariat d'État, 1987, 183 p.

Van Roey, Jacques *et al. Dictionnaire des faux amis, français-anglais.* Paris, Duculot, 1988, 792 p.

Villers, Marie-Éva de. *Multidictionnaire des difficultés de la langue française.* 3e éd. Montréal, Québec-Amérique, 1997, 1533 p.

Villers, Marie-Éva de. *Vocabulaire du micro-ordinateur.* Québec, Office de la langue française, 1986, 66 p.

Vinay, Jean-Paul; Daviault, Pierre; Alexander, Henry. *The Canadian Dictionary.* Toronto, McClelland and Stewart, 1962, 862 p.

Vincent, Lois. *Vocabulaire bancaire.* Ottawa, Secrétariat d'État, 1998, 363 p.

Vocabulaire de l'éducation. 2e éd. Québec, Ministère de l'Éducation, 1990, 229 p.